高校教材 学前教育专业系列教材　　i教育·融合创新一体化教材

学前教科研方法与研究性学习（第二版）

张翔升　张则天　王晓云 ◎ 编著

微课版

华东师范大学出版社
上海·

图书在版编目(CIP)数据

学前教科研方法与研究性学习/张翔升,张则天,王晓云编著. —2版. —上海:华东师范大学出版社,2023
ISBN 978-7-5760-4667-0

Ⅰ.①学… Ⅱ.①张…②张…③王… Ⅲ.①学前教育—科学研究—研究方法—高等学校—教材 Ⅳ.①G610-03

中国国家版本馆 CIP 数据核字(2024)第 025502 号

学前教科研方法与研究性学习(第二版)

编　　著	张翔升　张则天　王晓云
责任编辑	刘　雪
责任校对	樊　慧　时东明
装帧设计	庄玉侠

出版发行	华东师范大学出版社
社　　址	上海市中山北路3663号　邮编 200062
网　　址	www.ecnupress.com.cn
电　　话	021-60821666　行政传真 021-62572105
客服电话	021-62865537　门市(邮购)电话 021-62869887
地　　址	上海市中山北路3663号华东师范大学校内先锋路口
网　　店	http://hdsdcbs.tmall.com

印刷者	浙江临安曙光印务有限公司
开　本	787毫米×1092毫米　1/16
印　张	16.25
字　数	358千字
版　次	2024年9月第2版
印　次	2024年9月第1次
书　号	ISBN 978-7-5760-4667-0
定　价	49.00元

出版人　王　焰

(如发现本版图书有印订质量问题,请寄回本社客服中心调换或电话021-62865537联系)

前 言

教育强国已经成为新时代最强音,习近平总书记指出"要坚持把高质量发展作为各级各类教育的生命线"。我国学前教育经过几十年的大力发展,基本上完成了普及普惠任务,目前正在向"安全优质"的目标迈进。如何才能促进学前教育高质量发展呢?这就要培养高素质的幼儿教师。高素质的幼儿教师应当学会研究、热爱研究并弘扬教育家精神。这就使得提升幼儿园教师的问题解决能力、创新意识和研究水平已经成为当务之急。因此,我们结合幼儿园教育教学活动的需求,联合幼儿园一线优秀教师开始了"学前儿童教育研究方法"课程的教学改革,依托省级精品资源共享课和教育部在线教育研究中心2023年"拓金计划"课程,经过十余年努力,不断修改完善本书的架构,以期为学习者的儿童教育研究工作提供一些方法上的参考。

致学习者:在学习中研究

本书主要是为学前教育专业的学生撰写的,当然也兼顾了幼教工作者、在职幼儿教师及对幼儿教育感兴趣的人员。在此我们一并用"学习者"作为称谓,以便开始我们的初次对话。

我们首先要理解学习者的角色。学习是复杂的行为,因为学习有复杂的动机。除了应试目的外,学习主要是在充实自我、提升素养的基础上发挥改变自己行为与服务社会实践的功能。学前儿童教育研究方法这门课程的学习,主要是用来解决教育教学中的实际问题,这些问题可能发生在幼儿园或家庭,也可能发生在幼儿身上或教师、家长或者教育管理者身上。因此,这门课程主要是培养学习者问题解决能力的,是一门实践性很强的课程。这就要求学习者要"学以致用",要在"做中学"。如果学习者不做、不实践,只是听听看看、了解了解,那么这本书对学习者就没有什么指导意义了。

在人工智能迅速发展的时代,学习者要保证学习的有效性,就需要进行研究性学习,使理论融于实践。因此,本书的学习者应是一个行动者:在研究的行动中学习研究,也就是"以渔学渔、以游学泳"。研究性学习主要有以下特点。

一是发现学习。研究是探索发现的过程,是"假设——检验"的过程。假设是关于问题的科学推测,因此研究是从发现问题开始的。我们要求在学习开始之前,所有的学习者都必须提出几个问题,并科学地确定一个值得研究的问题,然后再在学习中解决这个问题。我们课程的学习过程就是学习者对感兴趣的幼儿教育问题的解决过程。

二是自主学习。对学习者来说,自主确定学习目标十分重要。在研究性学习中,教师只是一个引导者。因为研究要解决的问题是多领域的,研究者的知识储备不可能完全支撑研究者的行动,而且研究结果的"创新性"也要求研究者必须不断更新知识、丰富经验。因此,学习者必须学会自主学习,即根据自己的研究问题安排学习任务,把学习和研究紧密结合起来,在做中学、在学中做。

三是合作学习。科学研究要解决的问题都不是能用经验解决的复杂问题,因此需要学习者之间通过合作、交流、分工来完成,这样才能提高研究效率,尽快得出研究结论。我们要求学习者建立课题小组,以合作的方式完成课题研究作业。当然,学习者还应当多请教指导教师,学会和专家合作,共同攻坚克难,分享研究快乐,收获研究成果。

四是数字化学习。学习需要效率,就像研究也要效率一样。借助数字化手段,利用网络和各种智能终端可以实现随时随地的学习和研究,这就要求学习者要有意识地使用现代化工具,利用人工智能等技术辅助学习,并在学习中培养自己的数字化素养和现代化学习能力。

基于此,本书创设有任务情境,借此讨论完成任务需要的职业技能、专业知识和理念,还设计了课堂活动、实训活动及项目活动等。其中,本书的四个项目活动都是围绕着解决学习者提出的研究问题而展开的,因此学习者如果完成了四个项目活动,就完成了一个问题解决的过程,即经历了一次研究的体验,达成了"做中学"的目的。

致教育者:与学习者同行

作为教学用书,本书还有一个重要的读者与使用者——教师。由于教师在实践中所面对的教育对象、所持有的研究思路及观念各有不同,本书对于教师来说,仅是一种教学资源与一种教学参考用书。

教育研究方法丰富多样,但作为一门学科,一定有自己的概念体系和知识逻辑,因此在编写本书时我们必须尊重其内在规律,否则我们就可能会丢掉"科学"精神。然而,仁者见仁,智者见智,鉴于编写团队学识浅陋,难免有纰漏,因此本书只是我们的一个对话平台而已。

为了让教育者与学习者了解科学研究的全貌,本书包括从问题的提出到研究成果推广的过程,涵盖了一个完整的研究过程,其目的是解决"重研究,少交流,轻应用"的现实问题。本书还增加了"园本研究"的内容,其目的是让园本研究走出经验总结模式,成为教育研究的一部分,提高教育者的教研水平。

作为教育者的同行,我们深知教学时间的有限性。对本书提供的四个教学模块,教育者可以根据自身的教学实际增删每个模块的内容,或者采取讨论、自学的方式,如模块三中的第八章就可以让学生先自学然后再讨论。根据我们的教学实践,在教学中对话、讨论应该多于知识的讲解,其前提是学生必须在"做中学",教师要在"做中教",师生同行,共同成长,共享研究成果。

教育者的任务更多的是在为学习者组织教学、研究活动,为学习者指点迷津,或者鼓励大家一起前行、攻克难关,因为在每一个问题解决的道路上及问题研究的过程中,肯定还有教育者需要探索的领域。因此,教育者更应当是学习者在研究之旅的"伴侣"。

研究离不开反思,科学研究是一个需要不断瞻前顾后的工作。评价对在研究中的学习者来说是十分必要的,但教育者在评价中不要成为裁判,因为真理面前没有"权威"。我们建议师生一起评价,这里的评价重研究过程、重研究理念和研究精神,对于研究的结果则交给实践去检验吧!这样,教育者就与学习者实现了平等,从而互相尊重。当然,我们必须知道学习者的"研究"价值主要不是为了解决问题,而是为了学习解决问题的方法。同理,教育者的工作本质是教学活动,而不是研究活动。

本书在编写过程中得到了许多人的帮助和支持。首先要感谢我的课程团队——运城幼儿师范高等专科学校课程组多年来的智慧和贡献,其次感谢我历届学生(包括国培等在职研修的幼儿园教师)的教学相长,再次感谢以安慧霞(兴华幼教集团总园长)为代表的一批山西省名园长的实践成果,这些成果为本书的编写提供了丰富的案例。当然,还有其他学者的著作、论文,以及许多园所微信公众号中的内容,这些真知灼见都成为本书借鉴的经验和知识源泉。此外,河南科技学院的张则天博士、阳泉师范高等专科学校的王晓云副教授统编和审阅了本书的数字资源及部分章节。当然,还有华东师范大学出版社的编辑,正是他们对我的信任、支持,才有了本书的修订。

在这人工智能辅助知识生产的时代,希望本书及配套的电子资源能够为喜欢研究儿童的读者提供一些思路和引导,书中难免有疏漏和谬误,还请大家批评并谅解。

张翔升

2024 年 2 月

目录

电子资源说明：
扫码观看 ▶ 微课视频
扫码学习 📖 拓展阅读

模块一　认识学前教科研

研学任务

　　任务情境 / 1

　　任务分析 / 1

　　职业素养 / 1

理论研讨

　　第一章　学前教科研引论 / 3

　　　　第一节　学前教科研概述 / 4

　　　　第二节　学前教科研方法 / 8

　　　　第三节　学前教科研发展 / 16

▶ 微课视频
课程介绍 / 1
学前教育研究概述 / 5
科学研究概述 / 6
教育研究的方法 / 9
学前教科研历史与趋势 / 16

📖 拓展阅读
码 1-1　科研兴园案例 / 7
码 1-2　文献示例 / 22

　　第二章　学前教科研过程与任务 / 24

　　　　第一节　学前教科研一般步骤 / 25

　　　　第二节　学前教科研阶段性任务 / 28

　　　　第三节　学前教科研素养 / 32

▶ 微课视频
研究的一般过程 / 25
研究阶段及任务 / 28
学前教育研究素养 / 32

📖 拓展阅读
码 2-1　开题报告示例 / 28
码 2-2　中国学前教育研究会
　　　　"课题研究"信息 / 29

实践探究

　　项目活动一　提出问题 / 38

模块二 研究问题的选择及设计

研学任务

　　任务情境 / 43

　　任务分析 / 43

　　职业素养 / 43

理论研讨

第三章　确定研究问题 / 45

　　第一节　问题的提出 / 46

　　第二节　选题的原则和策略 / 53

　　第三节　课题研究设计及论证 / 58

▶ 微课视频
问题的提出 / 46
选题的原则和策略 / 53
课题论证 / 61

📖 拓展阅读
码 3-1　关于"问题"的讨论 / 48
码 3-2　课题选题示例 / 54
码 3-3　课题指南示例 / 59

第四章　课题的文献研究 / 66

　　第一节　文献概述 / 67

　　第二节　查阅文献方法 / 70

▶ 微课视频
文献检索 / 72

📖 拓展阅读
码 4-1　中国国家图书馆介绍 / 70

实践探究

　　项目活动二　学前教科研选题及设计 / 77

模块三 学前教科研方法

研学任务

　　任务情境 / 81

　　任务分析 / 81

　　职业素养 / 81

理论研讨

第五章　观察研究 / 83

　　第一节　观察研究概述 / 84

▶ 微课视频
观察研究概述 / 84
观察研究方法分类 / 87
描述性观察 / 91
追光逐影 1 / 93
追光逐影 2 / 93
追光逐影 3 / 93

时间取样法 / 95
事件取样法 / 96
等级评定法 / 99
行为检核法 / 99
观察的实施 / 106
观察活动分析 / 107
观察的评价 / 109

第二节 观察研究过程 / 88

第三节 观察研究设计 / 91

第四节 观察的实施 / 106

第五节 观察研究评价 / 109

📖 拓展阅读
码5-1 数字化记录案例 / 93
码5-2 幼儿活动观察案例 / 111

第六章 调查研究 / 114

第一节 调查研究概述 / 115

第二节 调查研究过程 / 118

第三节 问卷的设计和调查 / 121

第四节 访谈调查 / 128

第五节 调查研究的评价 / 132

🎬 微课视频
调查研究概述 / 115
问卷的基本结构 / 122
问卷的编制 / 124
访谈调查 / 128

📖 拓展阅读
码6-1 问卷星操作示例 / 128

第七章 实验研究 / 136

第一节 实验研究概述 / 137

第二节 实验研究的一般过程 / 141

第三节 实验设计 / 145

🎬 微课视频
实验研究概述 / 137
实验变量 / 141
实验研究设计 / 145

第八章 多元化研究技术 / 153

第一节 个案研究 / 154

第二节 教育叙事研究 / 161

第三节 行动研究 / 170

第四节 园本研究 / 178

🎬 微课视频
个案研究 / 154
教育叙事研究 / 161
教育行动研究 / 170
园本研究 / 178

📖 拓展阅读
码8-1 个案研究示例 / 157
码8-2 课程故事示例 / 169
码8-3 教研活动示例 / 183
码8-4 园本研究选题示例 / 184

实践探究

项目活动三 学前教科研方法的设计与实施 / 187

模块四 教科研资料分析及成果表达

研学任务

任务情境 / 191

任务分析 / 191

职业素养 / 191

理论研讨

第九章　学前教科研资料整理分析 / 193

第一节　学前教科研资料 / 194

第二节　资料的定性分析 / 202

第三节　资料的定量分析 / 207

第四节　计算机在统计分析中的应用 / 221

▶ 微课视频
研究数据的分类与整理 / 194
定性分析 / 202
定量分析 / 207

📖 拓展阅读
码 9-1　扎根理论研究示例 / 205
码 9-2　SPSS 软件使用示例 / 225

第十章　学前教科研成果表达 / 227

第一节　学前教科研成果形式 / 228

第二节　学前教科研报告写作流程 / 232

第三节　学前教科研学术交流 / 234

▶ 微课视频
科研论文概述 / 228
研究报告 / 229

📖 拓展阅读
码 10-1　全国优秀教学成果评奖相关文件 / 238

实践探究

项目活动四　学前教科研学术交流活动 / 243

主要参考文献 / 246

模块一
认识学前教科研

▶ 课程介绍

加深对学前教育研究的理解是正确有效开展研究工作的前提,也是组织研究人员、分配研究任务的依据。本模块将通过对学前教育研究相关概念的解析和研究过程中工作任务的分解,来介绍学前教科研的基本体系和运作要求。

研学任务

任务情境

为了践行《幼儿园保育教育质量评估指南》的精神,小花朵幼儿园的所在县被批准为省级试点县,小花朵幼儿园被确定为县级示范幼儿园。根据县教育局要求,示范园必须进行课题研究,建议小花朵幼儿园根据《幼儿园保育教育质量评估指南》要求开展"游戏活动支持"的研究。王园长把骨干老师召集起来,开会讨论如何完成这个研究任务,有老师说通过观摩教学、示范教学来研究,也有老师说要确定研究课题才能开展研究,还有老师说要先搞清楚"研讨课"和课题研究有什么区别。因为大家以前只做过教研活动,谁也弄不清如何做课题研究,会议开了半天也没有什么结果。王园长和大家商议后决定,先请位专家或者做过教科研的老师来给大家指点一下。如果你是其中的一位骨干老师,如何来完成这个任务呢?

任务分析

根据上述情境,我们发现一个合格的幼儿教师必须清楚"研究者"这一角色的基本含义。学习本模块内容后,我们应该能够以"研究者"的身份完成如下工作:

1. 发现研究问题并知道如何参与到研究中来。
2. 根据研究的基本程序,设计研究的关键步骤和核心任务。
3. 初步评估研究人员的研究水平和课题难度的适配度。

职业素养

1. 参与课题研究规划和讨论的能力。
2. 理解并制定研究计划的能力。
3. 撰写研究计划或研究方案的能力。

---- 理论研讨 ----

第一章　学前教科研引论

■ 学习目标

认知目标	技能目标
1. 知道构成学前教科研的基本要素 2. 理解学前教科研和教研的异同 3. 了解研究方法的基本分类	1. 能够读懂学前教科研报告中关于研究过程的描述 2. 能够分析一个研究的组成要素

■ 课程思政

思政元素	素质目标
树立"真问题、真方法、真结论"的真研究观，以及学做"真人"的价值观	1. 初步感知科学研究的价值，激发科研兴趣 2. 初步树立"真研究"的科学意识，引导学生做"真研究"、做"真人" 3. 形成"科研服务于学前教育事业"的意识，认同"科研即做人，研究为发展"的基本理念

■ 知识准备

关键概念	研究观念
科学研究、教育研究、教育科学研究、教学科学研究、研究方法、研究信度、研究效度	1. 科学的教育研究具有系统性、客观性、创新性和高效性 2. 研究是解决问题、验证假设的过程

　　前述的任务情境给你带来了什么思考呢？从情境中，我们可以看出研究者是教师的必然角色。记得一位教育家说过，如果不在研究中教学，有人终身只是教一天书；如果在教学中研究，教师才是天天在教书。正如高质量的学习和研究不可分一样，学前教育工作只有与科学研究结合起来，才能让我们的教育造福儿童，也才能使教师走上幸福的职业道路。陈鹤琴先生如是说："热爱、了解和研究儿童，教育他们，使之胜过前人！"那么，什么是学前教科研呢？

第一节　学前教科研概述

一、教科研的含义

教科研是教育科学研究的简称，因此学前教科研就是学前教育科学研究。它是这样一种活动：为了解释学前教育现象，发现学前教育规律，解决学前教育中的现实问题，有目的、有计划、有方法地探究教育事件本质或发展变化规律的研究过程。这个过程应该是系统的、客观的、科学的和创新的。

我们中的很多人都梦想过做一个科学家，这是因为科学家能通过研究进行创新，因此科学家的工作——研究，被披上了一层神秘的面纱。其实，在生活中我们时时刻刻都需要通过研究解决问题，如"天气冷了，加什么衣服合适？""家中来客人了，怎样准备可口的饭菜呢？""最近数学成绩下降了，如何提高成绩啊？"只不过这些研究行为比较随意，我们可以称之为"日常研究"。

很多教师在教学中也进行日常研究，但这种"日常研究"只是以解决一般问题为目的，科学性不强，也不够系统。我们学习这门课程，其目的就是让大家提高对研究的科学认识，规范研究行为，把我们的研究水平提升到科学研究的层次上来，这样的教育教学研究才是教育科学研究。

学中做：课堂活动　　叠纸比赛

1. 材料：每人准备一张纸，纸张大小、厚度、重量任选。
2. 目的：比赛看谁叠的纸最厚、层数最多。
3. 时间：5分钟。
4. 要求：将纸张进行折叠，不能重复，一次做完；将活动过程记录下来并进行反思。

表 1-1　叠纸比赛记录表

步骤	行为	结果	经验体悟
纸张选取			
折叠方式			
折叠次数			
折叠厚度			
选取两人比较			
备注	把纸张看作人生，折叠看成奋斗	把厚度看成人生成就	什么因素决定厚度

> 5. 讨论:你在这个过程中有研究吗?谁的研究更科学一些?
> 6. 延伸:课后自己继续练习这个叠纸游戏。你将怎么做才能使纸张叠得够厚?请和大家讨论一下你的感受。

在叠纸比赛中,参加者可以凭经验做,可以边想边做,也可以先想好后再做。哪一种效果更好呢?你可以在同学们中做个调查。在我们组织的这个活动中,能取得满意成绩的同学大多是事先想好然后再去做的。这里面的"想",其实就是研究构想,想得越明白,做的效果一般也越好。科学研究就是这样一个过程,即对所研究的事物(往往表现为问题)先建构一个答案(可以叫作"假设"),然后再去验证这个答案的科学性和正确性,其结果是不仅要解决问题,而且要在知识上完成创新。也就是说,科学研究的结果就是产生知识。

根据以上分析,我们可以给学前教科研下这样一个定义:
学前教科研(学前教育科学研究的简称)就是以学前教育领域的现象为研究对象,运用科学的研究方法去解决问题、发现规律并创生知识的过程,其核心任务是提出问题、作出假设并验证假设。

▶学前教育
研究概述

二、学前教科研的构成要素及特征

作为一个系统性很强的活动,学前教科研有其基本的构成要素和特征,这些是识别和检验学前教科研活动的基本依据。

(一) 构成要素

学前教科研的构成要素主要包括以下几方面。

(1) 研究主体:研究者,即研究人员。它可以是个人,也可以是团体或团队。研究主体的构成对研究方法的选择、研究效率的提高等都有实质性的影响。

(2) 研究客体:被研究的对象。它蕴含着研究要解决的问题,可以是学前教育中关系人的现象、行为或其基本属性。在实证研究中,这些和研究问题有关的属性或因素被称为变量。譬如,研究影响幼儿学习效果的原因,如幼儿的性别、年龄、智商、反应速度、教育环境等都是研究中应关注到的变量。

(3) 研究技术:研究方法及选择,研究路径的设计,研究工具的制造和使用等。

(4) 研究关系:研究活动中各要素的关系及协调,如研究制度、研究管理、研究条件等。

(5) 研究成果:研究活动中产生的研究产品,包括实践成果和理论成果,如论文、报告、发明、案例、数据库、课件、玩教具等。这些研究产品是知识的外在表现,具有客观性和价值性。

(二) 特征

一是求真。这是科学研究最基本的特征。因为科学研究要解决的问题是真实的,那么问题解决的过程就必须符合事物发展的规律,必须以客观事实为基础。研究过程只有真实可靠,才能达成研究目的。因此,研究的过程就是做"真人"的过程,任何虚假和错误行为都会影响研究结果的有效性和科学性。

二是求新。科学研究要解决新问题,或者找到解决问题的新途径和新方法。创新和创造既是研究的精神,也是研究的追求。

三是求效。如果没有目的、盲目地尝试解决问题,不但不能解决复杂问题,还会造成人力、物力的浪费和损失。只有按照科学的程序,才能提高解决问题的效率。如我国实施的"月球探测工程",就是有组织、有效率的科研活动。

四是求善。作为科学研究,其目的是增长人的智慧,为人类造福,因此求善是科学研究的一个价值取向,而这一取向在教育科学研究中表现得更为突出。求善,在学前教科研中,就是要关注幼儿的感受和意愿,要让幼儿的活动适应其身心发展的规律。如超强训练可能会让幼儿掌握某种技能,但违背幼儿身心发展规律,会造成他们痛苦、焦虑等,这就不是求善。教育科学研究的对象是"人的活动",学前教科研的对象是幼儿,其目的是给幼儿提供"好"的教育,促进幼儿的健康成长、快乐成长,并为未来的幸福奠基。

三、学前教育科学研究和学前教学科学研究的比较

科学研究概述

"学前教育科学研究"和"学前教学科学研究"是两个经常混用的概念,其本质是相同的,但基本指向和范围有所不同。一般认为,学前教育科学研究是一个比较专业的术语,其内涵比较大,但在日常谈论中人们借其表述的主要意思是学术性较强、理论水准较高、程序较严格的学前教育基础研究。而学前教学科学研究,主要是针对幼儿教育机构的教学研究活动而言的,这种研究往往实用性比较强,研究对象和程序比较简单,研究结论主要是解决教学实践中的问题。也可以说,学前教育科学研究是一种学前教育应用研究。

表1-2 学前教育科学研究和学前教学科学研究的日常观点比较

	学前教育科学研究	学前教学科学研究
研究目的	基础性理论研究	应用性实践研究
研究范围	宽泛,偏重理论建构	狭窄,偏重实际问题解决
研究问题	主要解决理论上的复杂问题	主要解决工作中的实际问题
学术性	较强	较弱
研究人员	专业人士,如专家、科研人员	幼儿教师、教研员

其实，在日常工作中，我们还经常听到"教研"这个名词，"教研"应该是"教学研究"的简称，它比"教科研"少了个"科"，也就是少了一些"科学"的含义。我们都知道，"科学研究"要比"研究"有更高的要求，因此我们认为，"教科研"的意蕴比"教研"更好。一字之差，其实反映的是我们对待"研究"的态度和认识水平。

故而，无论是学前教育科学研究还是学前教学科学研究，它们的共同点是学前教育领域的科学研究，这就是说它们都要具备上述的学前教育科学研究的构成要素和特征。这样，我们就明白了它们之间的区别应该只是研究范围和方向的差异，而不应该是技术上或程序上的差异。否则，我们的"教科研"就会回到"教研"的经验之路上去，甚至蜕变为"日常研究"。

四、教科研的意义

如今，随着教师作为"研究者"的角色逐渐被人们认可，教科研已成为教师专业化及其专业发展的必然途径。教科研的意义，主要有以下几方面。

第一，解决工作中的难题。"我班一个幼儿特调皮怎么办啊？""如何管理班级的图书角？"经常有一些教师向专家讨教如此这般的问题。其实，专家告诉你的方法未必管用，因为"经验"需要在基本相同的情境中才能发挥作用。教师要解决自己的问题，最可靠的途径之一就是进行教育研究。

第二，科研兴园，探索教育改革新路子。一个基础薄弱的幼儿园在发展过程中，会面临很多问题和困难，如果不创新思路，很难摆脱困境；同样地，一个高水平的幼儿园，如果想打破发展高原期，也必须用科研"开路"。

码1-1 科研兴园案例

第三，提升自己专业水平。专业化是一个职业走向成熟和稳定的前提。如我们经常发现一些幼儿教师埋怨家长不能纠正幼儿的不良习惯，试问：作为学前教育的专业工作人员，你是否能纠正？你能给家长提供一些有效的方法并指导他们纠正幼儿的不良习惯吗？如果不能，就要思考自身的专业性在哪儿？如果一个幼儿教师的教育专业水平不足，那么家长还会愿意把孩子送进幼儿园吗？

第四，促进自己在研究中学习，在学习中发展。初入职的幼儿教师掌握了一些学前教育理论知识，对幼儿的理解可能是"模式化"的。为此，幼儿教师在面对天真活泼、个性明显的幼儿时，需要有解决问题的能力，如培养幼儿良好习惯、指导家长进行有效的亲子阅读，能够有效满足特殊儿童或者某些幼儿的特殊需求等。只有具备了诸如此类的问题解决能力，甚至具有可以指导其他教师解决复杂问题的能力时，我们才能认为该幼儿教师具有一定的专业水平。为此，要不断提升自身的专业水平，幼儿教师就需要在研究中不断解决问题，把所学理论和实践结合起来。

第五，合理解释学前教育现象，积极解决学前教育问题，完善并创新学前教育理论。在我国的整个教育科学体系中，学前教育是比较"年轻"的学科。教育研究的目的就是通过研究合理解释教育现象，消除困惑，并能发现规律，用之解决问题。目前迅猛发展的学前教育实践活动,不断产生着新问题,挑战着传统的、有限的教育理论。我国学前教育的发展进入新时代,对一些引进的国外理论如关于儿童认知发展理论,蒙台梭利的"关键期"与"吸收性心智"等需要中国化和本土化;对中国传统的教育理论,如因材施教、知行合一等也要顺应时代发展。因缺乏充分的系统研究,有一些理论困扰着幼儿教师的教学方式和思路。如"游戏教学",由于不能整合教育学、心理学和教学论对"游戏"的不同解释,使得一些幼儿教师很难把握游戏活动、教学活动、学习活动等基本活动的本质区别,造成了教学活动设计的茫然和混乱。可见,我国学前教育的理论与实践的创新需要广大幼儿教师积极参与到教育教学实践研究中来。

第二节　学前教科研方法

教育研究的科学性是由研究的程序来保证的,而研究方法就是研究过程中的基本操作程序。教育科学研究是一个"求真"的过程,其重点在"求",其目的是"真",而如何"求"就是方法的问题了,因此科学研究方法是教育研究的核心。同一个问题有多个解决途径,也就是说方法是多元化的。但是,科学研究则要求选用解决问题最理想的方法。

一、方法的层次

研究方法就是解决研究问题的科学步骤和方式,即研究人员获得科学知识的程序、手段、工具、方式等。研究方法隶属方法范畴,而方法是一种程序性知识体系。

根据适用的范围,方法可分为三个层次。第一个层次是具体方法,它是认识某一类事物或解决某一类问题的方法,如数学科学的方法、物理科学的方法、生物科学的方法、写作的方法、驾驶汽车的方法、操作电脑的方法、打字的方法等。第二个层次是一般方法,它是探讨事物变化规律和本质的方法,如观察、实验、调查、统计、具体与抽象、归纳和演绎、分析和综合、类比和推理、假说、顿悟、形象化等感性认识与逻辑思维方法。第三个层次是哲学方法,它是最高层次的方法,主要是从根本上探讨世界本源的方法,是一类高度抽象的指导性、观念性、理念性的方法。如果说一般方法是具体方法在解决问题时的具体运用和组合、排序等,而哲学方法是对其他方法的指导,它为具体问题的解决提供思路和启发,因此,哲学有"使人聪明的学问"之美誉。

哲学方法是其他方法的来源,它与研究者的哲学观有关,是不同流派的哲学研究问题、看待问题观点的集成,如形而上学的方法、辩证的方法、解构的方法、建构的方法等。在研究中运用什么样的一般方法、如何运用具体方法都和研究者的哲学观是分不开的。譬如在探讨幼儿"说谎"的原因时,一个人的"儿童观"是会影响他研究的过程的。一个机械主义者只会观察幼儿的行为,孤立地从幼儿身上找原因,还喜欢用实验的方式进行控制性观察;相反,一个辩证主义者则会把幼儿生活、学习的环境也作为研究因素,用生态化的观察去探讨幼儿"说谎"的原因。因此,我们在做研究时,很有必要反省一下自己的哲学观。

二、教科研及其研究方法的分类

随着科学体系的庞大,科学家在研究中也建立起了科学方法体系,为后续的科学研究提供了捷径。了解研究的类别和本质,是科学选择研究方法、进行研究设计的前提。

(一)研究方法的分类

科学研究方法有经典的方法,即早期科学研究经常运用并得以传承的方法,几乎所有的研究都会运用,如观察法、调查法和实验法。在此基础上,人们根据学科特点或使用研究方法时的不同视角,派生出了许多更专业或更综合的研究方法,如叙事观察法、个案研究法、行动研究法、理想实验法等。常见的研究分类有如下几种。

教育研究的方法

1. 根据研究目的可分为:基础研究、应用研究、开发研究

教育生活是多彩的,教育问题和现象是多维的,不同的研究兴趣、研究视角决定了不同的研究目的。有的研究者偏爱探讨问题的本质,从而发现了教育现象之间的联系,这属于基础研究;而有的研究者则着重于利用现有的理论和知识去探讨解决问题的途径与方法,这属于应用研究;还有的研究者擅长有形的产品、工具的发明,去协助解决问题、提高工作效率,这属于开发研究。

表 1-3 教育科研基本分类比较

	基础研究	应用研究	开发研究
研究目的	发现规律,创建理论	创新技术,建构模式	新工艺、新产品、新材料
成果形式	学术论文、著作	专利、论文、著作、课例	专利、样品、教学软件、玩教具
成果价值	丰富理论,影响教育学发展	形成模式,影响特定领域	直接生产,直接使用
研究人员	一般是学前教育理论专家	教研员、园长、教师、实践专家	教师、技术员和幼儿教育工作者
管理特点	自由、松散	组织有序	工序严密
举例	入园焦虑成因研究	入园焦虑消解对策研究	入园焦虑测试工具研究

在研究过程中,这三种研究有着密切的关系:基础研究往往是应用研究的前提,它为应用研究和开发研究提供理论支持;而应用研究和开发研究则使基础研究的科学价值得以显

性化、社会化和经济化。这三种研究相得益彰,共同构成了教育科学研究丰富多彩的生活图景。我们不能简单评价哪一种研究更重要、更容易或更有价值,但这三种研究对研究者的知识、素质的要求确实不同,这是研究者在设计选题时必须要考虑的。

2. 根据研究方式可分为:经验研究、实证研究和思辨研究

我们除了通过传授获得间接知识外,在工作、生活中还获取了大量的经验知识。通过比较这些知识形态和来源,我们能够体验到三种不同的研究类型:经验研究、实证研究和思辨研究。

(1) 经验研究。

日常经验是我们知识最广泛的来源,但它往往是不可靠的。因为日常的观察、调查或者所谓的"实验",带有很大的片面性和不系统性。比如"海平面是平的""男孩比女孩个子高"等都是日常的知识,这些知识往往受生活环境和传统文化影响,不知不觉中就进入了我们的脑海,成了我们经验的一部分。我们可以称这种获得日常经验的研究为经验研究,这种研究与研究者的生活、工作紧密联系,具有最朴素的研究形态。当经验研究的科学性不断增强时就产生了经验总结法、叙事研究法、行动研究法等科学研究方法。

表1-4 教育生活过程和教育科学研究过程比较

教育生活过程	教育科学研究过程
在生活、工作中发现问题	提出问题并形成研究课题
根据经验推断或猜测得到问题解决思路	做出研究假设
设想或制定一个解决方案或者计划	研究设计
在工作中实施方案或计划	研究过程
问题得到解决或者没有效果	研究结果
反思并总结经验	成果论证、发表及推广

从表1-4的比较中可以看出,一个步骤完整的教育生活过程是带有研究性的,一个步骤严谨的教育生活过程就是经验研究。但是,这样的研究不够严谨,因此科学性不强。

(2) 实证研究。

实证研究是科学家倡导的研究类型,它可以帮助我们获取可靠的知识。实证研究常用的研究方法是观察法、调查法、实验法等。

实证研究的科学性来源于其研究步骤的严谨,以尽量排除研究者的主观因素对研究过程的影响。譬如我们要研究幼儿多动症的问题,经验研究者往往根据自己的日常观察就选定了研究对象,至于"什么是多动症""判断多动症的标准有哪些"一概不太清楚,因此经常把"多动"和"多动症"两个概念混淆使用;而实证研究者就不同了,一定会先弄清"多动症"的判断标准和观察方法,再用测试多动症的量表测试幼儿,以此来选择研究对象,并且在研究过程中还会时时刻刻用这个判断标准衡量研究对象的发展变化。

表1-5 多动症研究中的经验研究和实证研究

	经验研究	实证研究
研究对象界定	凭经验,特别调皮、好动	用多动症测试工具诊断、鉴别
研究对象选择	调皮的孩子	随机抽样并测试
研究过程及结果	总能看到调皮的孩子多动,加强了自己的经验性判断	根据观察指标如实记录,然后进行统计分析,验证假设,推断总体状况

直觉是人类思维的一大特性,遇到问题人们总会有一个"猜测"。实证研究的优点在于让研究者清醒地作出"科学的假设",并能通过严格的程序使研究者尽量不受"假设"的影响;而经验研究就很难做到这一点。由此,我们可能明白了科学家为什么总是那么认真,正是科学的研究程序塑造了他们"较真"的科学精神。

(3) 思辨研究。

我们在生活中除了可以观察到、感觉到经验知识和科学知识外,还会接触到一些超越经验和事实的知识。如"理想""希望""主义""蓝图"等,这些知识描述了人类的一些"愿景",具有实现的可能性和价值性。那么,这些有点"虚妄"的知识是如何产生的呢?它是人类进行哲学思考的结果。崇尚实证的科学研究往往沉浸在客观的真实世界中,强调人类必须服从于自然的规律,这对于充满主观能动性的人类来说,似乎有些"不太浪漫"。哲学总是走在科学的前面的,担负着为科学"探路"的职责,因此,它立足于理性世界但一定要超越理性的知识,为人类构建了另一个世界——知性世界。教育活动本身就充满了人类的向往和理想,因此这种借助"摆事实、讲道理"的思辨推理而获得的知识对教育研究来说必不可少。

最后,我们通过表1-6来比较一下研究的类型和知识的形态。

表1-6 研究的类型和知识的形态对比表

	研究的类型		知识的形态	
经验研究	日常观察,传统权威,经验判断	日常知识	实践的、缄默的,解决"教育应该怎么办"
实证研究	系统观察,假设检验,事实判断	科学知识	事实的、因果的,解决"教育实际是什么"
思辨研究	哲学思考,理性推理,价值判断	人文知识	价值的、理念的,解决"教育应该是什么"

> **• 相关链接 •**
>
> ### 三种知识形态的具体表现
>
> 在一次有关早期阅读教育的座谈会上，幼儿教师主要表达了三个观点：幼儿特别喜爱阅读；喜欢看绘本的幼儿语言表达能力强；早期阅读对人生发展意义重大。这三个观点大致可以分属于三种知识形态：日常知识、科学知识和人文知识。"幼儿特别喜爱阅读"可以说是某些教师的个人经验，可能源于其对某个幼儿的观察或者一个幼儿特别喜欢阅读的事件，带有较强的感情色彩；"喜欢看绘本的幼儿语言表达能力强"是一个可以验证的事实性观点，能用实证研究进行科学检验，是一个科学性突出的结论；"早期阅读对人生发展意义重大"是一个价值判断，可以通过事例归纳、逻辑推理、哲学思辨等方法进行论证，是一个具有先验性的结论。

3. 根据研究方法的哲学性质可分为：质的研究、量的研究

假如一个家长问你："我的孩子听话吗？"你的回答可能有两种类型：一种回答是"还可以，很乖"，这是一个概括性的回答；另一种回答是"不是百分之百的听话"，这就是一个较准确的回答了。用哲学的观点看，前者是有关质性的回答，而后者就是有关量化的回答了。在教育研究中，各种研究方法都可以归类于质的研究或量的研究。研究者选择什么样的研究路径，往往决定了其对研究方法的选择和研究结论的表述形式。

表1-7 质的研究和量的研究比较

	量的研究	质的研究
教育事实	可观察的事件、行为、对象	经历、体验到的事件、行为、对象
事实描述	用数据描述——数组	用文字描述——叙事
本质区别	"真实"事件是纯客观的	"真实"事件是研究者建构的
共同点	研究需要采用实证的方法	研究是在实证的基础上进行的
基本研究方法	实验法、问卷调查、结构观察、测量法、数理分析等	个案法、叙事观察、访谈、人种志、田野研究、作品分析等

一般来说，量的研究就是针对可观察的行为特征，在可控制的情境下采用结构化的定量观测收集资料，使用演绎法（假设——验证）分析资料的数据关系，通过对变量间的关系探讨来解释教育现象的研究活动。而质的研究是在自然的情况下，采用叙事的、与研究对象深度互动的方式来收集丰富的现场资料，使用归纳的方法分析资料、建构理论，以此来解释教育现象的一类研究活动。对一个复杂的研究课题，研究者可以根据研究需要，同时选用质的研

究和量的研究两种方法,取长补短,以期最大限度地解释教育现象。

(二) 自然科学研究方法在学前教科研中的体现

由于人是生物界的一个物种,而学前儿童更具自然性(或动物性),因此学前教科研的方法会具有自然科学方法的性质。由于自然科学的研究对象是物质世界,具有客观实在性,因此其研究方法从诞生起就烙上了客观性的标志,具有明显的实证主义色彩。观察法和实验法是自然科学研究最基本的研究方法。

一是观察法。其中的结构观察法,更适合研究幼儿的行为及心理特点。如研究中班幼儿是否"好动",就要选择数量足够的中班幼儿,在设定的时间里去观察并记录其教学活动、游戏活动、户外活动等过程中的"好动"表现。在这里,首先需要对"好动"进行明确的界定,否则就不知道要观察什么。可见,结构观察就是指研究者在选定研究对象后,根据要验证的假设来确定观察目标,并对观察目标的特征进行界定,达到可量化的标准,然后借助观察工具,真实地在记录表上做出相应的标记,再用统计方法分析数据、验证假设。结构观察主要有抽样观察和评定观察两种方式。

二是实验法。这是一种有控制的观察,能够准确解释两个变量间是否存在因果关系,一般要设实验组和对照组。如要研究"性别是否会影响幼儿的合作方式",可以设定一种角色游戏,分别让男孩组、女孩组、男女混合组去进行游戏活动,观察记录其合作方式,最后通过统计分析来检验"性别"和"合作方式"两个变量间的因果关系。

● 相关链接 ●

皮亚杰的液体守恒实验研究

皮亚杰为了解释儿童早期认识发展阶段性表现,验证幼儿思维守恒的特点,进行了液体守恒实验。

实验设计:在幼儿面前放置两个相同的玻璃瓶,瓶内放入等量的水,把其中一瓶水倒入一个高而细的瓶子里,另一瓶水倒入一个矮而粗的瓶子里。问幼儿:这两瓶水是否一样多?为什么?

实验过程:随机选择3岁和6岁幼儿各10名,分别编为3岁组和6岁组。打乱顺序,随机叫幼儿进入实验室,按实验设计操作并提问。

实验结果及分析:3岁幼儿的回答是不一样,因为一瓶水高,一瓶水矮。6岁幼儿的回答是一样多,因为水高的瓶子很细,而水低的瓶子很粗。从这些回答可以看出,6岁幼儿是从二维角度看待问题的,具有补偿性。6岁幼儿认为把两瓶水倒回原来的瓶子,水面一样高,这是可逆性。有的6岁幼儿还说这两瓶水就是原来的两瓶水,这是同一性。

实验结论:6岁幼儿的思维在守恒方面开始展现出补偿性、可逆性和同一性的特点。

在教育科学研究中,同时运用多种研究方法是必需的。例如,随着数学的发展,数学方法也渗入教育科学研究方法体系中,并成为一种趋势,使教育科学研究具有量化研究的特点,使假说验证的方法也成为教育科学研究方法的基本路径。随着计算机技术和网络技术的兴起,在控制论、系统论和信息论思想的影响下,科学研究方法正在"蒙上"网络化、智能化的"面纱"。但无论采用什么研究方法,教育科学研究的客观性均来自实证研究。

(三) 社会科学研究方法在学前教科研中的体现

教育是社会性活动,因此教育研究历来被认为是社会科学研究的范畴。社会科学研究方法目前有两大学派:实证主义和非实证主义。经典实证主义立言者法国哲学家社会家奥古斯特·孔德认为,人类有三种理论状态:神学的或虚构的、形而上学或抽象的、科学的或实证的。他主张社会科学与自然科学具有一致性,并寻求普遍规律性的观点,应该采用实证的研究方法。社会学所研究的社会事实(对象)是一种外在于人的客观实在,因此他主张整体主义的方法论。目前,实证主义有工具(逻辑)实证主义、批判实证主义及后实证主义等分支,但这些分支一致主张社会科学与自然科学的研究逻辑是一致的,承认社会世界也存在着规律,这种规律是因果规律或统计规律。在研究过程中,实证主义者坚持归纳主义的原则、客观性原则和价值中立的原则,强调知识的逻辑性和系统性,避免个人思想和偏好的介入。

在社会科学研究中,调查研究是常用方法之一,它所包含的问卷调查、测量调查和调查表调查因具有良好的科学结构而被教育研究普遍接受。此外,叙事研究、人种志方法、个案研究等也在教育科学研究中得到广泛应用。

第一,调查研究。它是通过问卷、访谈等手段收集数据,然后分析得出结论,进而解释教育现象的研究方法。譬如你想改善一下班级管理方式,希望了解家长们的意见,就可以设计一份问卷,由班级家长填写,最后收集与分析家长们的意见。问卷调查的关键是问卷要科学、发放对象要合适等,否则会影响结论的科学性。

第二,叙事研究。它是目前很流行的教育研究方法,如课程故事、课程叙事等。叙事研究是通过研究者的现场参与观察,用讲故事的方式真实描述教育事件,然后再通过对资料的整理、分析得出结论。为了深入研究对象的精神世界,有时还要进行深度访谈。总之,这种研究方法能够解释教育中深层次的东西,但因研究对象单一,研究结论很难进行推广。

第三,人种志方法。它是人类学的研究方法,在教育中比较适合研究群体的文化差异。其基本方法是日记描述、事件记录。研究者为了获取第一手资料,往往和被研究者共同生活。比如为了研究孤儿的生活环境与教育关系,研究者生活在一些流浪孤儿之间长达半年之久,这样能更真实地解释他们的生活及其精神世界。

第四,个案研究。它是对特殊对象、特殊属性的研究,其目的是通过典型个例的多视角研究来探讨复杂问题的解决方式。在幼儿园中,难免有一些特殊儿童,如攻击性强、特别内向或外向、有语言天赋等,要对他们因材施教就必须了解他们"特殊"的原因和表现,这样才能制定出个性化的教育策略。因此,对他们的研究就是个案研究。当然,个案研究对象也可以是一个特殊的团体和组织。

以上的研究方法都被认为是实证研究方法,但如果研究者具有后现代主义思想的话,在研究中就会流露出非实证主义的色彩。非实证主义社会科学研究认为,研究应关注人的存在,而人是理解性的,不能用主客二分的方式进行研究。目前该流派有胡塞尔倡导的现象学、法兰克福学派的批判理论、爱丁堡学派的建构主义等。这些流派的基本观点是:认为人文社会科学与自然能科学之间有明显的不同,凡是人创造的东西都是可以理解的;反对"唯科学的观点",批判实证主义的工具性单向思维,主张科学技术也是"意识形态";还反对实证主义的客观性和价值中立观点,强调研究的因果性和反思性。

三、有效的研究方法

方法正确,事半功倍;反之,轻则事倍功半,重则失败乃至造成严重损失。正如弗兰西斯·培根所说的,跛足而不迷路的人,能赶过虽健步如飞却误入歧途的人。我们前述的研究方法,是一些通用的研究范式,从理论上看好像是具体的、可操作的,而在研究实践中其仍然是概括性的步骤,只是一些研究程序的指南。当研究目的确定后,研究方法的选择和具体操作就显得十分重要。

一般来说,有效的研究方法具有以下特点。

(一) 研究方法的可行性

可行性主要是考虑研究的条件是否具备或者成熟。从主观方面来说,研究者必须具备所研究的课题领域的基本知识和水平,或者通过一定时间的学习能够达到问题解决对知识的需求水平。从客观方面来说,研究者要有一定的研究对象、研究工具、研究资金和政策环境等。对实证研究来说,研究的对象还必须是可观察到的事实,如研究幼儿的记忆力,如何才能"看"到记忆力呢?这个问题不解决,观察法就是不可用的。

(二) 研究方法的可信性

研究方法是收集资料的主要手段,收集的资料是否可靠将影响研究方法的可信性。譬如幼儿甲告诉你小明吃沙子了,你可能不太相信,但若连续有三四个幼儿都告诉你小明吃了沙子,你就可能会相信。调查对象的数量和分布范围、调查问卷的填写方式等都会影响调查数据的可靠性。可见,研究过程会影响研究资料的可靠性,研究资料的可靠程度会影响研究结论,也就是研究结果的可信度。信度指的是研究结果的可靠性指标,可分为内部一致性信度和测试-重测信度。内部一致性信度用于评估测量工具内部各项指标之间的一致性。测试-重测信度用于评估同一测量工具在不同时间或不同场合下的一致性,如通过对同一样本进行再次测量,然后计算再次测量结果之间的相关性来评估测试-重测信度。为了提高研究信度,要求研究者必须按照研究方法的科学要求、明确收集资料的步骤、指标和条件。如课堂观察,一个观察者最多只能观察10个研究对象,多了就会出现纰漏;为了收集到可靠的资料,可以安排多人同时观察研究对象的行为等,这些措施都可以提高研究的内在信度。

(三) 研究方法的有效性

收集资料的目的是通过分析得出结论并用其来解释教育现象,这也是我们进行教育研究的目的。那么,我们收集的资料能有效解释教育现象吗?譬如,学生的考试成绩的高低能否说明任课老师的教学水平呢?研究结果解释现象的满意程度就是研究的有效性,也叫研究效度。研究的有效性是建立在研究的可信性基础上的,但研究可信度并不能说明研究有效。例如,我们用最准确的量尺、严谨的程序获得了幼儿身高的数据,这些资料的信度是很高的,但如果我们用这些资料去解释幼儿肥胖状况时,显然是无效的,因为能解释肥胖的数据应该是体重而非身高。可见,在教育科学研究中能否收集到合适的、有效的数据是使用研究方法时必须考虑的。

(四) 研究方法的可操作性

从科学研究的角度来看,研究方法的可操作性表现为研究过程可以重复、可以用事实去检验假设并且不会产生危害任何人的利益之后果。譬如,有个学生想研究幼儿肥胖和食物之间的关系,该学生准备把实验组的幼儿每天加餐的食品全部换为甜食,这种操作对幼儿的健康不利,因此该研究方法是不可操作的。由于学前教育研究的对象是幼儿,很多研究方法对成人有效,对幼儿却是不可操作的,比如问卷调查对幼儿就不具有可操作性。

研究方法的有效性还必须考虑研究工作的效率。譬如,调查研究时样本数量选取多少最为合适?观察研究时如何设置选定样本的类别和数量?研究是有成本的,我们必须考虑研究的效益。过河可以用桥,也可以渡船,当然也可以游泳、踏冰、走隧道……飞越可以是靠飞机,也可以是用热气球、飞艇、滑翔翼、摩托车等。研究方法也是如此,理论只能是实践的指路明灯,不可能替代实践。为此,在研究中我们必须善于把一般研究方法转换为具体的操作方法,这样才能使研究方法具有实践的意义。

第三节 学前教科研发展

学前教科研历史与趋势

从大教育观念看,人们研究教育的历史是十分漫长的。但古代的教育研究多是自发状态的经验研究,只有使教育研究走上科学的、系统的道路,教育科学体系才有可能建立。教育学成为一门学科特别是教育科学体系的诞生是 19 世纪 60 年代的事情,作为教育科学的分支,学前教育学的研究和确立则是在 19 世纪末。目前,我国教育事业正处于旺盛发展时期,各种流派、理论成果层出不穷,这都得益于教育科学研究普及化的结果。

一、学前教科研的经典研究

(一) 福禄贝尔对"游戏"的研究

福禄贝尔于1782年出生在德国乡村,其父是位虔诚的牧师,育有子女五人,福禄贝尔是他最小的孩子。17岁时,福禄贝尔进入耶拿大学哲学系学习过两年,因为无法缴纳学费而失学。1805年,他在报纸上看到裴斯泰洛齐办贫民学校,就去瑞士参观裴斯泰洛齐的学校之教法。福禄贝尔回来后到模范学校教书,收了40名儿童(9至11岁),按照裴斯泰洛齐的主观教学法,每周一次带儿童到郊外让儿童自由玩耍,引导他们接近大自然,如挖土、栽培植物等。有时他还带儿童到山坡去看四周的河流、山脉,教导他们认识地理,分辨东西南北。由植物的生长认识生命和造物主的伟大;由栽培花草、树木来培育儿童的爱心;由图画的教学来启发心智,认识线的平面关系、立体的空间关系,从简单到复杂,让儿童去发现和了解……这些教学法获得大家的好评。福禄贝尔在活动中看到儿童无限的喜悦,自己也感到很幸福,因此决心将自己的一切奉献给教育界,这也增加他的信心去研究卢梭《爱弥儿》的教学法——经验是来自儿童的。他思考裴斯泰洛齐、卢梭、亚里士多德的教育方法,开始从哲学层面思考"教育是什么""基础教育是什么""理想的教育是什么""人的本质是什么"等问题。

他被裴斯泰洛齐教育法深深感动,但并不盲从。他辨别出裴斯泰洛齐教育法的优缺点,特别关注研究户外游戏,了解游戏是发展儿童精神、情绪、身体的强大力量;观察全神贯注做游戏的儿童,发现他们充满着高贵的神情和强壮的体力。他在1823年著的《人的教育》一书中强调:儿童教育应该由游戏来承担;游戏把个人内部本质的要求由内表达于外;游戏是善的来源;儿童很专心地玩,玩到疲倦,在游戏中体会牺牲、帮助别人、协力合作,也能增进自己的幸福、培养自己的耐心。福禄贝尔创设幼稚园,主张游戏的重要性,这在教育史上是首次提出。

他时常观察儿童,向儿童学习,设计了恩物(玩具或者教具),可让儿童从恩物游戏中认知外界事物。他所设计的系列恩物,融合了自然规律和认识规律,表现了宇宙的和谐性、均衡性及创造性,不但在形、量、数上建构严谨的逻辑观念,也呈现出相当完整的美学概念及创造空间。

总而言之,福禄贝尔的教育理念是从其生活体验中得来的。他是一个不断学习和研究的人,一生著述颇丰,如《人的教育》《幼儿园教育学》等流传甚广。他设计的恩物及提倡的教学法当今仍在幼儿园中被广泛应用。

(二) 蒙台梭利对儿童"秩序"的研究

玛利亚·蒙台梭利于1870年出生在意大利,她是西方教育史上一位杰出的幼儿教育思想家和改革家,也是意大利历史上第一位学医的女性和第一位女医学博士。蒙台梭利十分重视儿童的早期教育,她为此从事了半个多世纪的教育实验与研究。她的教育法建立在对儿童的创造性潜力、儿童的学习动机及儿童作为一个独立权利个体的信念的基础之上。她的教学方法从智力训练、感觉训练到运动训练，从尊重自由到建立意志，从平民教育到贵族教育，为西方工业化社会的持续发展，提供了几代优秀的人才基础。在西方教育史上，她被认为是 20 世纪赢得欧洲和世界承认的最伟大的教育家之一。

蒙台梭利在担任助理医生期间（1896—1898 年），主要工作是治疗智障儿童。当时，意大利把智障儿童与精神病患者一起关押在疯人院里。在那里，室内没有玩具，甚至没有任何可供儿童抓握和操作的东西；管理人员态度恶劣，根本不组织任何活动。蒙台梭利对这些儿童的处境深表同情。通过观察和研究，她深深感到，这种医疗方法只能加速儿童智力的下降。为了找到一种适合智障儿童的教育方法，蒙台梭利认真研究了法国心理学家伊塔和塞根的教育思想和方法。伊塔和塞根是 19 世纪训练心理缺陷儿童的著名人物，他们主张对智障儿童进行感官训练的教育思想和方法深深地影响了蒙台梭利。蒙台梭利认为这就是"科学的教育学"的先导。她亲自翻译他们的著作，亲手抄写，以加深理解。

1898 年，在都灵召开的教育会议上，蒙台梭利在《精神教育》为题的演讲中指出"儿童的智力缺陷主要是教育问题，而不是医学问题"，并向社会呼吁智障儿童应当与正常儿童一样享有同等受教育的权利。在这种思想的引导下，蒙台梭利在 1901 年离开精神治疗学院，再次回到罗马大学，进修哲学、普通教育学、实验心理学和教育人类学，以扩大和加深自己的理论基础，进一步研究教育正常儿童的方法，这为她以后从事正常儿童的教育打下了坚实的基础。

1907 年，蒙台梭利在罗马贫民区建立"儿童之家"，招收 3—6 岁的儿童，并对他们进行教育。她运用自己独创的方法进行教学，结果出现了惊人的效果：那些"普通的、贫寒的"儿童在几年后，心智发生了巨大的转变，被培养成了一个个聪明自信、有教养、生机勃勃的少年英才。蒙台梭利认为，对于儿童来说，是"刺激，而不是对事物的思维，吸引着他的注意"，因此感官教育符合儿童心理发展的需要。首先，蒙台梭利根据儿童对不同的感官刺激存在不同敏感期的原理，将感官训练细分为触觉、视觉、听觉等训练，每种训练单独进行，并创制了一套教具，供除嗅觉外的感官练习之用。其次，蒙台梭利根据生命力活动服从一定节律的原理设计的整套感官训练教具，试图按儿童的水平和兴趣，根据物体的外形特征（形状、颜色、大小、声音等）提供有等级的、顺序的系统刺激（由浅入深、由易到难、由少到多），以引起儿童的自由反应和自导学习。

蒙台梭利崇拜儿童的自发冲动，要求给儿童以极大的自由活动权。她主张沿着从自由经过作业到自觉秩序和服从的路径，来实现让儿童自我教育的目的。因此，她根据儿童自由活动的特点，设计了大量的教具，试图让儿童通过作业的方式学会自我约束，为意志力的形成做好准备，并推动儿童要服从自然和社会的秩序。

蒙台梭利认为，教师的首要任务是用科学的态度与方式去观察、研究"自然的儿童"，真正了解儿童的本来面目，从而揭开生命发展的"秘密面纱"，探讨生命的"深刻真理"。其次，在真正了解和认识儿童的前提下，教师应成为儿童自我发展的"援助者"与优异环境的"创造者"。也就是说，教师的工作除了观察，还应该积极地引导儿童，但这种引导并不是那种直接教给儿童方法和观念的传统做法,而是给儿童提供活动的环境和作业的教具,使儿童通过自己的作业达到自我发现和发展。同时,教师应该阻止儿童的不良行为,免得危及儿童本人和其他儿童的发展。再次,教师应无限热爱儿童,献身教育事业,不断完善自己,以自己的完美形象作为儿童自我教育的榜样。

蒙台梭利通过作业把自由与纪律、活动与教育协调起来的做法是一个有意义的尝试,要求教师以身作则地研究儿童、引导儿童,这对于提高教师素质也有积极意义。但是,由于蒙台梭利把儿童的天性理想化,夸大了儿童的自发冲动和自由活动在教育中的重要性,因而也就夸大了儿童自我教育的作用和意义。这就决定了在蒙台梭利的教育体系中,教师的主要职能是被动的、消极的,使教师的主导作用尤其是师幼互动、学习支持的作用就不能得到充分发挥。

(三) 陈鹤琴对"幼儿课程"的研究

陈鹤琴1892年出生于浙江上虞,早年毕业于清华大学,留学美国五年,于1919年获得哥伦比亚大学硕士学位。他在"五四"运动期间回国后,长期从事师范教育与儿童教育工作。他重视科学实验,主张中国儿童教育的发展要适合国情、符合儿童身心发展规律,呼吁建立儿童教育师资培训体系。他编写幼稚园、小学课本及儿童课外读物数十种,设计与推广玩具、教具和幼稚园设备,一生致力于一系列开创性的幼儿教育研究与实践,提出了活教育理论、"五指活动"课程、整个教学法、幼儿课程编制的十大原则和17条教学原则等。

陈鹤琴在美国留学期间,曾受杜威、克伯屈的实验主义和进步主义教育思想的影响。他回国以后,面对旧中国旧教育因袭旧法、脱离生活、死读书本的状况,便立志改革旧教育、创造新教育。陈鹤琴于1923年创办了南京鼓楼幼稚园,作为理论研究的实验基地。陈鹤琴是边知、边行、边写、边讲,即把研究、实践或发表互相结合在一起的一位学者。他研究儿童,兴办幼儿园,在自己的家庭里实施幼儿教育,同时宣讲儿童心理和幼儿教育。1925年,他根据教学、研究、观察、实验中所积累的材料,写成《儿童心理之研究》,其中第一章"照相中看一个儿童的发展",展示他的儿子陈一鸣从一个半月到两岁七个月的生活照片86幅,展现了儿童的发展进程,引起读者极大的兴趣。这在当年可算是十分先进的研究方法。他还是把儿童心理的测验研究引进我国的先驱者之一,发起成立中国幼稚教育研究会,创办了专门研究幼儿教育的月刊《幼稚教育》。

针对传统教育"把书本作为学校学习的唯一材料",陈鹤琴将"大自然、大社会都是活材料"概括为"活教育"的课程论。他认为,随着课程内容的改变,其组织形式也应随之变更。陈鹤琴认为,"活教育"的课程形式应该符合儿童的活动和生活方式,符合儿童与自然、社会环境的交往方式。因此,"活教育"的课程打破以学科组织的传统模式,而改为活动中心和活动单元的形式,具体包括健康活动、社会活动、科学活动、艺术活动和语文活动等五方面的活动。这五种活动犹如人手的五根指头,是相连的整体,所以又被称为"五指活动"。课程结构应该具有整体性,能促进学前儿童整体的有机发展。陈鹤琴先生在对学前儿童心理和教育长期研究的基础上,提出了适合学前儿童发展的课程组织法——"整个教学法"。他认为,"整个教学法,就是把儿童所应该学习的东西整个地、有系统地去教儿童学"。因为学前儿童的生活是"整个的",学前儿童的发展也是"整个的",外界环境的作用也是以整体的方式对儿童产生影响的,所以为儿童设计的课程也必须是整个的、互相联系的,而不能是相互割裂的。

1951年,陈鹤琴发表了《幼稚园的课程》一文。在这篇文章中,他批判了欧美国家所实行的完全从儿童出发、缺乏系统性的单元教学的课程编制模式,提出了适合我国国情的幼稚园课程编制应遵循的十大原则。他还建构了"做中教,做中学,做中求进步"的教学方法论和17条教学原则,突出了以儿童为学习主体的思想,使儿童处于主动学习的地位,这充分体现了他的"一切为儿童"的儿童观和教育观。

二、现代学前教科研方法的发展趋势

当我们希望教育学成为"科学"体系中的一员时,实证研究方法就不再只是自然科学的专利,人文社会科学的研究(包括学前教育学的研究)也开始进入量化、实验化、系统化的进程了。随着新的哲学思潮和新技术的涌现,当前学前教科研方法也有了新的发展趋势。

(一) 生态化趋势

一些哲学家通过历史的审视发现,人类在推进科学进步的同时,逐渐把人和自然对立了起来,或者说我们把人从自然界中孤立了出来。这种有意或无意地对人类的遗忘,导致了目前研究方法的狭隘。作为以人为核心的教育科学研究,是不能容忍这一点失误的。于是,教育科学研究开始挣脱自然科学研究的束缚,并召唤自然科学一同重视人的因素,关注人的社会性。因此,后现代主义者提出了许多研究思路,开拓了一些新的研究方法。其中,来自生物学科的生态学研究方法逐渐被人们所接受,正在使研究方法形成生态化趋势。

生态学研究倡导在真实、自然的情境中研究与人有关的一切问题,从而提高研究的外部效度和生态效度,提高研究成果在真实生活和工作中的可应用性与普适性。生态学研究方法鼓励研究者尽量走出实验室,在真实的环境中描述现象,然后再进行分析。生态学研究方法强调的是一种以人为本的综合研究方法,倡导研究方法的多元化和综合化,如准实验设计、现场观察和编码系统、统计学的时间滞后相关及路径分析等。显然,生态学研究方法会使学前教科研变得更加严谨、有效,其结果也更加人性化,真正能起到造福儿童教育的作用。

(二) 整体化趋势

通过分析学前教育先驱的研究工作发现,他们的研究多以个案为主,如陈鹤琴的《儿童心理之研究》就是对自己大儿子观察的结果;他们的研究关注的往往是儿童的行为,对儿童的整体生活环境研究较少。这两个特点在国内的学前教育研究中也比较突出。不过,随着我国"面向全体""全面发展"等教育改革理念的深入人心,现在的研究已经开始把个体放在群体中、环境中进行研究。如复合个案研究、宏大叙事研究的逐渐兴盛，就是这一观点在研究中的体现。

（三）社群化趋势

随着学前教育工作者队伍的不断强大，原来个人研究、"单打独斗"的态势被打破，学前教育研究正在走团体化、社群化的发展道路。我国学前教师队伍学历在不断提升，如一些博士、硕士都已经走进了幼儿园，使学历本科化正在成为新的态势。此外，各地纷纷建立五级（省、市、县、区、校）教研联席制度，使学前教育研究正在形成长效机制。教师就是研究者，希望我们学前教育专业的学生和教师能够积极走进科研殿堂，与同行们一起开拓学前教育研究的新篇章。

科学研究是一个动态的、永无止境的探究过程。在科学研究中，方法的运用是极其重要的，其中的经验实证和逻辑思维方法是科学研究过程中的必不可少的工具。此外，人们越来越注意到非逻辑的思维，如灵感思维、形象思维在科学研究中不可替代的作用。现代系统科学的发展补充和丰富了哲学方法论的内容，也为科学研究注入了新的思路和方法，这是我们在科学研究中应该重视的。

（四）数字化趋势

自 21 世纪以来，信息化技术迅速冲击着教育研究领域，从理念上和工具上都为学前教科研的发展提供了更大可能性。作为信息化的基础，网络技术使研究样本和研究范围更加广泛，而且数据收集更快捷、更科学。数字化技术使量化研究更容易、更精准，而且让质性研究的数据具有了量化的可能和支持。多媒体技术让叙事研究更形象、更客观，出现了数字叙事等新形式。特别是人工智能技术的发展，使问卷调查、文献研究、数据分析等出现了自动化趋势，人机结合、脑机合一等已经成为学前教育研究领域新质生产力的代表，必将极大推动学前教育理论创新。

做中学：实训活动　　**学前教科研报告(案例)分析**

活动目标：

1. 了解学前教科研的基本构成要素。
2. 理解学前教科研的意义和价值。

活动步骤：

1. 到互联网上或图书馆查找一篇有关学前教科研的报告。

2. 认真阅读并分析该研究报告,完成下表。

表 1-8 学前教科研报告阅读分析表

文章题目		来源	
作者简况			
要解决的问题			
研究过程及研究方法类别			
研究要点及结论			
阅读体会			
交流提纲			
备注			

3. 在小组内或班级课堂上陈述该研究报告的基本内容。
4. 扫码查看相关文献,和大家交流读后感想。

码 1-2 文献示例

反思与评价

一、学习反思

结合课堂学习,查阅资料,对以下问题进行线上或线下讨论,将自己的体会在网络学习空间进行发布,便于交流。

1. 什么是研究?学前教科研的基本含义是什么?
2. 简述学前教科研的基本构成要素。
3. 学前教学科学研究和学前教育科学研究的本质相同吗?为什么?
4. 知识有哪三种形态?它们和研究的三种类型有什么关系?
5. 从研究目的看,你认为幼儿教师最适合做哪类研究?
6. 分析一下福禄贝尔、蒙台梭利和陈鹤琴三人在研究中的共同特点。
7. 现代学前教科研方法的发展趋势有哪些?

二、学习评价

(一)单项选择题

1. 以下不属于有效研究方法特点的是(　　)。
   A. 可行性　　　　B. 可信性　　　　C. 可操作　　　　D. 灵活性
2. 下面哪个学者是中国的幼儿教育研究者(　　)。
   A. 蒙台梭利　　　B. 卢梭　　　　　C. 陈鹤琴　　　　D. 福禄贝尔

(二)多项选择题

经典的科学研究方法有(　　)。
A. 观察法　　　　B. 调查法　　　　C. 个案研究法　　D. 实验法

(三)正误判断题

1. 生态化思想倡导在真实、自然的情境中研究与人有关的一切问题。(　　)
2. "这个幼儿'十有八九是听话的'",这是一个具有定性倾向的回答。(　　)

理论研讨

第二章 学前教科研过程与任务

■ 学习目标

认知目标	技能目标
1. 理解学前教科研的阶段性和连续性 2. 掌握课题研究的基本过程 3. 理解科学素养的基本内涵	1. 能够参与课题研究计划的制定 2. 能够自主设计与教学实际工作相联系的研究计划

■ 课程思政

思政元素	素质目标
了解问题价值,培育问题意识、批判意识、反思意识,找真问题、做真研究	1. 感知问题对研究的价值,激发发现问题的兴趣 2. 培养问题意识和批判意识,找真问题、做真研究 3. 积极发现并敢于提出学前教育问题,进行课题研究

■ 知识准备

关键概念	研究观念
研究立项—研究程序—问题—问题意识—批判意识—科研素养	1. 问题是研究的起点和终点 2. "提出问题—作出假设—收集资料—分析资料—得出结论—成果交流"是研究的一般程序

研究过程是连续性和阶段性的高度统一。在学前教科研中,每个问题的解决、课题的完成均是一个系统的工作,从开始到结束都需要认真对待;根据研究工作的进展,每个阶段又有具体的任务和目标,因此我们要善于分配精力,重点攻关,提高研究效率。

第一节 学前教科研一般步骤

研究的一般过程

一、问题是研究的起点和终点

问题是研究的起点,也是研究的终点。也就是说,研究的过程就是发现问题、解决问题和再发现问题、再解决问题的过程。

问题是认识主体的经验或知识不能解释所认知的对象时产生的思维障碍。问题的发生是有条件的:有可解释的对象、有解释的欲望和行动、解释者的认知水平不能解释现象等。有了以上这些条件,问题就产生了。我们试想一下,一些人的脑海里总是缺少问题,主要原因是其没有解释周围现象的欲望或行动。科学发展史上的诸多现象也说明了这一点,如牛顿与苹果、瓦特与茶壶、詹纳与牛痘、巴甫洛夫与狗等。因而爱因斯坦曾说过,发现一个有价值的问题比解决十个问题更有价值。

学中做:课堂活动 讨论"牛顿与苹果"故事的意义

据说,牛顿在果园散步,被一个落下的苹果砸到了头,牛顿就想:苹果为什么往地上落而不向天上飞去呢?这个问题把牛顿引向了研究"万有引力"的殿堂,我们目前的卫星火箭、宇宙飞船莫不缘起于此。

请你结合上述故事尝试完成下表,并和周围的同学交流一下记录结果。

表 2-1 交流记录表

问题	问题内容	要解释的现象	解释行为	认知水平	后续行为
牛顿的问题	地球上的物体为什么往地上落而不向天上飞去呢?	苹果落地	问了"为什么"	不能解释	研究
你曾有的问题					
你现有的问题					

一个值得研究、有价值的问题的确定要经历四个步骤:发现问题、提出问题、表述问题、

选择并论证问题。发现问题指的是发现了隐含问题的情境,比如你在幼儿园发现刚入园的幼儿都会哭闹,这里面一定有问题,但问题是什么呢?是"为什么刚入园的幼儿常常哭闹"还是"如何制止刚入园的幼儿哭闹"呢?可见,发现问题后会有一个提出问题的行为,只有提出了问题,我们才能明白自己真正要解释的对象是什么。能否把提出的问题表述清楚,是判断研究者对问题理解程度的标准。研究者对问题的表述要简短、精确,让别人一听就知道你的困惑是什么及你要研究什么,如"小班幼儿入园哭闹原因及对策研究"。只有研究者把问题弄清楚了,才可以和他人一起来讨论该问题研究的可行性及意义,这就是论证问题。

二、研究过程及一般步骤

我们在此对研究过程划分步骤,仅是为了明确每一阶段的主要任务,使研究者少走弯路并提高研究效率。一般来说,一个完整的教科研过程可以分为五大步骤。

(一) 选题

选题是研究的开始。我们生活在世界上,身边的问题、自身的问题层出不穷,但哪些可以作为自己的研究课题呢?这是一件十分棘手的事情。一般情况下,研究者可以从感兴趣的问题中选择课题,也可以从当前改革的实际问题中选择课题,还可以从各级科研主管部门发布的课题指南中选择课题。这时的选题还是初步的,也许以后会有一定的变动,但本质性的内容是不能改变的,因此应该采取慎重的态度。选题可以从教学实践出发,从教学工作和教育生活中常见的情境中发现问题,如研究小班幼儿饮水的规律、攻击性行为的种类和原因等;选题也可以从理论中来,如蒙台梭利的秩序敏感期、班杜拉的榜样学习、陈鹤琴的"五指活动"课程等;选题还可以从文献中来,如通过《弟子规》研究古代幼儿教育思想,通过《诗经》研究古人的育儿习惯等;选题还可以从当前社会的热点、有争议的话题中发现研究问题。总之,选题前要广思多思、广泛撒网,研究者才可能找到自己感兴趣的问题。

> **• 相关链接 •**
>
> **秋冬季节北方儿童开展体育活动的策略研究**
>
> 在一次研究课题结题会议上,"秋冬季节北方儿童开展体育活动的策略研究"课题的汇报引起了大家的兴趣。专家夸赞该选题的价值和意义。该课题来自某北方城市幼儿园。该园在大多数园所热衷于研究"幼儿园活动教学"策略、措施、课程、模式等的情况下,根据本园位于北方地区、秋冬季节寒冷不利于体育活动开展的特点确定了该选题。这个选题不仅立意新,而且抓住了北方地区幼儿园户外活动的难点,其研究成果适合在北方地区推广。可想而知,若不是对幼儿园教学情境做了深入的分析,研究者很难提出这样有价值的问题。

（二）论证

论证就是根据课题的选择原则对问题进一步进行筛选和认识的过程。论证一般可以分为个人论证、专家论证和团队论证三种形式。个人论证是指研究者通过课题调研及查阅资料把所选题目的意义、假设、方法等先弄明白；专家论证是指由课题研究领域的专家对课题及方案等进行评价；团队论证往往是由专家组进行的，能高屋建瓴地发现课题及研究方案的问题。课题论证既可以采取直接论证的方式，如面对面研讨，也可以运用通信手段，如电话、电子邮件、线上研讨等间接方式进行；可以是以小组为单位进行，也可以采用会议的形式进行。对重大的、涉及社会民生的研究项目要充分论证，一般都要召开专题论证会议，邀请有代表性的行业专家及一线工作人员代表参与。

（三）设计

课题论证往往需要一份论证报告书，其中包括对研究的初步设计。当研究课题开题后，研究者需要根据课题研究的计划和专家的意见，修改或重新制定课题研究方案，主要包括研究对象的选取、研究方法的选择、研究技术路线或者研究路径的确定，以及研究数据的类型、收集方式及处理方式的选择。如果是实验研究，研究者还需要说明对研究变量分析的结果及变量的控制和观测方法。如果说研究方案的核心目的是如何验证课题的假设，那么明确研究问题的假设是课题研究设计的前提。也就是说，研究设计是对研究计划的关键点进行细化的过程。

（四）实施

研究实施是把研究方案付诸实践的过程。在这一阶段，课题负责人必须按照人员的分工细化工作流程，克服工作中的障碍，根据研究方法的特点选择最合适的途径进行探索。比如要研究幼儿在游戏活动中的合作情况，研究者就要进行观察研究，并注意把握观察的时机，如选择在幼儿玩娃娃家时进行观察。研究方案在研究实施过程中只起着引导性和规范性的作用，很多部分需要调整和细化，这也是考验研究人员研究素质的时候。如同样是发放问卷，有的调查人员就能很好地调节控制被调查对象的答卷情绪，提高问卷的信度；相反，有的调查人员会因自己的疏忽造成调查的失败，不仅浪费了时间、金钱，还很有可能损失了调查的样本和机会，使整个研究过程不得不中止。因此，掌握熟练的研究技能、强化研究修养、理解研究方法的本质，对一个专业研究者来说是十分必要的。

（五）结题

如果说研究实施主要是"做"的过程的话，那么结题主要就是"思"的过程。这种思考有别于研究实施中的思考，它具有系统性、专业性和深入性的特征。系统性表现在要对整个研究过程及获取的研究资料进行分析和整理。专业性是指要结合研究问题领域的基础理论分

码2-1 开题报告示例

析评价自己的研究创新,对研究结果进行理论的分析和评价。深入性是指结合研究过程和研究假设,研究者参考相同领域的研究对自己的研究结果进行深入地分析,提出有说服力的结论,并把结论纳入自己相应的知识体系中,为今后的进一步研究提供研究基础。结题阶段可能是研究中最难熬、最痛苦的阶段。如果说研究过程是"十月怀胎"的话,得出研究结论就是"一朝分娩",这个阶段往往很艰难,它的具体表现形式有研究论文、研究报告或专利产品等。

第二节 学前教科研阶段性任务

研究阶段及任务

科学研究的特点要求其是一个认真、严谨和有序的过程。发现问题可以是"灵机一动",但解决问题的过程是漫长的,需要做好各项工作。

一、研究阶段及基本任务分解

为了便于对研究课题进行有效监督和管理,一般情况下,我们把研究过程分为研究立项、研究实施和研究结题三个阶段。

(一) 研究立项

研究立项就是确立一个研究问题并将之作为一个研究项目来完成的基本过程,它是研究的开始和准备阶段。只有等研究课题确定了,整个研究才能有一个初步的轮廓。立项阶段的关键任务是选题,选题的好坏将直接影响研究的效果。为了确保自己选择的问题有价值、有新意、可研究,还要去查阅资料并征求他人意见,这就是课题论证。选题完成后,研究者既可以自己制定计划自行研究,也可以征求有关部门审核研究方案,并将之列入年度研究项目,落实研究条件,如经费、设备、人员等。立项是一个复杂的过程,其呈现方式主要是研究计划书或者立项报告书。这一阶段工作是否扎实、细致,将直接影响整个研究工作的成败。

• 相关链接 •

研究课题申报及立项

我国目前已建立了比较完善的教育科研系统。除自选研究课题外,根据研究任务的来源不同,研究课题有纵向课题和横向课题两大类别。所谓纵向课题,就是通过行政部门或教育学术团体下达的研究课题,目前主要有国家人文社科规划课题、教育部规划课题、各省市教育部门规划课题等,以及各级教育学会、学前教育学会、陶行知研究会等研究课题。横向课题指的是一些单位委托研究者个人或者研究团体进行某个项目的研究,如福利院委托专家探讨特殊幼儿心理问题的解决策略等。一般情况下,纵向课题大多为年度课题,申请时间比较固定,如教育规划课题一般都在年末岁初进行,大家可咨询教育科研管理部门(一般是教育局下属的教科所或幼研室),或者注意浏览相关网站了解详情。

码2-2 中国学前教育研究会"课题研究"信息

(二) 研究实施

通常来说,在选择课题时,研究就已经开始了。这里说的研究实施,是指当研究立项完成、研究方案确定后,实施研究计划的操作过程。如果说立项是"战略性工作"的话,那么研究实施就是"战术性活动"了。研究实施的核心是恰当地运用研究方法解决实际问题。例如,一个幼儿教师要研究幼儿的户外游戏活动状况,就可能会涉及运用现场观察、参与观察的方法。这个教师原本以为观察活动很简单,只要带双眼睛拿支笔、看看画画就可以了,谁知当设计观察方案时,就遇到了很多难题,不仅要考虑具体细节的落实,如观察表的设计、对象的确定、场地的选择、记录的符号及方式等,还要考虑观察中出现的突发情况。总之,研究实施是一个探索的过程,需要尝试很多路径,唯有不怕艰难险阻的人,才能顺利地完成。

(三) 研究结题

科学研究的过程伴随着问题的发现和解决,但其目的并不只是解决问题,还在于创新,即发现规律并创造知识。因此,结题是科学研究的最后一步,也是最重要的阶段。在这一阶段,研究者要对获得的资料进行分析,得出研究结果,并根据研究结果进一步抽象,发现事物的本质,从而得出具有科学性的结论。可见,结题是一个从感性认识到理性认识的升华阶段。如果这一阶段不能顺利完成,会使研究无疾而终,研究者也会功亏一篑。此外,对研究结论的评述和与他人交流也是科学研究的基本诉求,在这一阶段需要研究者谦虚谨慎、戒骄戒躁,这样才能继续攀登科学研究的高峰。

为了让大家对研究工作有一个更加清晰的了解,现把研究的基本任务分解,如表2-2所示。

表 2-2 科学研究的基本任务

研究阶段	研究步骤	主要研究工作	阶段性研究成果
研究立项	选题	发现问题、提出问题、作出假设、界定概念、理论推断、研究现状分析、初步确定论题	文献综述
	论证	征求意见、制定研究计划、团队建设、论证会议、查阅文献及情报检索、立项报告或开题论证	立项报告或开题报告
研究实施	设计	研究方法、研究对象及目标、研究工具、研究路径或技术路线、研究管理措施、研究制度、因素分析	研究方案、研究流程及行动规划文件
	实施	研究行为、研究技能、资料获取与保存、研究方案的修订、研究数据的补差、效度与信度检验	研究数据或问题解决后取得的物质性成果
研究结题	结题	数据整理、数据分析、数据补充、结果讨论、得出结论、反思与评价、查阅文献、专家评审、结题或验收会议、成果交流、专利申请与成果保护	写作并发表论文、报告、专著及相关成果整理

二、研究过程的核心任务

由于研究工作是连续的,研究步骤的划分是人为的,不同研究者对研究过程的划分略有不同。如有的研究者把教科研过程划分为确定问题、查阅文献、形成假设、研究设计、收集资料、分析资料、推导结论和修正假设八大步骤。还有的研究者根据质的研究和量的研究之区别,分别给出了不同的研究步骤。其实,研究过程中的核心步骤是相同的,这是由它们之间的内在关系决定的。

(一)明确问题是研究设计的前提

明确问题就是能够清楚表述问题的意义、核心概念及问题的假设。研究方案主要是来验证假设的行动计划,因此假设决定着研究方法的选择和研究路线。譬如有一个研究课题为"在园幼儿感冒的原因及预防",那么对感冒的类型、发生季节和诱发因素种类等方面的假设会直接影响研究者的研究方向、研究行为。

(二)查阅文献是研究设计先进和科学的保证

无论是界定概念、作出假设还是研究设计,都需要相关理论的支撑,都需要借鉴前人的研究成果或者同行的经验。教科研之所以具有促进学习的功能,就是因为研究者在研究过程中都要不断地查阅文献,尽最大可能地关注研究课题的最新进展。

(三)研究方法的科学选择是研究设计的核心

研究方案的制定主要是围绕研究方法的选择和实施而展开的。如果研究者要了解研究对象的主观问题,如研究"幼儿园家园合作中的突出问题",采用调查研究方法可能更好一点。但是,使用问卷调查还是访谈调查,研究者还要根据调查对象数目、调查具体内容等来确定。需要注意的是,任何一种研究方法都有优势和缺陷,特定的研究方法得出的结论(教育知识)也是有限制的。因此,在研究中研究者可以以一种研究方法为主,同时再选择几种研究方法为辅助,以保证研究结论的普适性。

> **• 相关链接 •**
>
> **自然界中的鱼都大于5厘米吗**
>
> 一名渔夫的主要生计为织网打鱼。每天归来,他都会把最大的鱼和最小的鱼称重量长。他有次一看记录,发现大鱼的体长参差不齐、差距变化较大,而每天所打的小鱼几乎都是5厘米多一点点。基于此,他逢人便讲自己发现的规律:自然界中的鱼都大于5厘米。我们都知道他的结论是错的,为什么呢?因为他的渔网扣眼的大小决定了他所捕鱼的大小。如果他终生用此网捕鱼,他的实践就会不断地证明他的发现之"正确"!
>
> 他错了吗?他弄虚作假了吗?他说假话了吗?请大家借此考虑一下:我们选择研究方法不就是在选择"知识"之网吗?那么,如何做好研究方法的选择呢?

(四)研究计划是研究设计时空变化的依据

研究计划主要是研究时间和步骤的安排,是研究者检查工作、监督进程的依据。课题研究一般都有时效性,特别是一些解决现实中的燃眉之急。为了保证按时完成,研究者就必须细分任务和时间表,让研究工作稳扎稳打、坚实推进。

(五)研究结论及成果推广是研究的目的之一

幼儿教师进行教科研的目的主要是解决教学实践中出现的问题。但有一些研究者认为,问题的解决标志着研究的结束。其实,问题解决只是研究的实践性成果,研究结论的得出才具有理论上的意义。科学的研究结论具有普遍的意义,应当是可以被广泛应用去解决同类问题的。因此,一个完整的教科研必须有学术交流的行为及研究成果的推广,可让大家共享知识的价值。

第三节 学前教科研素养

学前教育研究素养

当今的世界,是一个比以往任何一个历史时期都需要科学素养与创新能力的世界。科学研究素养是一个国家国民素质的基本组成部分,也是国民科学素养水平的主要标志。创新能力已经成为衡量一个人、一个民族乃至一个国家竞争实力的重要标准。作为幼儿教师,必须具备一定的科学研究素养。

一、科学研究素养概述

素质是指事物或人本身所具有的固有属性,它是先天性条件和后天性学习与训练的综合结果。而素养是指素质渐进发展、逐步成熟并固化的过程。幼儿教师的研究素养通常指幼儿教师在从事教学研究工作时应具备的素质和修养,包括品德、知识、才能及体质等诸多方面。可见,素质侧重于现成的结果,素养则可以视为素质的养成,即强调通过教育、学习与实践等方式养成素质的过程。

科学素养是指对在日常生活、社会事务以及个人决策中所涉及的科学概念和科学方法的认识和理解,并在此基础上所形成的稳定的心理品质。科学素养的核心要素有:科学兴趣、科学知识、科学方法、科学精神。幼儿教师的科学素养是指掌握了学前教育专业知识、科研方法和必备技能,具有发现学前教育问题和技术难点的敏锐眼力,以及能够寻求到解决问题办法或有效途径的业务能力。由此可见,科学研究素养具有累积性和自觉性的特点,是一个需要自我锻炼和自我提高修养的实践过程。

二、科学研究素养的种类

科学研究素养主要体现为科研意识和科研精神。科研意识是科研行为得以发生和进行的基础,包括问题意识、批判意识、求真意识、学习意识、方法意识、美善意识、探究意识、合作意识等。科研精神是科研行为顺利进行和取得效益的保证,如怀疑精神、捍卫真理精神、勤奋刻苦、认真细致的完美精神等。

在此,我们主要谈谈四个最基本的科研意识。

(一)问题意识

问题意识指发现问题、提出问题、表征问题、分析问题和解决问题的意识。具有问题意识的人能对周围环境和现实情况中存在的问题及挑战敏锐感知与积极关注,并主动发现问题、积极思考和寻找解决方案。20世纪中国的教育曾被称为"去问题教育",原因就是我们对"问题"在创新中的作用认识不足。经过数轮课程改革,我们已经认识到了保护和培育学生"问题意识"的重要性。问题导向教学已经成为当前教育教学常态,也成为幼儿园主题课程的灵魂。其实,定势思维和"见怪不怪"也是我们忽略"问题"的主要原因。如在牛顿之前,与他同时代的人难道没有人看见苹果落地吗?在一定意义上来说,这是因为一般大众的问题意识不足。一个研究者肯定是一个爱提问题的人,若没有"鸟为什么会飞而人不能飞"的问题,那么飞机是不会被发明创造出来的。

(二) 批判意识

批判意识是创新精神的重要因素。批判指的是敢于怀疑常理、敢于挑战权威的精神。当然,批判或者怀疑是有科学前提的,即确实弄懂了他人的理论体系和思维路径。无缘无故地怀疑和怀疑一切的做法是不可取的,是对批判精神的亵渎。创新就是指思维不固化,学术无权威,有清醒的头脑和独到的观点。另外,批判意识就是要敢于怀疑自己的学术观点和研究结论,并且允许别人批判自己。例如,在学术会议上,我们有时发现一些人对别人的理论横加指责,但当别人提出对他观点的怀疑时却立即大怒。这样的人是缺乏批判意识的,也没有起码的学术素养。

(三) 求真意识

求真贯穿于科学研究的始终。作为探讨世界客观规律的过程,你的研究问题不能是虚假的问题(伪命题),你的研究过程要充满真实因素且排除干扰,只有这样你才能走向真理的殿堂。研究犹如眼睛,揉不进一粒虚假的沙子。很多研究者做过研究后,就知道什么是脚踏实地了,也知道了不求真的危害和荒谬所在。求真表现在科研工作中就是求实,即实事求是,尊重科研事实,严格按照科研规程进行课题研究。

(四) 学习意识

研究的过程就是学习的过程。当研究进入一个新领域时,新理论、新技术就成为研究者攻难克坚的必备武器。如爱因斯坦为了达到相对论顶峰,学习了数十年黎曼几何;物理学家薛定谔进入分子生物学领域后,也补了许多生物学的课。即使研究同一个领域的学者,也需要不断关注研究前沿,对出现的新理论要迅速掌握并应用到自己的研究中。可见,一个好的研究者一定是一个好的学习者。

科学研究探讨的是未知世界,其让人感到神秘也很无奈,因此科学研究所追求的目标可能是忽隐忽现的,也可能让我们耗尽毕生心血而不能知其一二。因此,我们要善于寻找有效解决科学研究和技术开发问题的方法和策略(方法意识),要在科研道路上无论遇到什么困难,都能坚定不移地朝前迈进(探究意识),还要用研究中的求美求善来激励自己,因为科学的本质就是美善(美善意识)。我们还需要合作攻关,需要不断补充理论。可见,科学研究实践是提升科研素养的最佳途径。

三、科学研究素养的养成

素养提升的过程,是一个知、情、意、行相统一与相结合的辩证过程。该过程需要重视自我修养、自我教育以及自我完善的设计与实现。只有身体力行,坚持不懈地实践,研究者方能取得成效。因此,研究者要"准确"认识自己,知道自己是一个什么样的人、适合做什么样的研究很重要。研究者要提升素养可以从自主研修和营造养成环境两个方面做起。

(一) 自主研修

自主研修强调自觉性和主动性。科学研究就像是把研究者从困惑的"牢笼"中解放出来,因而研究应该是在研究者心灵自由的状态下进行的。研究者在被逼迫的情况下是没有灵感的,思维也是禁锢的、呆滞的。为此,研究者不仅要迅速吸收新知识、新技术,还要妥善处理各种关系,如保持心绪平和乐观向上、理智敏锐创新进取、意志坚定善于自制,让研究成为自觉自省的行为。

> **• 相关链接 •**
>
> **研究是幼儿教师职业幸福的发动机**
>
> 在一次教师教育会议上,来自不同国家的学者几乎都谈到了同一个话题,那就是教师的流失和职业倦怠。这个现象在我国幼儿教师中表现也很明显。带着这个问题,我接触了一些优秀的幼儿教师。她们大部分是幼儿园的领导或者教学能手,也有教学名师和学科带头人,相对而言,她们在幼儿园的工作很愉快。为什么这些人能够保持着对学前教育事业的热情呢?我对她们进行了访谈,访谈的结果是:她们都把对儿童的教育研究作为自己发展的动力,并以此为思路设计了自己的专业发展道路。
>
> 小琴是来自晋西北的一位幼儿园教科研室主任。我们相遇在一次幼教科研结题会议上。她的课题做得很成功,得到了省厅领导和专家评委的一致称赞。她不仅是省级教学能手,还是省级名师,她的名师工作室活跃着一群和她志趣相投的朋友,一起科研攻关、一起唱歌爬山,幸福的生活像事业一样甜美顺畅。
>
> 我还认识一位大学教师,在某高校担任重要行政职务,同时又是幼教界有名的游戏活动研究专家。刚到中年的她已经主持和参与过四项幼教研究课题,目前正在研究的还有两项课题。在我见到她时,她正准备出版自己的第五本书。她十年前是一位幼儿园教师,因为科研,她的专业不断精进;五年前她又步入高等学府深造,攻读了研究生。扎实的实践基础和丰富的幼儿教育经历,加上不断钻研和创新的科研精神,使她对学前教育专业的理解日渐精深。其实,在学前教育界,有着和她相似经历的高校教师不在少数。

正如裴跃进先生在《教师品质修养》一书中所言：作为一名教师，在持有一份人格自由、选择自由的同时，恐怕还得有个不约而同、殊途同归的期望与追求——内在品质的提升与完善，这既是职业进步的基本诉求，也是个体价值彰显的主要使命。研究可以让幼儿教师接近儿童纯真的心灵，让他们厌恶虚假和抛弃粗糙，养成尊重事实、追求真理的"真"精神；研究还能使他们懂得合作的重要性，学会人际交流沟通的技巧。一句话，研究会使幼儿教师的品质不断提升，使幼儿教师的职业生涯熠熠生辉。

（二）营造养成环境

科研需要高尚的道德品质，这就需要研究者做到以下几点：要注意做事细节，诚信、仁达、宽忍、敬业；要能迅速汲取新知识，提出问题，追求学问；掌握对海量信息处理的技巧，学会与他人交流，自我导向研习，要亲历科研过程，学无止境，常学常新、常研常进；聆听高水平讲座，参加高水平技能培训，迅速掌握新技术，学会研究性学习，在研究中成长。此外，研究者还需要发扬团队精神，善于团结，精诚合作，取长补短，实现共赢。

一个研究者只有把自己放到一个理想的科研环境中才能有所进取，但这种环境不会是天然的，需要自己创设和经营。在学前教科研方法课程的学习过程中，我们要求大家要善于合作、积极交流，其实就是让大家学会为自己的发展创造一个环境。我们不仅要知道"在游泳中才能学会游泳"的道理，还要知道需要靠自己找到或获得"游泳"权利和场所的途径。

做中学：实训活动　　**学前教科研论文阅读及交流**

活动目标：
1. 了解学前教科研的基本步骤和核心任务。
2. 理解学前教科研成果的基本交流方式。

活动步骤：
1. 到互联网上或图书馆查找一篇学前教育研究论文。
2. 认真阅读并分析该篇论文，评价该篇论文研究的优点及需要改进的地方，完成下表。
3. 在小组内或班级课堂上陈述该篇论文的基本研究方法和结论。

表 2-3　学前教科研论文阅读分析表

文章题目		来源期刊	
作者简况			
要解决的问题			
研究过程及研究方法			
研究要点及结论			
阅读体会			
交流提纲			
备注			

反思与评价

一、学习反思

结合课堂学习,查阅资料,对以下问题进行线上或线下讨论,将自己的体会在网络学习空间进行发布,便于交流。

1. 为什么说问题是研究的起点和终点?
2. 学前教科研一般步骤有哪些?
3. 学前教科研阶段如何划分? 研究过程的核心任务是什么?
4. 科学研究素养有哪些? 养成科学研究素养的基本途径是什么?

二、学习评价

(一) 单项选择题

1. 本书认为研究过程可以分为几个步骤(　　)。
A. 3　　　　　B. 5　　　　　C. 6　　　　　D. 9

2. 下面哪个是研究的起点( )。

A. 研究设计　　　　B. 研究假设　　　　C. 选题　　　　D. 查阅文献

(二) 多项选择题

科学研究素养有( )。

A. 问题意识　　　　B. 批判意识　　　　C. 求真意识　　　　D. 合作意识

(三) 正误判断题

1. 研究是幼儿教师职业幸福的发动机。( )
2. 科研需要高尚的道德品质,关键是要注意做事细节,以及诚信。( )

实践探究

项目活动一　提出问题

一、项目简介

研究课题的提出、选择和确立是学前教科研的基础,其中,提出问题是实施课题研究的重要一环。本实践项目就是让学生发现问题情境,分析情境因素并提出问题,然后通过查阅文献,对问题进行初步思考,用准确的语言表述研究课题,再经过个人论证和小组讨论,初步确定适合自己的最佳研究问题。

二、项目目的

通过本项目的实施,让学生掌握从实践中提出问题的基本过程和方法,并达成以下目标:

1. 提高发现学前教育研究问题并分析问题的能力。
2. 会用准确的语言描述问题情境,并表述课题的名称。
3. 学会针对研究问题作出假设。
4. 学会和周围的专业人士讨论、交流自己的研究内容,并及时求助及请教。
5. 培养求真务实的研究作风,选择有兴趣、有价值的问题进行研究。

三、项目所需学科知识

本项目所对应的基本知识来源于本书模块一的内容,关键知识点有:研究的内涵、研究方法的种类、问题、假设、问题分析策略、课题的来源、课题表述规则等。

四、项目案例

为了提出研究课题,欧阳同学翻出了自己的教育见习日记,发现了这样一篇观察记录:

刘柳,5岁,上学期转入大三班,刚来幼儿园时,每天都大哭大闹,整天喊着找妈妈,饭也不吃,更不理睬其他小朋友。我们跟她交流时,她也不理我们。在她心里,只有妈妈是最好的,其他人都是坏人。有时,她会闹得全班的小朋友都没法进行正常的活动。

欧阳同学发现刘柳的问题值得研究,但这里面到底有什么问题呢?经分析,她认为有这

么几个问题:
1. 刘柳哭闹的原因是什么?
2. 刘柳特别依赖妈妈吗?
3. 刘柳为什么不和小朋友及老师交流?
4. 刘柳为什么只认为她妈妈是好人?
5. 刘柳是一个调皮捣蛋的儿童吗?
6. 如何引导和帮助像刘柳这样中途转班的儿童呢?

那么,这几个问题哪个最有研究意义呢?欧阳同学查阅了一些文献资料,决定研究转班幼儿的情绪问题。经过反复思考,她把课题表述为"转班幼儿入园情绪问题及管理对策研究"。根据进一步查阅相关文献和走访一些幼儿教师,她假设:转班幼儿入园情绪主要是焦虑和不安全感;管理主要策略是增加幼儿的师幼互动行为,帮其建立良好的同伴关系和师幼关系。为此,她和几位同学分别交流了意见,大家都认为这个问题可以作为研究课题。

欧阳很高兴自己的课题得到了大家初步的肯定,她继续翻阅自己的笔记,还亲自到幼儿园观察了几次转班幼儿的表现,陆续确定了其他几个问题,顺利地完成了自己的项目。在课堂发言时,老师对她的这个课题也很赞赏,建议她对"转班幼儿"的概念进行一下科学的界定,并鼓励她继续研究这个课题。

五、实施步骤

(一) 小组建立

为了互相帮助,你必须建立一个小组或者参加一个小组,我们建议:
1. 小组成员最好有各自的特长,并且便于联络。
2. 要制定规则或制度规范小组行为。
3. 小组成员要有不同的分工。
4. 一个小组最好是4—6人。
5. 小组应该有一个召集人或组长。

(二) 制定计划

1. 根据老师的要求和小组规则制定计划。
2. 要注意项目完成的时间和进度。
3. 要有分阶段的任务及完成措施。
4. 计划应该是书面的,且简明扼要。
5. 注意计划的可行性及冲突的规避措施。
6. 找个有经验的伙伴帮你讨论一下计划,并能成为你计划执行的监督人。

(三) 项目运作

1. 要为项目完成做好准备,如知识的学习、表格准备、伙伴沟通等。
2. 针对阶段任务立即行动,最好做一个任务完成进度表,如果必要的话。
3. 每个学生需要提出 5 个研究课题,并完成表格(见表 2-4),选其中最优的 1 个问题(问题一)进行课堂发言,将发言稿或提纲、表格当堂交给老师,也可以上传到自己的网络学习空间(或者指定的网络空间),作为老师和同学对你项目进行评价的依据。
4. 记录你所做的关键事情。
5. 当遇到问题和困难时,要学会求助。
6. 通过网络学习空间等途径关注小组成员的进展,要及时、积极地参与他们的线上或线下交流。

六、完成此项目的课程资源

随着教育数字化进程不断加快,教育资源越来越丰富,特别是 2022 年上线的国家职业教育智慧教育平台,汇聚了许多与教育研究有关的课程及资料。本书依托的精品资源共享课《学前儿童教育研究方法》也在其中,已经运行好几年,注册学习人数近 2 万人。此外,中国学前教育研究会网、山东学前教育网等也有丰富的资源;还有中国学前教育研究会公众号、山西省学前教育研究会公众号等都能提供可参考资源。

七、评价方式

1. 请小组成员对你的课题进行论证,并写出评价意见,不要忘记请他们签字。
2. 老师评价主要关注你的作业表格、课堂汇报情况,请你务必做好准备,不可掉以轻心。
3. 这个项目的成败决定你是否能成为小组课题负责人,因此,你要努力啊。

八、项目评价

请根据活动进程认真填写记录表(见表 2-4),完成"提出问题"实践活动报告,并邀请老师及小组成员进行评价。

表 2-4 "提出问题"实践活动记录表

	年级		班级		姓名		学号		项目起止日期	
问题一	问题：									
	课题名称									
问题来源描述											
研究意义	实践意义： 理论意义：										
假设											
研究方法											
难点											
预期成果					小组评价						
问题二											
问题三											
问题四											
问题五											
论证情况	参加人员								教师评价	
	参考文献									
	论证要点									
研究活动反思											

模块二
研究问题的选择及设计

人类的进步来源于问题的解决,学前教育也是在问题解决中不断发展的。面对错综复杂的问题,我们应从何下手？如何选择研究的技术和路径？不解决这些问题,我们的研究就无法有效开展。本模块要解决的就是学前教科研的问题选择及问题设计。

研学任务

任务情境

临近年终岁末,教育部及各地教育部门纷纷开始了年度教育课题的申报工作。我的一个朋友从陕西打来电话,让我帮她所在的幼儿园选几个可以申报的课题。我告诉她可以根据课题指南和自己在幼儿园工作中遇到的问题来确定选题。她说问题太多,不知道怎样选题,更不知道怎样设计研究过程。如果你是这个幼儿园的老师,你能完成这个选题的任务吗？

任务分析

如果你要完成这个任务,需要做好如下工作:
1. 知道问题的来源,并去发现、提出研究问题。
2. 通过查阅文献了解要研究问题的意义、假设和研究进展等状况。
3. 能够陈述研究问题的相关内容,并设计研究方案,制定研究计划。
4. 组织课题论证会议。
5. 组织或协助课题负责人组建课题研究团队。

职业素养

1. 独立选题的基本能力。
2. 查阅文献的基本技能。
3. 分析整理文献资料的能力。
4. 组织并参与课题论证的能力。
5. 组建或参与课题组的人际关系协调能力。
6. 具备初步的学术会议交流行为规范。

---------◉ **理论研讨** ◉---------

第三章　确定研究问题

■ 学习目标

认知目标	技能目标
1. 了解课题的来源 2. 理解选题的原则 3. 掌握选题的策略 4. 了解课题论证的组织过程 5. 理解选题的基本策略	1. 能依据选题原则,分析评价课题 2. 会运用选题基本策略分析并确立课题 3. 能依据研究问题,提出假设

■ 课程思政

思政元素	素质目标
培育选题意识、原则意识,选真问题、做真论证	1. 理解问题的客观性,培育求真品质 2. 培养选题意识和原则意识,找真问题、做真论证 3. 积极发表对问题的看法,培育说真话的素养

■ 知识准备

关键概念	研究观念
真问题—教育事实—研究课题—概念界定—假设—选题原则—选题策略—课题论证—研究路径—总体—样本	1. 没有问题的研究是不存在的 2. 课题论证是选题的重要环节,课题选择应遵守选题原则

没有问题就没有研究,问题是研究的开始,也是研究的结束。分析并讨论下面的资料,你认为问题意识对一个研究人员来说重要吗?为什么?

学中做:课堂活动　　分析并讨论:"因为他没有问题了!"

路德维希·维特根斯坦出生于奥地利,后入英国籍,著名的哲学家、数理逻辑学家。他是语言学派(大约相当于分析哲学)的主要代表人物。他思想的最初源泉主要来自弗雷格的现代逻辑学成果、罗素与怀特海写的《数学原理》和摩尔的《伦理学原理》。

有一天,大哲学家罗素问摩尔:"谁是你最好的学生?"摩尔回答:"维特根斯坦!"

"为什么?"

"因为他在听课时总是露出迷茫的神思!老是一大堆问题!"

后来,维特根斯坦出了名并超过了罗素,人们问他:"罗素为什么落伍了?"

"因为他没有问题了!"维特根斯坦平静而又肯定地回答。

问题的提出

第一节　问题的提出

教科研的问题都来自教育现实。研究者要提出可研究的问题就必须明白"什么是问题",同时,还要遵循一定的研究程序:发现问题情境、分析并提出问题、明确陈述问题、假设、充分论证问题(如图3-1)。下文将主要从问题及真问题、发现问题情境、分析问题及表述问题来展开阐述。

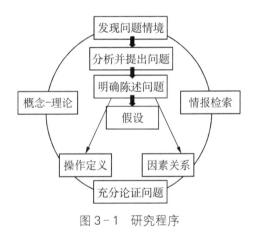

图3-1　研究程序

一、问题及真问题

从心理学视角看,问题是一种思维障碍,是指当事人用自己的知识或经验去解决某一现象时出现了障碍,主要表现为不能解释、解释不通或者解释错误。科学研究者要善于发现问题并提出问题,然后通过论证确定一个值得研究的问题。

在英语中,问题主要有两种表示方式:question 和 problem。question 指一般的问题,主要是疑问,往往通过询问就可以知道答案,也就是说已经有了答案,只是某人不知道而已;而problem 需要解决的问题,是已存在的问题,需要通过研究才能解决的难题。科学研究要解决的问题应该是 problem,这类问题具有以下三个基本构成要素。

第一,有一个开始状态,也就是我们已经知道什么。如羽毛、树叶很轻,能够随空气流动在空中飞舞;而铁块或石头太重,很难飞起来,即使飞起来也会很快落地。

第二,有一个目标状态,也就是我们要解释什么。如飞机是钢铁等材料制作的,但飞机却飞了起来。

第三,开始状态到目标状态之间存在障碍。如飞机为什么能飞起来?钢铁与飞机的关系及其内在联系是什么?

可见,飞机的飞行原理就是一个值得探讨的科学问题。存在"思维障碍"是科学问题的重要特征。如果你在读一段文章时,遇到不认识某个单词、不会做某道算术题,这不能说你发现了科学问题。真正的科学问题一定是带有探究性色彩的问题。

发现科学研究问题还有一个条件,就是必须发现"自己的问题",这样的问题才有可能是值得研究的。什么是自己的问题呢?也就是与研究者自己有关并认为有意义和有价值的问题,这样的问题即为真问题。只有真问题才可能作为自己的研究课题,才能够得到最大程度的重视和解决。因此,发现问题不仅需要智慧,还需要动力。

一般来说,来自教学实践的问题都是教科研的真问题。真问题的背后一定有一个真实的教育现象或教育事实。教育事实指的是教育教学活动中真实存在的东西,如"毛毛在玩三角板""三角形的三个内角的和是180°",这都是真实的、存在的事实。事实有两种,一种是经验事实,即可以通过实证手段证明的事实,如"毛毛在玩三角板";另一种是理性事实,是不借助观察等实证手段、可以用推理的方法证明的事实,如"三角形的三个内角的和是180°"。很显然,本书中介绍的研究方法,主要是研究经验事实的手段。因此,我们的真问题主要来源于经验事实,包括"小朋友都喜欢毛毛"这样可以通过调查来证实的心理事实。

二、发现问题情境

真实生活中的问题是复杂的、隐蔽的,有的问题如果得不到及时解决,就会造成不可挽回的损失,因此,及时发现问题并把问题解决在萌芽状态是十分重要的。发现问题一般是从问题情境开始的。

培养问题意识和理解问题能力是发现问题的前提。在真实的生活中,问题解决的第一步(有时也是最难的一步)是确定问题的存在。我们强调遇事多问几个"为什么",其实就是问题意识的表现。当问"为什么"的时候,我们就会用自己的知识和经验去解释这个现象,在解释过程中就会发现问题的存在。例如,有这样一件趣事,一个百无聊赖的数学家在煮咖啡,当用勺子在搅拌咖啡帮助溶解时突发奇想:这个美丽的漩涡能用数学公式表征吗?因此,一个研究问题诞生了。当他完成这个任务时,一些人嘲讽他说:这个研究有什么意义?难道搅拌咖啡还要计算用力、用时才能造成多大的漩涡吗?其实这又是一个值得研究的问题:这个数学公式有应用价值吗?后来,人们在改造飞机时用这个公式来计算涡轮产生的气流动力数据,从而提高了飞机的性能。所以,当我们的生活、工作、学习等出现异常情况时,这时我们应该意识到在这件事的背后肯定有问题存在。这便是发现问题的第一步。

当我们意识到问题的存在后,就应立即去确定问题是什么。问题若不解决,要么一直存在,要么会因为问题存在的条件的变化暂时隐藏起来而变成"隐患"。在真实的生活中,找出是什么问题有时比找出解决问题的办法更难。这是因为日常生活中的问题结构性较差,不经过深入地分析很难提取出真正的问题。比如一个幼儿突然不想吃饭了,这不是问题而是问题情境,我们要找到问题,就要对这个问题情境进行分析:他是有消化道疾病吗？是焦虑吗？是厌食吗？是情绪不好吗？……我们要确定是什么问题,就必须把幼儿的现状、不想吃饭的背景弄清楚,这样我们才能发现问题所在。因此,发现问题必须有一个对问题情境分析的过程。

三、分析问题

问题情境是复杂的,其背后有一个复杂的问题网络,这是由事物之间的内在联系决定的。我们要去分析问题发生的条件、途径及后果,从而为问题解决打下基础,这个过程就是问题理解的过程。

分析问题有许多方法,它要求问题解决者首先要明确问题事件中所包含的中心概念。一般来说,可用分类的方法来明确概念。分类的实质是制定一个标准并根据标准进行判别和选择,其实就是推理和判断的过程。在推理的过程中一定要注意思考的前提条件和步骤,继而严格按照标准进行判断。用好了推理和判断,我们就具备了一双发现问题的"慧眼",有助于更好地分析问题。

码3-1 关于"问题"的讨论

四、表述问题

提出问题的过程就是理解问题的过程。对简单的问题,我们在头脑中简单分析、收集信息就可以提出,甚至无须表述出来。但面对复杂的问题时,我们为了明确最根本的问题,往往需要讨论,因此问题的表述就非常重要了。而且,好的问题表述过程,也是理解问题的过程,同样还是问题解决的开始。因此,提出问题和表述问题是不能截然分开的。当我们发现并提出了真正的问题,弄清楚了问题的来龙去脉后,就可以考虑问题解决的种种可能途径。在这一阶段的主要研究工作是:界定问题及其蕴含的科学概念,提出科学假设,并能准确地、科学地表述研究问题。

(一) 界定问题

科学研究的结果是产生了知识,知识是用概念和原理(概念间的关系)表述的。因此,任何一个研究课题结论只可能是知识体系中的一点,不能纳入知识体系的研究是不可能成功的。作为科学研究的起点——问题,一定要指向知识网络中的某个点。问题的界定其实就是界定问题中蕴含的核心概念。在界定问题的过程中,研究者也就了解了自己研究课题的知识领域。

> **学中做:课堂活动**
>
> 下列课题中的核心概念有哪些?请同学们填写下表。
>
> 表 3-1 课题中的核心概念
>
> | 课 题 | 需要界定的核心概念 |
> | --- | --- |
> | 音乐与幼儿律动行为调查分析 | |
> | 小班男女幼儿语言表达能力对比研究 | |
> | 绘本图片对幼儿认知影响的实验研究 | |
> | 多媒体优化早期阅读的实践研究 | |
> | 教师行为与幼儿心理健康的关系研究 | |

界定概念要完成的主要工作有以下几项:

第一,弄清研究的问题属于哪个学科领域,其理论的基本范畴是什么。

第二,截至目前,其他研究人员(专家学者)对这些概念有哪些解释。

第三,你是如何界定这个概念的内涵和外延的。在这个研究中,核心概念及相关概念的含义是什么。

要完成这些任务,你需要知道:概念是什么?它的构成要素和特征是什么?概念是反映对象的本质属性的思维形式。人类在认识过程中,从感性认识上升到理性认识,把所感知的事物的共同本质特点抽象出来,加以概括,就成为概念。概念随着社会历史和人类认识的发展而变化。《中华人民共和国国家标准 GB/T 15237.1—2000》认为概念是对特征的独特组合而形成的知识单元。《德国工业标准 2342》将概念定义为:一个通过使用抽象化的方式从一群事物中提取出来的反映其共同特性的思维单位。

概念是构造理论的砖石,是对研究范围内同一类现象的概括性表述,也是对同类现象的一种高度抽象。当人们说出一个概念时,每个人脑子里会出现不同的影像。比如说椅子,形状各有不同,但本质一定相同。什么叫椅子?椅子的概念是一个抽象的模型。因为仅靠语言没有办法让孩子们了解这个抽象概念,幼儿教师往往指着椅子说"拿来坐的,是坐具"。但是,有些概念可拿实物来解释,有的概念却无法拿实物说明。比如"同情心"是什么呢?什么是社会交往和社会地位?一般认为,概念的形成需要不断进行抽象,是逻辑层面的思维活动,是表达某种思想的字或者符号,是研究者必需的理性工具。概念在一定场景下可分为实体概念和非实体概念。实体概念,即可直接观察,如幼儿、玩具、游戏;非实体概念,即不可直接观察,如智力、社会关系、文化、喜爱。

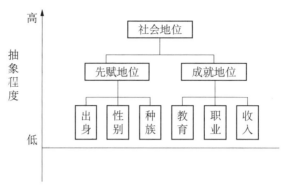

图 3-2 概念的抽象层次举例

由于科学研究的需要,人们对概念进行了界定。日常概念可以有不同理解,而科学概念要求就十分严格。科学概念的特征主要有:专一性、系统性、可检验性、稳定性、精确性。定义是对于一种事物的本质特征或一个概念的内涵和外延所做的简要说明。如梁启超在《论中国学术思想变迁之大势》中写道,"大抵西人之著述,必先就其主题立一界说,下一定义,然后循定义以纵说之,横说之"。研究中对概念的界定有两种基本方式:质性定义和操作性定义。质性定义是从内涵的视角对事物根本特征的抽象而概括地描述。而操作性定义则是从外延的视角对定义的特征进行描述,尤其在定量研究中,操作性定义是十分必要而重要的。因此,我们做研究时,必须首先清晰地界定概念。

• 相关链接 •

操作性定义

操作性定义,又称操作定义,是根据可观察、可测量、可操作的特征来界定变量含义的方法,即从具体的行为、特征、指标上对变量的操作进行描述,将抽象的概念转换成可观测、可检验的项目。从本质上说,下操作性定义就是详细描述研究变量的操作程序和测量指标。在实证性研究中,操作性定义尤为重要,它是判断研究是否有价值的重要前提。

如何获取有价值的反映抽象定义内容的具体指标,是研究是否客观可靠的条件。例如,挫折感的质性定义为,当达到目标的过程中遇到障碍时所产生的情绪感觉或反应。根据这一定义,很难在研究中找到相应的测试内容,因为它不具体。如果研究人员把它规定为在某一具体情景中,如幼儿正在玩一个他十分喜爱的玩具,突然告诉他不能玩,或禁止继续玩,此时,幼儿的反应就是挫折感的反应。这样,一个抽象性定义就转变成了操作性定义。

下操作性定义的方法很多,主要有以下三种:

一是条件描述法。条件描述法通常是通过陈述测量操作程序来界定一个概念,是对所解释对象的特征或可能产生的现象进行描述,对要达到某一结果的特定条件做出规定,指出用什么样的操作去引出什么样的状态,即规定某种条件,观察产生的结果。这种方法常用于给自变量下操作性定义。例如,要给"饥饿"下一个操作性定义。饥饿是一种自身感受,那么怎样才算饥饿呢?心理学家用条件描述法给饥饿下了一个操作性定义:饥饿指连续 24 小时没进食物的状态。这样,每个人都能对饥饿进行实际操作了。

二是指标描述法。指标描述法通常是通过陈述测量操作标准来界定一个概念,是对所解释对象的测量手段、测量指标、判断标准做出规定。通常这些指标能作量化处理,常用于给因变量下操作性定义。例如,"青少年"可以界定为"年龄在 12 岁以上、18 岁以下的人"。

三是行为描述法。行为描述法通常是通过陈述测量结果来界定一个概念,是对所解释对象的动作特征进行描述,对可观测的行为结果进行描述。通常这种操作性定义用于给因变量下定义,解释客体的行为。例如,谦让行为在分配糖果时可以分成三种水平:"主动谦让"指没有任何人提醒或暗示,都能将糖果让给别人;"被动谦让"指在他人的提醒或暗示下,才肯将糖果让给别人;"不谦让"指经他人再三提醒,都不肯把糖果让给别人,一定要自己享用。

有了对概念的界定,我们对研究问题的了解也就更加深入了。如很多幼儿教师都对幼儿是否说谎、如何说谎及有何教育对策感兴趣,若搞不明白"幼儿说谎"这一核心概念的含义,用成人的"说谎"来界定幼儿的说谎是不准确的,对这个问题的研究就会糊里糊涂、模棱两可。研究者只有将核心概念弄清楚了,才能使研究问题范围明确、目标清晰,随之明晰研究路径。

(二) 提出假设

假设就是对研究问题答案的推测。科学研究的假设必须建立在科学的推测基础之上,这要求研究者在提出假设时必须做到基础理论正确、推理过程科学。科学的假设又叫作假说,即一种待验证或者已得到部分验证的假设。对自己将要研究的问题提出假设是定量研究开展的前提,特别是实验研究,其目的就是验证假设。提出正确的假设,有利于研究方案的制定。对一些质性研究如社科类研究来说,假设的精确性要求不是很严格,但若没有假设,研究设计就会陷入混沌状态,难以提高研究效率。

假设是运用思维、想象对所研究的事物的本质或规律的初步设想或推测,是对所研究的课题提出的可能的答案或尝试性理解。著名学者胡适曾有一句名言,"大胆假设,小心求证"。大胆假设,即人人都可以提出假设,假定有一种或几种解决问题的方案。假设基本可分为三种:一是理论假设,指陈述较抽象的概念之间可能关系的命题。例如,社会整合程度愈高,则自杀率愈低。二是统计假设,是有待通过抽样手段进行验证的对某一总体中未知的指标(或变量)数值或关系的预测性陈述。例如,教育水平与收入之间的相关为零。三是工作假设,是为解决工作中遇到的问题而对具体事物的存在、性质、原因、趋势等进行的初步推测。例如,医生根据病人自述的右下腹部持续性钝痛,初步诊断他患了慢性阑尾炎,就是因为医生知道"患慢性阑尾炎"是"右下腹部持续性钝痛"最常见的原因,运用了溯因推理。

假设是科研设计的主要依据之一,可指导科研沿着一定方向行动。一个良好的假设可以提示哪一种研究设计才能够符合研究的需要。假设还可指导研究资料的收集,使研究者对有用的重要的材料更加敏感。科学研究的过程就是"假设——验证"的探究过程。对复杂的研究课题不仅要做总假设,还要能提出有一定逻辑关系的系列假设——分假设。假设提好了,研究就成功了一半。假设,其实就是设定研究路径的目标。

(三) 科学表述

研究需要对话:和教育事实对话,和他人的观点对话,或借助书面语言,或借助口头交流。总之,研究者需要不断表述自己的思考,这样才能将研究顺利推进。无论界定问题、表述概念还是说明假设,对研究问题的陈述一般都采用叙述或描述的形式。在描述时,应尽可能描述事实的状态,而不是对事实状态的评价。比较一下这两个描述:

A. 在幼儿面前评价家长会影响幼儿的同伴关系。

B. 教师要保护每个幼儿的自尊心。

其中,A 描述是可以验证的教育事实,如我们可以在幼儿面前评价某位家长,看看该幼儿的其他幼儿相处的状况是否发生了改变。而 B 描述则是一个评价性语句,其含义是教师应该保护每个幼儿的自尊心,是"应该"做到的状态,而不是"是什么"样子,因此很难用教育事实去检验。如果改为"教师保护幼儿自尊能提高幼儿的心理健康水平",就是一个可以研究的课题了。

为此,在问题陈述中研究者要避免以下常见的错误:

(1) 问题的陈述过分笼统,没有具体的研究对象。

(2) 否定式的问题陈述。

(3) 命令式的问题陈述。

(4) 口号式的问题陈述。

(5) 带有个人感情色彩的问题陈述。

(6) 故意玩弄辞藻的问题陈述。

(7) 用日常用语表述问题。

研究课题的题目表述不要太长,一般为 20 个字左右,表述时尽量用学术用语,如"孩子""打骂行为"等日常词语相对应的术语是"幼儿""攻击性行为"。科学术语的含义一般是固定的、公认的,这样便于大家准确理解研究课题的含义。一个好的课题题目表述应包括三个部分:研究对象、研究内容和研究方法。有人将其称为"ABC 模式",如"中班幼儿性别意识的调查研究",其中"中班幼儿"是研究对象,"性别意识"是研究内容,"调查研究"是研究方法,这样一看就明白该研究课题的基本内容和思路了。"ABC 模式"是科学表述课题的一种基本方式。

学中做:课堂活动

下列课题的表述有什么错误?请尝试用"ABC 模式"去科学表述其基本含义。

表 3-2 课题表述的科学性

课题原表述	错误类别	"ABC 模式"表述
让幼儿快乐学习健康成长		
小孩子喜欢打人怎么办		
教幼儿写字不好吗		
小学化对幼儿的影响		
角色游戏对行为习惯的培养研究		
让爱心充满幼儿教师心间		
对幼儿进行性教育很重要		

第二节 选题的原则和策略

▶选题的原则
和策略

如何才能判断一个问题是否可以作为研究课题立项呢?一般要根据课题选择的原则进行评判。需要性、创新性、可行性、伦理性、客观性、适时性等原则是评价课题质量的重要标准。对一些不太符合这些原则的课题,只要掌握了一定的矫正策略,也可以将其转化为可研究的选题。

一、选题原则

(一)需要性原则

研究问题要有实践价值和理论意义,又称价值原则。课题研究的实践价值是解决实际问题,为生产实践提供指导。理论意义是指为知识体系或者某一范畴提供新知,因此研究者必须明确自己研究问题所属的知识领域。作为幼儿教师,我们更看重课题的实践意义。除了以上两个价值是社会需要以外,从幼儿教师自身的专业化发展来看,选题也有个人需要的价值。选题能满足研究者的研究兴趣与自我价值的实现。

(二) 创新性原则

从一定意义上来说,科学研究就是创新。研究要有新意,是科学研究的要求之一。当然,有些研究是验证性的,其目的是确立一个理论或检验研究的信度,这可以说是某项研究的补充。绝大部分研究是探索性研究,主要是发现新知识、新技术。对科学研究来说,这种创新可以是获得结论性的知识,也可以是获取程序性的研究方法。

"填补空白"是科学研究最大的创新,但是在现实研究中,做到这一点很难。创新的"新"具有相对性,可以是一定范围内的新,也就是"创新点",如本土研究强调的"在本地领先"就是创新;也可以是在不同主题、不同内容、不同对象、不同历史时期中体现其创新性。

码3-2 课题选题示例

(三) 可行性原则

一个课题只有具备客观条件和主观条件,才能顺利进行研究。客观条件主要是指研究的物质条件,包括研究经费、设备、技术及研究环境等是否许可。例如,研究婴儿的视觉特点,要借助眼动仪,没有仪器凭肉眼观察是不行的。主观条件主要指研究者的身心素质和能力是否能满足研究所需。例如,要对中外幼儿教育课程比较研究,研究者需要具备一定的外语水平。可见,可行性是指能够满足或完成某一研究课题所需的客观条件和主观条件。

当然,可行性是相对的。随着时间的变化或研究者的努力,原来不可行的研究课题就会变成可行的了,也就是研究课题的时机成熟了。在这个过程中,研究者要积极主动地克服困难,向专业人士请教。例如,有几个学生在幼儿园见习时,发现一个小朋友做手指操时总是不能完成全部动作,问其原因,幼儿说"一会儿手就疼了"。因此,研究者想研究手指操和幼儿手指疲劳间的关系。这个课题很有意义,但是如何测试幼儿手指的疲劳程度呢?这似乎成了一个难题。因为这个原因,在课堂讨论中该课题被否认了。后来,研究者遇见一位体育老师,问他"测试肌肉疲劳的方法有哪些"并把问题向他说了一下,该体育老师说办法很简单,只要找块橡皮泥让幼儿抓握,然后测试抓握的痕迹就可以了。可见,在跨领域研究中,向专业人士请教很重要,或者也可以邀请专业人士加入研究团队。所以,研究的可行性往往是与研究者的专业知识水平相关的。

(四) 伦理性原则

科学研究的目的是造福人类,因此研究目的及研究过程不能损害他人的利益和社会利益,这是科学研究的道德底线。学前教科研的对象是未成年的儿童,这就要求我们更要关爱他们,在研究过程中不能伤害任何一个幼儿。譬如,关于教育中"惩罚"手段对儿童心理和生理伤害的研究是一个敏感的话题,究其原因就是在研究方法方面受限于伦理原则。

以上四个原则是每个研究课题都不能违背的。如果研究课题违背了其中之一,结果只有两种可能:要么放弃该研究课题,要么改变研究策略。例如,吉布森和沃克发明的视崖装置,避免了实验对象婴儿摔伤的可能性,从而避免了触犯伦理原则的可能性。除此以外,研究课题是否符合时代精神(适时性原则)、是否有兴趣(兴趣原则)等也是选择研究课题的依据。对严谨的科学研究来说,其过程和结果还必须具有可重复性,即研究是能够经得住验证的。

▶ 相关链接 ◀

人类深度知觉能力是天生的吗

为弄清这个问题,吉布森和沃克发明了视崖装置。他们把婴儿或小动物放在视崖上,观察他们是否能知觉这种悬崖并进行躲避。

视崖装置的组成:一张 1.2 米高的桌子,顶部是一块透明的厚玻璃,桌子的一半(浅滩)是用红白格图案组成的结实桌面;另一半是同样的图案,但它在桌面下面的地板上(深渊)。在浅滩边上,图案垂直降到地面,虽然从上面看是直落到地的,但实际上有玻璃贯穿整个桌面。在浅滩和深渊的中间是一块 0.3 米宽的中间板,这个装置能消除被试受到伤害的可能性,同时又不影响实验进程。

实验过程:这项研究的被试是 36 名年龄在 6—14 个月之间的婴儿。这些婴儿的母亲也参加了实验。每个婴儿都被放在视崖的中间板上,先让母亲在深的一侧呼唤自己的孩子,然后再在浅的一侧呼唤自己的孩子。为了比较人类与小动物的深度知觉能力,对其他种类的动物也进行了视崖实验。这些动物被放在视崖的中间"地带",观察它们是否能区别浅滩和深渊,以避免摔下"悬崖"。

实验结果分析:这项研究的目的是检测深度知觉是后天习得的还是天生的。这个实验方法之所以巧妙,是因为可以回答或至少开始回答这个问题。毕竟,我们无法向婴儿或小动物询问他们是否知觉到深度,而且,就像上面提到过的那样,他们也不能在真正的悬崖上进行试验。心理学上很多问题是由于新的实验方法的进步而得到答案的。吉布森和沃克早期研究的结果在这方面给了我们一个很好的案例。结果有 9 名婴儿拒绝离开中间板。虽然研究者没有解释这个问题,但这可能是因为婴儿太过"固执"。当另外 27 位母亲在浅的一侧呼唤她们的孩子时,所有的孩子都爬下中央板并穿过玻璃。然而,当母亲在深的一侧呼唤他们时,只有 3 名婴儿极为犹豫地爬过视崖的边缘。当母亲从视崖的深渊呼唤孩子时,大部分婴儿拒绝穿过视崖,他们远离母亲爬向浅的一侧;或因不能够到母亲那儿而大哭起来。可见,婴儿已经意识到视崖深度的存在。

> 吉布森和沃克发明的视崖装置，在如今研究人类发展、认知、情绪甚至心理健康等方面，都产生着重要的影响。

学中做：课堂活动　　如何确定研究题目

某学生在见习时发现，当老师当着其他小朋友的面指责某幼儿家长的一些做法时，该幼儿就会在后来的活动中受到一些幼儿的"嘲弄"和"攻击"。因此该学生提出了一个很有意义的研究课题：在幼儿面前指责家长对幼儿心理影响的研究。在课堂讨论中，师生都认为这个课题很有价值，但违背了某些选题原则。经修改，该学生最后将研究题目确定为：在幼儿面前表扬家长对幼儿同伴关系的影响研究。

试问：原课题违背了哪些选题原则？该学生对课题的修改有什么意义？

二、选题策略

毫无疑问，选题过程充满智慧。不同的研究课题，研究的性质与方向也不同。从教科研的实践来看，适当采用一些策略，有助于研究者选择一个好的课题。下面就介绍几种选择研究课题的策略。

（一）分解策略

研究者要善于对问题进行分解，以建立自己的研究问题体系。问题的分解是指将一个大的研究问题按照内在的逻辑联系分解成相互联系的许多问题，从而形成有一定层次结构的问题网络。研究者可能会对几个研究方向同时感兴趣，当发现一个问题情境时，脑子里充满了各种问题，这往往是一些很虚、很大的问题。一个人的时间和精力、能力都是有限的，不可能同时对好几个问题进行研究，也很难一次解决一个复杂问题。因此，要想真正取得成果，研究者就必须把精力集中在一两个问题上，形成自己明确而稳定的研究方向。这里的研究方向，主要有三层含义：一是总方向，即国家层面或社会发展对科研规划的指导性方向；二是学科领域方向，即研究的范畴；三是研究者个人的主攻方向。其中，研究者个人的主攻方向是受总方向和学科领域方向制约的，只有把个人的研究纳入某一具有强大生命力的学科系列之中，个人的研究才会得到发展。具体而言，研究者在选题时，要从小到大、从易到难、由浅入深、由单项到综合，步步为营，逐步发展。这要求研究者既有积极进取的精神，又有实事求是的态度。研究者要对问题情境进行分析，建立起符合逻辑的问题网络，然后选准一个问题作为研究基点，等有了成果与积累之后，再继续深入下去、扩展开来，最终形成自己相对稳定的研究方向。

(二) 转换策略

转换策略是指研究者要善于转换对问题的视角,既可以从一个新的角度提出问题,对已有的问题进行新的探讨;也可以转变原来的思维方式,从不同维度、不同层次上重新认识原有的研究对象。为此,研究者要充分发挥思维的灵活性和广阔性,摆脱思维定式和已有知识经验的影响,善于按照现代社会发展的要求,找到各种发展的生长点,把研究的问题在时代的高度上推向深入。转换策略主要包括横向转换与纵向转换。(1)横向转换是指在同一层次上的转向,研究者的思维从一个方面转向另外一个方面来思考问题。如关于教学研究,过去我们过分强调教师的主导作用,只重视教而忽视学生的学。但教学是由师生共同构成的一种以教师为主导、以学生为主体的双边教育活动。学生为正在发展中的、具有独立个性的、能动的认识主体,其地位也不可忽视。于是,人们的研究对象逐渐地从教师转移到了学生身上,对教学又有了更深入、更全面的认识。(2)纵向转换主要包括两个方向上的研究:一是研究者按照内在逻辑关系把一个问题分解为相互关联的许多小问题,从对一般性问题的研究转向对具体问题的研究;二是指当一个问题解决后,研究者要把握时机,及时转向由此引申出的其他相关问题,形成问题延伸的系列。

(三) 边界策略

边界策略是指在学科与学科之间的边缘及交叉地带寻找未解决的问题,进而确立研究课题。当代科学发展总体上呈现出高度分化与高度综合并存,且以高度综合为主的趋势,这使得学科之间的边缘地带成为科学研究的新的生长点。而学科的边缘地带在过去往往少有人涉足,因而存在很多空白点和可供开发的地方。一些跨学段的研究,如"幼小衔接"问题,就是一个小学、幼儿园学段边缘的课题。因此,通过学段边缘搜索选题,有助于研究者选取到有意义课题并取得突破。

(四) 迁移策略

迁移是将在某一领域中的科学研究所创造出的成果、方法应用到另一领域中去的做法。迁移策略的基础是联想。联想是寻找两个事物共同因素的心理过程。联想可通过四种方法进行:(1)相似法,即联想相似的事物;(2)矛盾法,即联想对立和相反的事物;(3)接近法,联想接近的事物;(4)组合法,把几种事物、想象、概念组合在一起。迁移就是在联想中得到启发,把某学科领域的成果、原理、方法技术用于其他领域的科学研究。近年来,人们用信息论、控制论、系统论原理研究学前教育和国家经济、终身学习的关系,用心理学的原理、方法及最新成果进行课堂教学改革实验,都是这一策略的应用。

(五) 厚积薄发策略

科学研究是一个漫长而艰苦的过程,不可能一蹴而就。那些有影响力的成果的诞生,往往往都是经过了长时间的积累。厚积薄发的策略,就是针对科学研究的这一特点提出的。它强调研究者要注意日常的积累,要广泛地占有资料,积累信息;要提高对新信息的敏感性和获取能力,提高对各种新信息融会贯通的能力。我们从外界接收信息的数量和种类越多,信息质量越高,就越能使我们的研究具有扎实的研究基础。积累、储存、加工信息的工作不仅在研究前进行,在研究中乃至研究后都要不断地进行。不可否认,或许是受市场经济的影响,当今学界存在一股追求所谓"时效"的浮躁之风,选课题突出"热",出成果强调"快"。对此,老一辈教育学家瞿葆奎先生的告诫值得我们反思:"真正的学问是需要磨炼和锻造的,是需要一定的时间做保证的。一篇文章,动手撰写前,也许已经做了一定的准备,有了一些想法,但写过之后,也不妨在抽屉里再放上一段时间,因为你也许在反思当中,又会有一些新的想法。反复思量,多方求索,详加考证,才有可能写出'精品'。"除了严谨的科学态度外,积累信息也需要一定的技巧。例如,在用大脑储存知识的同时还要做卡片、做笔记、做摘要,学会用电脑储存资料、学会用互联网查询信息。总之,不积跬步,无以至千里;不积小流,无以成江海,有了厚实的积累,选择课题才能游刃有余。

(六) 论证策略

在确定选题前,研究者应集思广益,对课题进行论证,避免盲目选题。"题对一半文",这是说写文章时,如果题目选得好,文章就成功了一半。做研究更是如此,可以说选题的成败直接决定了研究的命运。因此,为了保证选题的科学性,研究者对问题进行论证是十分必要的。管理规范的课题研究在立项后都会召开开题论证会议,由课题负责人做开题报告,然后由专家及参会人员进行评价。重大的科研项目在课题选择完成后不仅要召集专家进行开题论证,有时还需要反复论证,其目的就是减少研究的盲目性,让研究者尽量少走或不走弯路,以提高科学研究的效率。

总之,从发现研究问题到选择确定研究问题往往要经过反复地修正、提炼、扩充等,因而研究本身就是一个探索的过程。

第三节 课题研究设计及论证

一、课题及来源

学前教科研课题的来源非常广泛。从问题发现的情境看,有来自教学实践的选题和来自理论研究的选题;从问题发现者来看,有自提课题和他提课题;从课题任务的承担形式看,有自选课题和计划课题。不管是哪种形式,学前教科研课题来源主要有以下几个方面:

一是从教育实践和现实生活中选择研究问题。
二是从学前教育学科发展中选择研究问题。
三是从研究文献中选择研究问题。
四是从研究过程中选择研究问题。
五是从争鸣或讨论中选择研究问题。

码3-3 课题指南示例

课题来源不同,对课题研究目标、研究过程及研究课题管理等都有很大的影响。来自实践的课题更多地侧重解决实际问题,属于应用性、技术性课题;来自理论的课题则着重于理论的发展和建树,属于基础性研究。自提课题往往是自己感兴趣的,研究动力较大,持久性强;他提课题则因视角不同,在课题的研究兴趣、动机及研究价值方面存在差异,可能会影响研究进程。自选课题局限性较大,视野相对窄小;而计划课题和社会发展等结合紧密,是站在一定高度和长远规划下提出的课题,因而价值也较大,其在研究条件和环境方面也有优势,外部支持力度相对较大。

二、课题研究设计

课题研究设计一般由主要研究人员负责,它是课题研究的战略规划,更是研究实施的基本蓝图、研究行动的指南。课题研究设计要进一步明确具体"研究什么"和"如何研究"两大问题,主要任务是研究路径的确定、研究方法的选择和具体化、研究对象的抽样与研究成果的预测。

(一)研究路径的确定

研究路径就是课题研究的框架、步骤和一些综合建构的方法。从研究性质看,研究路径主要有定量研究、定性研究和混合研究三种。定量研究是自然科学研究的主要路径。定性研究是随着人文社会科学研究的兴起而发展起来的。混合研究是在继续沿用定量研究设计路径的同时,又加入了定性研究。

以上三种研究路径共同的知识线索就是对研究中共同要素的重新组合。一般情况下,研究的共同要素有:

(1)陈述研究目的。
(2)明确研究问题和假设。
(3)理论的运用。
(4)关键概念的定义及相关变量的界定。
(5)阐明研究意义。
(6)提出数据收集、分析的方法和步骤。

在这一过程的每一阶段,研究者都会接触到定量研究、定性研究和混合研究的具体方法。研究者可以根据研究课题的特点,把每一阶段的步骤和解决方法具体化,最后将这种设计用流程图进行绘制,便是研究路径图,即技术路线图。

(二) 研究方法的选择和具体化

研究方法，可以从广义和狭义两个方面来理解。从广义上说，研究方法是实施整个科学研究全过程（从选题到完成研究报告）的方法。从狭义上说，研究方法主要是资料收集、分析处理的方法。在科学研究过程中，资料收集方法不同，不仅会影响收集资料的内容，还会影响整个研究思路，包括数据的分析处理，甚至研究报告的撰写形式。

任何一项研究都不可能单纯使用一种研究方法。因此，方法总是被研究者根据特殊的研究任务综合地使用的。如观察幼儿的绘画行为，研究者若决定使用时间抽样观察法，那么如何设计观察表、记录用的编码符号、观察时间及位置选择等都是具体的行为程序，一点也不能马虎，更不能到观察现场后才临时决断。研究的实施是实实在在的过程，可以说每个研究阶段与步骤都需要进行书面的、细致的规划。做过研究的人都知道，科学研究首先是一种态度，这种态度就是实际、严谨。收集资料常用的研究方法主要有观察法、调查法、文献法、实验法等。数据资料的分析主要是用社会统计软件 SPSS 或者 Office 办公组件的 Excel。作为研究者，不仅要理解其基本程序，还要能够把其和具体研究任务结合起来使用。

(三) 研究对象的抽样

要研究什么？研究它或它们哪方面的属性？这是解决研究对象是什么的问题。当我们实施研究时，需要从研究对象总体中确定研究样本。选择不同的研究方法对研究样本的要求是不同的：问卷调查要求研究样本的数量比较大；实验研究对研究样本要进行分组；个案研究要选择"典型"的研究样本等。若要使研究结论具有广泛的代表性，研究者就需要按照统计学抽样的方法去选择研究样本。

首先，要明确研究的对象是一个什么性质的群体，这个群体在统计学上叫总体。如研究"幼儿依恋情感发展研究""小班内向型幼儿个性化教育策略研究"两个课题，前者的研究对象（总体）应包括古今中外的所有幼儿，而后者范围就小得多。研究对象的范围必须在研究中明确界定，也就是说研究中"总体"应该是明确的，这样才能保证构成总体的每个个体都有成为研究样本的机会。

其次，选取合适的抽样方法抽取具体的研究对象。在大多数情况下，我们不可能把总体中的所有个体作为研究目标。由于时间、精力都不允许，我们只能选取部分个体作为代表，这些个体我们称之为样本。就像我们要尝尝一锅汤的滋味是否鲜美，搅拌一下，用勺子尝一口就行了。这"一锅汤"就是总体，"一勺汤"就是样本，用勺子盛汤的过程就叫"抽样"。可见，抽样的方法是否科学，决定了"样本"是否能够很好地代表"总体"。选择研究对象的设计其实就是设计抽样方案，不同的研究条件、研究方法需要设计不同的抽样方案。

最后，我们要对样本的科学性进行评价。因为根据样本研究的结果，我们要通过推断作出结论，而这个结论是用来解释总体的（如图 3-3）。就像我们喝了一勺汤，但却要给一锅汤下结论是一个道理。对样本科学性的评价其实就是审视我们研究的样本确定得是否合适，这可为课题研究范围的调整提供参考。

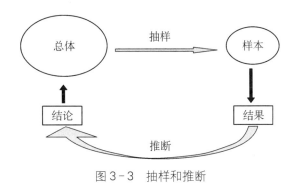

图3-3 抽样和推断

(四) 研究成果的预测

研究成果的预测,是指通过研究要获得什么样的成果,研究前要有初步的思考。对应用研究来说,成果预测很重要,只有这样才能在论证项目时进行科学的、有效的查新工作。当然,这里的成果主要指研究成果形式。所谓研究成果形式,就是用何种方式来表述研究成果。研究是为实践及科学理论发展服务的。科学研究只有取得物化形式的成果,才能为人们所共享,才能对理论与实践产生作用。一般来说,研究成果的表述形式主要是论文、研究报告和著作等,也包括其他各种记录、传播科研成果的方式。学前教科研成果形式还有案例、课例、玩教具、专利等。

三、课题论证

课题论证是对选题进行初步的分析、预测和评价的过程,通过课题论证可以对选定的课题进行价值判断和可行性判断,进一步完善课题方案,确保研究质量。如学位论文与立项课题,一般是以组织开题报告的方式进行课题论证。

▶课题论证

(一) 课题论证的形式

一项课题选定后,一般需要通过项目申请书或立项报告等形式进行论证。课题论证是指在选题过程中或选题之后、开题之前,对所选课题进行评价的过程。课题论证的目的在于分析评价课题的研究价值,预测研究成果及其社会效益等。课题论证的过程是研究者充分做好研究准备、设计研究活动、制定研究纲领的过程。课题论证报告是今后对课题研究进度、质量进行检查和鉴定的标准与依据。

1. 个别论证和集体论证

个别论证是指在选题过程中自己查阅文献、征求专业人士意见并根据选题原则确定研究课题的过程。个别论证是集体论证的基础,对小课题来说只要通过个别论证,就可以进入研究实施阶段了。

集体论证的主要形式是会议论证,由研究者准备相关资料,向专家介绍选题的基本情况,接受专家质疑和建议。集体论证也可以通信的方式进行,如信函、电话、网络等方式。

2. 直接论证和间接论证

直接论证就是研究者和邀请专家面对面交流课题情况,这样既可以对研究者的意图了解得比较深入,也可以聆听到专家对课题的详细建议,还能够与专家讨论课题的难点和突破点,并向专家寻求科学的研究策略。

间接论证就是通过信函、电话、网络等方式异地评价课题,这种论证主要是对课题突出问题的诊断,比较适合小型课题论证。

3. 立项论证和开题论证

课题论证一般要进行两次论证,即立项论证和开题论证。立项论证是研究者在选题之后对所选课题的科学性、创新性等理论与应用价值的评价。

开题论证是立项后研究者进一步对课题研究的目的、依据、国内外研究动向,以及研究方法、途径、步骤、条件和理论与实践价值进行深入系统的评价,描绘整个课题研究蓝图。通常情况下,集体承担的大型的且级别较高的课题,都需要在立项的基础上再进行开题论证。

(二)课题论证的内容

课题论证的内容主要有以下几点:

(1) 课题研究价值,如迫切性、针对性、理论价值、实践意义。

(2) 课题研究综述,即他人有关研究的基础、结论、争论,进一步说明该课题预设的创新与突破。

(3) 课题研究的主要内容。

(4) 研究的主要方法、策略。

(5) 研究的进程安排。

(6) 研究的基本条件及其限制因素。

(7) 预期成果及表现形式。

(三)课题论证报告的撰写

课题论证报告的格式不是绝对的,一般有表格式和说明式两种。撰写论证报告的基本要求有以下几项。

1. 论述研究的目的、意义、内容和范围

陈述课题研究的目的、意义是课题论证的开始,论述要实事求是。首先,用精练概括的文字勾画出研究的基本轮廓,交代研究课题产生的基本背景,以使评审者对课题有概括性了解。其次,应用总括性句式直截了当地表明研究目的,指出研究中要解决的问题。研究的价值不能夸大,否则会给研究带来困难和影响研究信誉。第三,要从理论与实践两个方面进一步说明研究价值表现,指出研究本课题的紧迫性。例如,说明通过本课题的研究可完善、突破或纠正某领域的理论,在实践中解决哪些实际问题等。

每一课题都有其具体的内容和内部结构。界定课题时可对问题进行分解,将其分解为一个个较具体的问题,构成研究问题的层次网络,从而使范围清楚,便于研究。各分解问题都可以成为一个子课题,为课题研究的拓展预留空间。

2. 交代清楚本课题的国内外研究现状

本部分撰写要交代清楚本课题目前有无人员在研究,如果有,是什么人在研究,研究进展情况如何,取得了什么结论等;如果没有,有无类似课题在研究。研究者交代此内容既是向评审人员表明自己对研究动态的了解情况,同时又为今后的研究提供经验和借鉴。

3. 设计确定好研究的方法、步骤和内容

研究者要根据研究课题的性质、特征和内容,选择正确的研究方法。研究者在确定研究方法的基础上,进一步设计出研究步骤,说明阶段的划分,交代每一阶段具体要完成的任务、成果和时间安排。在进行研究进度安排时,研究者既要注意抓紧时间,又要留有适当的余地,应考虑到研究过程中的偶然因素对研究进程的干扰。研究者在撰写这部分内容时,可稍为简略些,但在开题论证时要进行详细介绍。如果课题属于实验研究类,就必须具体写出实验计划,说明本实验课题的研究变量是什么、怎样控制无关变量等,有时还应附上测量问卷。

4. 分析完成课题的条件

在撰写这一部分时,研究者应主要说明课题组的特色和优势,可能完成的课题成果的形式与数量。在论证报告中,研究者应详细说明课题申请者及课题组全体成员所具备的学术水平、研究基础和条件,介绍他们过去在本课题所涉及的学科领域中做过的研究工作、发表的论文和出版的论著,以及积累的研究经验和受到过的学术训练。此外,研究者还要交代清楚本课题的物质准备资料占有情况和课题组成员所在单位的支持程度。在一般论证报告中,研究者还应写上研究经费的预算情况,预算应本着从本单位的实际出发,厉行节约,合理预算。

5. 交代课题成果的形式

课题论证中要交代课题研究最终的成果形式。常见的成果形式有研究报告、论文、专著、教材、手册、软件、课件、建议、方案、规划、发明、专利、模型等多种形式,其中研究报告和论文是最主要的两种表现形式。

做中学:实训活动　　课题论证的准备和实施

活动目标:
1. 熟悉课题论证的基本内容和原则。
2. 为小组课题论证做好准备工作。

活动步骤：

1. 在完成项目一的基础上，确定自己要论证的课题。
2. 根据选题原则，做自我论证。
3. 向某位老师或专家征求对自己课题的意见，完成专家论证。
4. 邀请几位对自己课题有兴趣的同学，开一个小型论证会议，最好能再邀请到自己曾经征询过意见的专家参加会议。
5. 做好记录(建议同时录制视频或者音频)，整理论证结果，为小组课题申报做准备。

活动评价：

完成如下表格，并评价自己课题论证过程的行为和收获。

课题名称：

表 3-3 课题论证表

论证方式	工作内容		评 价
自我论证			
专家论证	专家及简介		
	论证要点		
小组论证	参加人员名单		
	论证要点		
论证活动反思			

 反思与评价

一、学习反思

结合课堂学习，查阅资料，对以下问题进行线上或线下讨论，将自己的体会在网络学习空间进行发布，便于交流。

1. 选题的基本步骤是什么？如何界定问题？
2. 选题的原则有哪些？你认为最关键的原则是什么？
3. 谈谈选题的策略和意义。

4. 你认为我国学前教育领域需要解决的主要问题有哪些?

二、学习评价

(一) 单项选择题

1. 不是假设种类的是( )。
   A. 理论假设　　　B. 零假设　　　C. 工作假设　　　D. 统计假设
2. 下面哪个不是选题的原则( )。
   A. 客观性　　　　B. 需要性　　　C. 复杂性　　　　D. 创新性

(二) 多项选择题

发现可研究问题的科学程序包括( )。
A. 发现问题情境　B. 分析并提出问题　C. 明确陈述问题　D. 充分论证问题

(三) 正误判断题

1. 科学研究的目的是造福人类,因此研究目的与研究过程可以损害他人的利益和社会利益。( )
2. 选题的转换策略包括横向转换与纵向转换。( )

理论研讨

第四章 课题的文献研究

■ 学习目标

认知目标	技能目标
1. 理解文献研究的含义、意义 2. 了解文献来源的特征、分类 3. 掌握文献检索的基本步骤 4. 了解文献综述的格式	1. 能依据研究课题,提出关键词 2. 会使用索引工具查阅文献 3. 能使用计算机查阅网络数据库文献 4. 具备用计算机整理分析资料的技能 5. 具有初步判断文献价值的能力

■ 课程思政

思政元素	素质目标
树立"真问题、真方法、真结论"的真研究观,学做"真人"的价值观	1. 认识文献对研究的价值,增强文献研究意识 2. 培养用科学方法、现代化手段查阅文献资料,掌握真方法,做文献真研究 3. 通过对文献的阅读,体悟研究者的探索与创新精神

■ 知识准备

关键概念	研究观念
文献—索引工具—关键词—参考文献—文献综述	1. 文献研究是选题正确性、先进性和科学性的重要保证 2. 研究需要交流,阅读文献就是与古人交流、同事交流和世界交流

研究需要在继承的基础上创新,我们只有站在前人的肩膀上,才能高瞻远瞩。对科学研究来说,前人的"肩膀"就是他们的研究成果,这些成果多以文献资料的形式传世。

> **学中做：课堂活动**　**分析并讨论下述观点**
>
> 观点一：如果不能有效地利用过去时代的成果，那么世界必将停滞在知识的蒙昧阶段。
>
> 观点二：这个时代的弊病之一就是书籍的重复泛滥，它们大量充斥着人们不能有效吸收、但是每天都在不断滋生的众多无用的东西。
>
> 观点三：我们向后看得越多，向前就会看得越远。

第一节　文　献　概　述

文献研究是确定问题和完善问题的过程，也有助于对问题的解决和选择。文献检索是文献研究的核心程序，主要解决三个问题：信息从哪里来？是什么构成了这些信息？我们应该做什么？

一、文献概念的界定

"文献"一词最早见于《论语·八佾》篇，子曰："夏礼吾能言之，杞不足征也；殷礼吾能言之，宋不足征也。文献不足故也。足，则吾能征之矣。"宋代朱熹注释为："文，典籍也。献，贤也。""文"为"典籍"，是指历代的历史事件；"献"为贤，是指见多识广、熟悉历史的贤者。1905年，法国人保罗·曼特勒最早提出"文献"一词，英文名为 document，并为欧美各国广泛采用。2009 年，我国颁布的国家标准 GB/T 4894—2009《情报与文献工作词汇基本术语标准》中，将"文献"解释为"在文献工作过程中作为一个单位处理的记录信息或实物对象，在档案中也称文件"。而文献工作指的是"为了存储、分类、检索、利用或传递，而对记录信息所进行的连续和系统的汇编和处理"。

综上所述，文献是用文字、符号或图形等方式记录人类活动或知识的一种信息载体。学前教育文献是指记载了有关学前教育信息和知识的典籍，包括各种手稿、书籍、报刊、磁带、胶片、光盘、网盘等，它是对人类从事教育活动，尤其是学前教育研究活动的记录。

二、文献的分类

文献分类有不同的标准，我们主要从载体形式、出版形式和加工层次三个方面来划分。

（一）按文献的载体形式分类

载体是承载文献信息的有形物体，如印刷文献、微缩文献、光盘文献、网上数据库文献等。

表 4-1 文献的载体形式分类

类型	载体	记录手段	优点	缺点	常见分布
印刷型	纸张	手写和印刷	直接阅读，使用方便	较笨重、存储密度低，不便于加工、整理和收藏	期刊、图书等
缩微型	感光材料	缩微照相	存储密度较大、体积小，便于收藏保存、便于远距离传递	不能直接阅读，需借助缩微阅读机才能阅读	缩微胶卷、缩微胶片等
视听型	磁性和感光材料	借助于特殊的机械装置直接记录声音、图像	直观、生动	制作成本较高，需要借助于一定的设备才能阅读	唱片、录音带、录像带、幻灯片、电影片、多媒体资料等
机读型	光、电、磁介质	利用计算机进行存储	存储密度高，出版周期短、易更新，信息共享性好、易复制，识别和提取易于实现自动化	需借助计算机等先进技术设备才能阅读	电子图书、电子期刊、网络数据库、光盘数据库等

（二）按文献的出版形式分类

从出版形式来看，文献有公开发表和不公开发表两大类。其中，公开发表的文献具体表现为：书籍、期刊文献（包括杂志和报纸）、档案类、电子文献等。

表 4-2 文献的出版形式分类

	类型	特点	参考价值	备注
书籍	教科书	出版周期长、内容更新慢	多含经典理论和事实	主要指专业类统编或规划教材
	专著	专业性强，有一定深度，附有大量参考文献	有独特观点、领域创新、高端	多指学术专著
	资料性工具书	内容翔实全面	科学性强，可作为标准解释	《中国学前教育百科全书》
	通俗读物	浅显、通俗	启发性强	科普类作品

(续表)

类型		特点	参考价值	备注
期刊文献（包括杂志和报纸）	专业学术杂志	研究充分深入，理论深厚	领域创新、高端、前沿	《学前教育研究》
	专业综合性杂志	理论研究与实践指导兼有	创新性较强，关注现实状态	《学前教育》《幼儿教育》等
	文摘类杂志	汇总	百家之言，有专业性	人大复印报刊资料
	报纸	新动态	基础性、实践性强	《中国教育报》
档案类	教育年鉴	内容完备，记载翔实，查找方便	科学性强，可作为标准参考	《中国教育年鉴》
	教育法令集	官方文件	真实、可靠，标准化	中华人民共和国教育部网站
	学术会议文件	主题内容集中，大量有价值的信息	领域创新、高端、前沿	注意会议级别及参会人员学术水平
电子文献		信息量大	视野开阔，信息及时	中国学前教育研究会网站
学位论文、产品说明、专利等		信息量大	科学性强，创新点明显	中国知网硕博论文数据库

（三）按文献的加工层次分类

1. 一次文献

一次文献又称原始文献，是指由亲身经历某一事件或行为的人所写的资料。它是来源于事件现场的资料，是通过直接的观察、实验得来的文献。这类文献最具有说服力，可以为研究者提供有价值的信息。

2. 二次文献

二次文献是借助他人的原始文献所编写或产生出的文献资料。这类文献在学前教育研究中的利用率较高。它具有一定的综述性和评析性，能帮助研究者更快捷地接近研究主题。

三、文献检索的意义

研究若不进行文献检索，便犹如闭门造车。彼得·德鲁克在《后资本主义社会》中说："在知识社会里，对于任何一个人、组织、企业和国家，获取和应用知识的能力是竞争成败的关键。"路易斯·肖也说："懂得如何查询到所需要的知识等于掌握了知识的一半。"

通过检索文献,我们可以了解研究的最新动态,为研究的创新指引方向。总的来说,文献检索的目的主要有:帮助研究者确定研究问题、为科学研究提供论证依据和研究方法、有利于提出假设和解释研究结果、避免重复劳动、提高科学研究效益等。

第二节 查阅文献方法

查找文献的过程就是文献检索。文献检索是研究者运用科学的方法获取文献资料的过程。它是研究者根据研究的需求而进行高度选择性的查找过程。

一、查阅文献的过程

文献查阅的基本原理,如图4-1所示。其基本流程和步骤为:确定与课题相关的关键词、了解资料来源并确定索引方式、阅读摘要并筛选资料、根据资料的内容进行分类排序、准备完整的文献目录、做卡片摘要、写文献评论或综述等。

图4-1 文献查阅的基本原理

(一)确定与课题相关的关键词

关键词也叫核心概念,是研究者首先要弄清的问题,也是在选题时要对问题界定的必要内容之一。为了保证研究理论的延续性,研究者必须明白研究所涉及的核心概念的含义。关键词也是研究过程中的"热词",即使用频率高的词语或概念,一般包含在课题名称之中,如"农村幼儿园户外活动安全策略的调查研究"课题,其关键词可以确定为农村幼儿园、户外活动、安全策略三个概念。关键词能够反映研究课题的基本范畴,是研究者查找与课题有关的文献的主要参照因素。

(二)了解资料来源并确定索引方式

码4-1 中国国家图书馆介绍

这一步主要是弄清资料存储的地点和方式,以确定索引方式。一般图书馆都有不同的分馆,如古籍文献馆、现刊阅览室、过刊阅览室、电子期刊阅览室、社会科学分馆等。在查阅前,研究者要有个基本计划,以防范无头绪、到处乱翻。一种较好的方法就是向图书馆服务人员咨询,以寻求专业性的检索建议。

(三)阅读摘要并筛选资料

阅读摘要可判断资料价值,决定资料的取舍。研究者可根据标题剔除无关资料,对重要资料要全文下载或复制。

（四）根据资料的内容进行分类排序

研究者对资料内容的分类既要有一个明确的依据，如时间、载体形式、研究领域、作者水平、刊物类别等，也可以根据研究目标对资料的内容进行排序。

（五）准备完整的文献目录

完整的文献目录是指不要遗漏相关研究资料。完整目录应包含文献的主要指标，如作者、期刊数据、篇名、出版日期等。

（六）做卡片摘要

做卡片摘要是文献研究的核心步骤。研究者应认真阅读每篇文献，把主要的观点、片段等有引用、参考价值的资料做成卡片保存，便于继续分析和文献写作。为了提高效率，研究者可以使用计算机的软件工具做电子卡片并管理相关内容，这有助于研究团队之间的交流。

（七）写文献评论或综述

文献综述主要是评价与自己研究课题相关的文献价值，一般要针对其观点或重要事实进行评述，最后要对各家之言进行归纳并提出自己的观点。有的文献综述还需要研究者对国内、国外的课题研究状况进行历史和现实的分析。文献综述的目的是要完成自己课题的核心概念界定、假设推测及创新点的确定。

总之，在查阅过程中，研究者应对一些重要的文献做卡片摘录并编排目录，为写文献评论或综述做好充分准备。文献评论写作要素包括：摘要、关键词、正文部分（包括已有研究的总结性概括、分析评论）和参考文献。大家可以通过下面的"学中做：课堂活动"并参考本书第十章的相关内容进行练习。

学中做：课堂活动　分析学前教育研究报告或论文中的文献综述

查阅一篇学术论文或研究报告，分析其文献综述的基本组成部分、叙述方式和作用，然后从参考的文献看看其综述观点的来源，并完成下表。

表4-3　分析文献

文献题目	
基本组成部分	
叙述方式和作用	
参考的文献	

二、文献检索、查阅时的基本技巧

(一) 逆时检索法

在检索时,研究者可采用逆时检索法,以提高研究问题的时效性。例如,从最新出版的期刊开始查阅或者直接阅读最新版的书籍,以保证获得的信息是最新的。

(二) 查原始文献

从文献来源看,研究者要尽量查阅第一手文献资料和一级文献。这是因为原始文献更真实,更能反映作者的意图,如《石头记》就比《红楼梦》更能表现曹雪芹写作时的思想和意图。

(三) 多途径检索

从文献资料的代表性、全面性来看,采用多途径检索,便于观点相互印证和交叉互补。为了广开研究思路、借鉴新的研究方法,研究者既要查阅与研究课题直接有关的文献,也要跨学科查阅与研究课题领域相关的文献。

(四) 信息源定位法

研究者在信息源较少的情况下,要以参考文献为线索扩大信息源;在信息源充裕、信息资料庞杂的情况下,应以索引题目、关键词、文摘所反映的内容筛选文献。

三、网络文献查阅

(一) 中国知网

中国知网即国家知识基础设施(National Knowledge Infrastructure,简称 CNKI),该概念由世界银行于 1998 年提出。CNKI 工程是以实现社会知识资源传播共享与增值利用为目的的信息化建设项目,由清华大学、清华同方发起,始建于 1999 年 6 月。它是目前世界上最大的连续动态更新的中国期刊全文数据库。

第一次使用 CNKI 数据库的用户,在浏览全文时需要下载和安装全文浏览器才能够看到全文。CNKI 数据库提供两种格式的全文下载方式——CAJ 格式和 PDF 格式。

(二) 文津搜索

为了帮助读者更加快速、准确、方便地获取所需信息,中国国家图书馆推出了文津搜索。文津搜索有效整合了国家图书馆自建数据和部分已购买了服务的各类数字资源,实现了资源的一站式发现与获取,使图书馆内的封闭资源能够对网络用户开放。

此外,常用的搜索引擎还有维普网、百度学术等,一些科研院所也都建有专业性的数据库供大家根据需要选择使用。随着 AI 辅助学术研究系统的出现,人们查阅文献和整理文献的效率正在不断提升。我们在运用这些工具时,一定要注意工具的科学性和内容的准确性,谨防以讹传讹。

四、人工查阅

人工检索包括目录卡检索和资料索引检索两种。

(一)目录卡检索

目录也称书目,是最早的一种检索工具。它是著录一批相关的文献,并按一定的次序编排而成的一种揭示与报道文献的工具,是对图书、期刊等单位出版物的外表特征的揭示报道和系统化的记载。目录卡包括:分类目录、书名目录、著者目录、主题目录等。研究者可根据自己实际选择其中一套目录使用或同时使用多套目录。

目录查找文献一般采用的方法有:音序法、笔画法、部首法。英文图书一般按原文字母顺序排序。

(二)资料索引检索

资料索引是有关情报部门汇集了一定时间内各类文章的题目、出处和作者姓名的检索工具。它包括:综合目录索引、报刊目录索引和专业目录索引。我们常用的有《中文报刊教育论文索引》等。

做中学:实训活动　　**通过网络查阅与自己研究有关的文献**

活动目标:

(1) 确定与课题相关的关键词 3—5 个。
(2) 用每个关键词分别检索相关文献,比较输出结果异同。
(3) 用每个关键词的上位概念和下位概念分别检索相关文献,比较输出结果异同。
(4) 用中国知网、维普网等检索文献,比较输出结果异同。

活动设备:

一台能上互联网的计算机,装有常用的软件和系统。

活动步骤:

分析检索课题→选择检索系统和数据库→确定检索词→构建检索提问式→上机检索并调整检索策略→输出检索结果。

检索方法(以中国知网为例)

一、进入检索界面

1. 外网检索

在互联网上,直接输入 http://www.cnki.net/进入中国知网首页,可以进行检索阅览。若需要下载文章,则需要注册并购买服务。

2. 内网检索

若学校或单位已经购买知网服务(一般是包库服务),可以通过内网直接检索并下载文献。如在校大学生可以从校园网进入图书馆首页,在 IP 地址栏中输入服务器网址,然后在已购数据库栏目下点击任何一个库名,即可打开中国知网首页进行跨库检索或选择数据库进行检索。

二、专题全文数据库检索方法

1. 标准检索

系统默认进入"标准检索"界面,该方式有"主题""全文""篇名""作者""机构""关键词"等检索字段。

(1) 选择检索学科专题范围,可根据需要"全选",也可选一个、多个专题或子专题。

(2) 选择检索时间范围。

(3) 选择检索字段,输入检索词。

(4) 选择检索结果输出方式,可选择按"相关度"或"更新日期"排序输出,默认为"无"排序输出。

(5) 点击"检索"开始检索。

2. 高级检索

在屏幕右上角点击"高级"即可进入高级检索方式,该方式有四个检索输入框。

(1) 选择检索的学科专题范围、时间范围(与"标准检索"相同)。

(2) 选择检索字段,并在相应检索输入框中输入检索词;选择字段之间的逻辑关系(AND, OR, NOT)。

(3) 选择检索结果输出方式(与"标准检索"相同)。

(4) 点击"检索"开始检索。

3. 按学科专题检索

逐级打开各学科专题目录,可以检索到全文数据库中各学科专题包含的所有文章。对任何一种检索方式,若检索结果太多,可进一步用"二次检索"缩小检索范围。

三、题录数据库检索方法

1. 标准检索

系统默认进入"初级检索"界面,检索方法与专题全文数据库"标准检索"方法相同。

2. 高级检索

检索方法与专题全文数据库"高级检索"方法相同。

3. 按刊名浏览检索

逐级打开各学科专题目录,可以按学科浏览中国知网中包含的期刊,通过期刊目录可以进一步浏览各期刊所收录的文章。

四、检索结果及输出

(1) 在"全文数据库"检索到的结果,点击"文献篇名",可以得到文献的题录文摘信息;点击"下载",可以用"CAJ 全文浏览器"打开文献全文;点击文献的"中文刊名"链接,可得到该期刊本期文献目录,进一步点击文献名,可以打开本期文献全文。

(2) 在"题录数据库"检索到的结果,单击"篇名",可显示该文献的题录信息。

(3) 存盘、打印:一般用 CAJ 或 PDF 格式存盘、打印。

五、检索结果评价

完成下表,和同学们交流检索技巧和感受。

表 4-4 检索结果评价

课题名称			
关键词			
检索工具	中国知网	维普网	其他引擎
关键词 1 检索结果			
关键词 2 检索结果			
关键词 3 检索结果			
关键词 4 检索结果			
关键词 5 检索结果			
结果比较分析			

反思与评价

一、学习反思

结合课堂学习,查阅资料,对以下问题进行线上或线下讨论,将自己的体会在网络学习空间进行发布,便于交流。

1. 文献的种类有哪些?
2. 查阅文献的意义是什么?要解决什么问题?
3. 如何用计算机做文献卡片和目录?

二、学习评价

(一) 单项选择题

1. 不是文献分类标准的是(　　)。

A. 载体　　　　　　B. 出版形式　　　　　C. 加工层次　　　　D. 内容多少

2. 学术文献检索常用的网络工具是(　　)。

A. WPS 办公软件　　B. 卡片　　　　　　　C. 中国知网　　　　D. 百度

(二) 多项选择题

真研究就要做到(　　)。

A. 真问题　　　　　B. 真方法　　　　　　C. 真结论　　　　　D. 真学习

(三) 正误判断题

1. 文献是用文字、符号或图形等方式记录人类活动或知识的一种信息载体。(　　)
2. 关键词就是要界定的核心概念。(　　)

---------- 实践探究 ----------

项目活动二　学前教科研选题及设计

一、项目简介

该项目是在项目活动一的基础上进行的。本实践项目就是让学生从每个小组成员确定的适合自己研究的最佳问题中,通过充分论证集中遴选一个可以作为小组合作研究的课题,然后完成申报和预研究工作,为项目活动三、项目活动四的开展打下基础。

二、项目目的

通过本项目的实施,让学生掌握课题申报的基本过程和方法,并达成以下目标:
1. 提高学生参与课题的兴趣及合作研究的能力。
2. 会用准确的语言描述自己的观点,强化研究的责任意识和任务意识。
3. 学会检索文献,能从研究假设出发厘清研究思路。
4. 学会和周围的专业人士讨论、交流研究内容,掌握课题论证的一般策略。
5. 培养团队精神,敢于批判,勇于创新。

三、项目所需学科知识

本项目所对应的基本知识来源于本书模块一和模块二的内容,关键知识点有:研究方法的种类、问题、假设、概念界定、选题原则、选题策略、选题、研究路径、总体、样本、索引工具、关键词、参考文献、文献综述、专家论证、会议论证等。

四、项目案例

在项目活动一中,欧阳同学的课题"转班幼儿入园情绪问题及管理对策研究"在课堂发言时,老师对课题的赞赏鼓舞了她,也让她和其他同学的交流有了话题。晶晶、阳阳、星星、迪迪、军军几位同学想和她组建一个研究小组。她很高兴地组织大家一起按课题论证原则把各自最佳选题(以项目一实践为准)论证了一遍,大家都认为她的课题有价值、有新意且有可行性,最关键的是大家对这个问题都有兴趣。大家推选她担任组长。

欧阳同学很高兴地接受了大家的建议,并趁机与大家"约法三章":大家开会要守时,完成任务不能拖拉,要认真不能弄虚作假,要尽量把业余时间用在课题研究上,要相互团结并能接受监督和批评等。

(一) 请指导教师

按要求,欧阳和小组同学要聘请指导老师,他们根据课题研究内容和方向的分析,认为最好请一个心理学或社会学专业的教师为顾问。通过查阅学校网站、走访辅导员等,他们和张老师进行了联系。为慎重起见,张老师和他们面谈了一下课题,最后答应做他们课题指导教师,并商谈了联系方式和讨论地点、时间和研究步骤等问题。

(二) 界定概念

课题小组要求每个成员查找相关文献6篇以上,分别用"转班幼儿""入园情绪""管理策略"为核心关键词检索。大家开会讨论,对这些概念的范围进行了科学的界定,并明确了假设:转班幼儿入园情绪和其安全感相关,建立良好的师幼关系是优化幼儿入园情绪的主要对策。他们和张老师讨论了一下这些成果,得到了肯定。张老师建议他们根据假设验证的需要,选择研究方法,并把研究计划拿出来。为了能到幼儿园实施研究,获取数据资料,张老师还建议研究时间可以考虑延伸到他们的顶岗实习阶段,也就是下一年度的5月份结题。

(三) 小组分工

课题小组觉得研究任务和思路已基本明确,就初步进行了分工,先把"开题论证"作为目前的主要任务,文献综述、研究计划、研究方案制定、会议记录整理、研究资料管理等都明确到人且限定时间,最后由欧阳执笔填写"研究小组课题申报表"。大家审阅后并征求了张老师的意见,然后交给了欧阳。当然,他们的研究准备工作才刚刚开始,欧阳提醒大家牢记自己的任务并一定要按时完成,遇到问题随时可以召集大家讨论,也可以私下交流或请教老师。为了讨论方便,他们还建了一个微信群,名叫"幼儿教育高峰攀登人"。

五、实施步骤

从上面案例可以看出,这个项目实施时间长、任务多,主要程序有如下几项。

(一) 团队建立

1. 最好在项目活动一的基础上建立小组,也就是和你讨论课题的同学为一组。
2. 从各自最佳课题中遴选一个大家都满意的课题作为小组课题。
3. 推选组长,最好是小组课题的提出者。
4. 制定小组活动规则,商讨聘任担任指导教师的人选。

（二）制定计划

1. 根据指导教师的要求和小组规则制定计划。
2. 要注意项目完成的时间和进度。
3. 要有分阶段的任务及完成措施。
4. 计划应该是书面的，要简明扼要。
5. 注意计划的可行性及冲突的规避措施。
6. 明确课题组长为计划执行的监督人，遇特殊情况时也可安排别人监督。

（三）项目运作

1. 要为项目完成做好准备，如知识的学习、表格准备、伙伴沟通、研究记录本等。
2. 针对阶段任务立即行动，最好做一个任务完成进度表，如果必要的话。
3. 要及时召集大家研究出现的问题，克服困难，及时请教指导教师。
4. 专人、专本记录小组会议及研究中的关键事情。
5. 遇到问题和困难时，要互相帮助、互相鼓气、有效求助。
6. 组长要关注小组成员的进展，要及时、积极地参与交流并通报研究进展。
7. 要充分发挥即时通信手段，如微信、QQ、微博等，因为这个小组可能要合作 2 年左右的时间，它也可能成为一个与你们终身相伴的研究共同体。

六、完成此项目的课程资源

1. 本书第一章至第四章。
2. 本书依托的网络课程资源请见项目活动一。

七、评价方式

1. 本项目评价主要在期末前进行，评价标准请参阅本书中的项目活动四。
2. 评价主要关注你的作业表格、汇报交流情况、发言的 PPT、研究过程中产生的成果和有价值的资料，请你务必做好准备，不可掉以轻心。
3. 这个项目的成败和小组课题负责人关系很大，因此，大家要一起努力啊！

八、项目评价

请根据活动进程认真填写研究小组课题申报表（见表 4-5），并邀请老师及其他小组成员进行评价。

表 4-5　研究小组课题申报表

课题名称		研究方向	
课题负责人及学号		联系方式	
课题组成员及学号		指导教师（电话）	
文献综述(问题的提出及研究意义、现状、核心概念界定)			
假设：			
研究计划(研究步骤、任务、时间部署及研究方法等)			
预期成果目录(如课题研究报告、研究案例、教学设计、研究论文等)			
课题研究基础分析(课题的重点、难点、创新点及完成条件)			
鉴定意见		签定人(指导教师)：　　　　时间：	

模块三
学前教科研方法

方法主要是实现目的的途径。学前教科研方法是解决学前教育问题的基本程序,主要实现两个目标:描述教育现象和解释教育事实。本模块将通过对观察、调查、实验等几种常见研究方法的介绍,让大家理解学前教科研方法的主要特征:程序性和工具性。

研学任务

任务情境

我收到过这样一条很长的手机短信:张老师,我想做"小班幼儿不良情绪成因及对策研究",除文献研究外,我想通过观察法研究幼儿不良情绪表现,用调查法分析不良情绪形成原因,用实验法检验消除不良情绪的策略是否有效,您看合适吗?另外,如何进行观察、调查、实验呢?麻烦您在百忙中给我指点一下。这条求助短信让我很为难,因为这位求助者的研究思路很清晰,但是研究方法很笼统。要解决这个问题,这位求助者就必须了解每种研究方法的具体操作方式和特点,而这可不是几句话能说清的事情。

任务分析

如果你是求助者,需要做好如下工作:
1. 了解研究方法的基本构成和特点。
2. 根据研究目的,选择合适的研究方法。
3. 能够设计具体的研究方案并实施。
4. 准备研究工具,评价研究信度和效度。
5. 能组织或协助其他研究小组成员完成具体任务。
6. 有效收集研究数据并整理数据,能及时补充必要数据。

职业素养

1. 选择适宜的研究方法的能力。
2. 掌握使用研究工具的基本技能。
3. 实施研究方案的能力。

4. 组织并参与研究方案设计的能力。
5. 与研究对象进行沟通协调的能力。
6. 收集和整理不同类型数据的能力。

---------- 理论研讨 ----------

第五章　观察研究

■ 学习目标

认知目标	技能目标
1. 了解观察法的科学含义、类型及特点 2. 领会观察法实施的要求 3. 了解观察研究实施的阶段 4. 理解并掌握观察研究的具体方法	1. 会对观察的目标下操作性定义 2. 会设计观察记录表 3. 会运用观察的具体方法评定儿童 4. 能用编码做观察记录 5. 能对观察结果进行分析与评价

■ 课程思政

思政元素	素质目标
培养学生的观察意识和科学观察精神，掌握观察研究"真方法"，获得"真数据"	1. 初步理解"真"观察的价值，养成科学观察的习惯 2. 培养观察意识和科学观察精神，掌握观察"真方法" 3. 关注教育观察中"人"的情感，养成良好的观察态度及行为

■ 知识准备

关键概念	研究观念
观察方法—观察研究—结构观察—非结构观察—取样观察—评定观察—叙事观察—观察信度—观察误差—弗兰德斯互动分析系统	1. 观察是所有研究方法的基础 2. 观察是实证研究最基本的方法 3. 科学观察需要严格的操作性定义

　　观察法成就了许多伟人的科学业绩，如古希腊哲学家、科学家和思想家亚里士多德经常游览于山野田间，荡舟在湖河水上，他把自己所见所思记录下来，从中发现了许多科学的秘密；英国生物学家达尔文随着贝格尔号航舰观察比较了不同地域的生物现象，才完成了《物种起源》之巨著，被誉为"生物学之父"。观察能力被视为幼儿教师最基本的素养之一，那么，

观察需要技能吗？观察研究有什么特征？如何操作？请先读一下下面"学中做：课堂活动"中的几句话，思考一下对你有什么启发，并且要在学完本章后再品味一下它们的含义。

> **学中做：课堂活动**　　**分析并讨论**
>
> 1. 表面现象下面隐藏着更多的东西。
> 2. 不幸的是，事实不会告诉你"看，我经常发生"或"不要在意我，我不会再发生了"。实际上，事实甚至不会告诉你"我是事实"。对事实的界定必须由观察者……强加。事实不被界定，科学家便对它们无可奈何。
> 3. 想观察入微，我们必须……识别角色……偏见对我们做的每一件事都起作用。

第一节　观察研究概述

观察研究概述

用感官感知世间万物是人的一种本能。我们平常的看看、听听、摸摸、闻闻等都是很自然的行为，一些人也把这些行为叫作"观察"。虽然这些行为在科学研究的观察中也会存在，但它们只是观察研究过程中的部分行为，真正的科学观察是一个有目的、有计划、有准备的过程。

一、什么是观察

"看"不等同于观察，"看看""看个究竟"可以说是观察，因为观察是反复感知事物并探究事物本质的过程。如你看见一个幼儿摔倒了、听见他哭了，这只是产生了感觉和知觉，是一种人的生理反应而已。但是，如果你再去问问他的感受、看看他周围、寻找他摔倒的原因等，这就是观察了。当然，观察也不等同于观察研究。

教育观察研究是借助人的感觉器官，有目的地对心理与行为进行考察，以获得教育研究资料并求得结论的一种研究方法。譬如幼儿走路时经常会跌跤，大人就会拉起他并说："今后走路要小心，多看看路！"试问：幼儿跌跤的原因是因为"没看路"吗？这是一个值得怀疑的经验性结论。如果你要验证这个结论是否正确，就要设计一套严格的观察方案，去获得足够验证这个"假设"的"幼儿跌跤的事实及数据"，这时候，你就是在进行观察研究了。

• 相关链接 •

观察幼儿应"三看"

观察是反复感知并探究现象本质的过程。对儿童的观察不应是日常的"看看",而是既看又思、耳眼脑等并用的复杂心理活动。现象只是冰山一角,下面往往隐藏着更多的东西。幼儿教师要进行有效观察,需要做到"三看"。

一看发现问题。没有问题就不会明确观察目的,就是"瞎看",结果将没有收获。如有一次在幼儿园指导学生见习时,我发现小班孩子放置餐具时的情况不同,有的能准确归类或者纠正位置错误,而有的随便一扔就离开。这是习惯问题,还是认知水平的问题呢?我就站在一边认真观察。这时我的学生们也围过来一起看。几分钟后,我问同学们:你们在看什么?她们很是愕然,便一个个地走开了。我们在观察幼儿时,只有发现了问题,并对问题答案做出了推测(也就是有了假设),我们的观察才可能是有效的。因为,观察是为了解决问题,离开了这个目的,我们的观察就会退化为平常之"看"。

二看确定目标。有了问题,明确了观察目的只是观察的开始,要能"看见"自己想看的"现象",也就是看到能够验证自己假设的"事件",观察者就必须界定自己的观察目标。譬如上例中如果我们做出"幼儿放置餐具的正确性和认知水平有关"的假设,我们的观察目标就是与幼儿方位知觉和形状知觉有关的行为,如幼儿能发现筷子是长的、碗是圆的、盘子是扁的等。有时候,我们必须对自己观察的目标进行准确的定义,如有的老师想研究幼儿是否会"说谎",那么对"说谎"必须有明确的界定,否则当一个幼儿告诉你"奥特曼是我的好朋友,我们一起和白雪公主玩结婚游戏"时,你就无法确定这是否属于说谎,研究就会出现逻辑混乱,观察结果的科学性也就可想而知了。

三看思考本质。如果不能透过现象看本质,观察就不能解决现实问题。问题清楚、看得准确仍是观察的初级阶段,看得明白和真切才是观察的高级层次。要达到这个水平,观察者必须进行理论思考,也就是要睁开"第三只眼"——在理论的指导下去看。还拿放置餐具的例子来说,根据儿童的心理发展理论,幼儿空间知觉、图形识别能力是逐渐发展起来的,年龄相差3个月的幼儿在心理水平和生理技能水平上会有明显的差异。一个班的幼儿,年龄大的和小的往往相差6—9个月,也就是说,在一个正常的幼儿园班级里,幼儿的发展水平可能会有三个层次,这还不包括特殊幼儿。观察者若不了解这个规律,特别是你要观察的幼儿行为水平的发展规律,你将"看不到"现象的本质。如果我们知道这一点,就会根据幼儿的年龄去看幼儿放置餐具的行为,读懂他们空间知觉的"超常、正常和滞后",从而采取合适的方法帮助其发展,科学地履行教师的责任和义务。

"三看"其实就是"发现问题—界定目标—验证假设"的理性观察,是跳出"外行看热闹"怪圈的科学方法。幼儿教师只有进行科学的观察,才会发现幼儿的本真、解读幼儿的世界,沿着幼儿的梦想寻找教育的真谛。

二、科学观察与日常观察的区别

因为观察是建立在人的感知觉本能基础之上的,我们就会不自觉地把观察的水平降低,而教科研的观察越科学才会使研究越有效。为此,我们必须了解清楚科学观察与日常观察的区别。

第一,科学观察是有目的的观察。科学观察目的在观察行动之前,是一种有准备的观察。日常观察是无意观察,多来自于兴趣或偶发事件。

第二,科学观察是系统的观察。科学观察的系统性表现在有计划、有组织、有准备、高效率,如探讨幼儿的攻击性原因。若进行有计划的科学观察,就会发现多种关联原因并创新综合性的解决对策,消除或减弱幼儿的问题行为。而日常观察是零散的、片面的。

第三,科学观察需要工具辅助。除了利用人的感觉器官外,科学观察还要借助科学仪器做客观的记录。如显微镜、射电望远镜、照相机等都是观察的科学仪器。对幼儿教育观察来说,利用记录工具如表格、图示等意义重大,其方便、快捷、实用、高效,并易于保存。

第四,科学观察的结果能被检验,会重复出现。可验证性是科学研究的一个基本特征。科学观察的结论如果能够被实践检验,并且能够重复验证,才能说明其结果是规律性的,可以被视为"真理"而用于指导教学实践。

第五,科学观察人员需要专业知识和技能。所谓"内行看门道,外行看热闹"。因此,科学观察人员在观察前必须深入了解观察对象的相关知识。

可见,科学观察是一件细致的、周密的工作。日常观察往往会因为随意、习惯或人的本能而犯错,如目的不明确、主观猜测、观察过于表面和概括、以偏概全等。还拿"幼儿跌跤原因"来说,成人之所以认为幼儿是"不小心看路"属于日常观察经验,如跌跤的地方往往是路面不平或有障碍物、太滑等。但对一个有心理学知识的人还会想到一些专业原因,如幼儿的腿太疲劳、幼儿大脑的运动中枢发育还不完善等都会引起幼儿跌跤。因此,要弄清幼儿跌跤的原因,研究者必须进行系统的、多维的观察,仅凭日常观察是不能解释这一现象的。科学观察必须弄明白如下几方面的问题:为什么观察?观察什么?谁去观察?在什么地点、时间观察?观察需要哪些工具和知识?

学中做:课堂活动　　幼儿"不听话"原因的观察

我们在生活中经常看到幼儿"不听话"的现象。有一次我在雨后的广场上散步,看到一个4岁的小男孩在跑着玩。前面有一摊积水,他爷爷警告他说别过去,不然鞋就弄湿了!可小男孩好像是故意的,跑进积水处狠狠地跺了几脚,结果把鞋弄得全湿透了。爷爷很生气,把他拉过来打了几下。可小男孩并没有哭,挣脱爷爷的手又跑开了!我看后很不解:这个小男孩为什么"不听话"?

如果你要做观察研究,请先尝试完成如下表格。

表 5-1 观察内容及要点

应思考的问题	问题的初步答案及分析
为什么观察	
观察什么	
谁去观察	
观察地点	
观察时间	
观察需要的工具	
观察需要的知识	

三、观察研究的类型

作为最经典的研究方法,观察研究有许多新的观点和技术。对前述科学观察要回答的几个问题,不同研究者的答案是不相同的,这是因为观察研究本身具有许多可选的类型,而且每个研究者拥有不同的哲学观、儿童观。因此,我们来了解观察方法的类型和特点是十分必要的。

▶观察研究方法分类

(一)根据观察者是否参与被观察者的活动,分为参与观察和非参与观察

参与观察又称介入观察、内部观察,要求观察者参加到被观察对象所在的群体或组织中,作为其中一员,与被观察者共同生活,参与其日常活动。如观察者可以借用一名任课教师的角色进入到课堂观察幼儿的行为,这样就不会因为观察者的出现而发生虚假行为。非参与观察又称非介入观察、外部观察,指观察者以局外人的身份,从旁观的角度对正在发生的某种活动或观察对象进行观察。如听课的教师或观摩开放日活动的家长,都可以借助听课、观摩开放日对幼儿进行观察。

(二)根据对观察因素的控制程度,分为自然观察和实验室观察

对自然状态下的幼儿自发行为的记录,也就是现在所说的自然观察或实地观察。这种观察对事件、行为及其背景因素很少予以控制,多用于探索性研究。实验室观察也称条件观察或控制观察,要根据研究目的,事先拟好观察计划,确定使用的观察工具,并严格按照规定的观察内容和程序实施观察。在实验室观察中,周围的条件和观察的环境可由观察者规定,

观察者能控制观察对象和观察数量,并采用标准的观察程序和手段进行观察。

(三) 根据观察者是否在活动现场观察,分为直接观察和间接观察

直接观察是指研究者只是凭借自己的眼睛、耳朵等感觉器官去直接感知对象,从而获得感性材料的方法。间接观察是指研究者对被试者的一些信息不能直接观察到,要通过其他途径获得观察对象的感性资料,如借助科学仪器记录的照片、录音、视频及其他资料。

(四) 根据观察是否按照严格的程序进行,分为结构观察和非结构观察

结构观察是有控制观察或系统观察,是根据事先设计好的观察项目和要求进行观察的类型。它要求事先对要观察的内容进行分类并加以标准化,明确研究假设,规定要观察的内容和记录方法,并统一设计观察表格或卡片。这样在表格卡片上明确列出各种观察范畴和分类,观察者只需在相应的表格内标记,无须做出自己的评价。在实际观察过程中,观察者要严格按照设计要求进行观察,并做详细的观察记录,最后进行科学分析。如封闭式观察、正式观察和取样观察等是结构观察。而开放式观察、叙事观察是非结构观察,无严格程序和记录格式的要求,且主观性相对较强。

第二节　观察研究过程

学前教科研中的观察,根据研究课题的特点主要有两种选择倾向:一种是定量观察,即尽可能获得数值型资料,便于得出精确的结论,这种思路来源于自然科学的观察研究;另一种是定性观察,即尽可能获得多的描述性资料,便于解释观察对象的独特性和本质。这两种观察的基本阶段和步骤是相同的,但操作的细节却有很大的区别,大家在学习中要特别注意。

一、观察的一般过程

第一,根据研究问题和假设,明确观察目的,确定观察对象和观察目标。
第二,制定观察提纲或观察方案,准备观察工具。
第三,进入现场观察,并做好记录,注意保存观察数据。
第四,分析观察资料并进行编码,撰写观察报告。
好的观察方案是进行有效观察的保证。一个完整的、科学的观察方案有以下七个基本的组成要素:观察目的、观察内容和操作定义、观察的取样方式、观察情境、观察的时间和日程、观察记录、观察记录处理与分析的方法。

> **• 相关链接 •**

课堂观察的一种方案——弗兰德斯互动分析

弗兰德斯是美国学者,他开发的弗兰德斯互动分析是对课堂教学中的人际互动进行分析的一个著名的和普遍使用的方法。这种方法是建立在观察的基础上的,是观察法在教育研究中运用的一个好方案。

在课堂上不断地发生着的师生之间、学生之间的相互作用,形成教学中的互动关系,影响着课堂上每个人的心理和行为。分析课堂上的互动关系,对于研究、反思教学的实践,具有重要的意义。

课堂上发生的这些互动,可以看成是按时间顺序发生的一系列事件,其中每个事件占有一个小的时间片段。这一系列事件连接成一个时间序列,表现出一种行为模式和风格。弗兰德斯互动分析,就是用一套表现课堂语言互动行为的符号编码,对课堂上的语言活动进行观察记录和分析。

弗兰德斯互动分析系统由三个部分构成:

(1) 一套描述课堂互动行为的编码系统。

(2) 一套关于观察和记录编码的规定标准。

(3) 一张用于显示数据、进行分析,实现研究目的的矩阵表格。

A 教师语言	间接影响	1 接受或表达情感 2 表扬或鼓励 3 肯定学生意见
	直接影响	4 提问 5 讲授 6 指令 7 批评
B 学生语言		8 应答反应 9 主动反应
C		10 沉默

图 5-1 课堂语言互动编码系统图示

表 5-2 分析用的矩阵表格

二、观察法实施的三个阶段

观察研究的基本任务包括:确定观察目标;制定观察提纲,设计观察记录和编码方案,检查或准备观察工具;做好观察记录或摄制观察录像;整理观察录像等资料并做编码,通过分析撰写观察报告。观察过程一般分为观察准备、观察实施、资料的整理分析三个阶段。

(一) 观察准备阶段

有准备的观察是科学观察的主要特点。研究者要根据自己的研究课题，明确研究目的，然后制定研究目标，做出研究方案。为了确保研究方案的可行性和效度，有的观察还需要进行预备观察。

1. 明确观察的目标

了解课题研究进展的情况，确定所要研究的问题和需要通过观察收集的数据，解决为什么要观察的问题。如北京社会科学研究院阎崇年研究员在研究清朝建筑时，为了弄清郑各庄亲王府主人是谁，在文献研究已确定了王府建筑年代、原因的基础上，根据内务府保存的王府建筑图纸，实地观察王府遗址并进行测量比照，进一步证实了王府的主人。

2. 选择具体观察方法

观察方法因观察时间、地点和手段不同，有许多具体的方式和程序，而每种具体的观察法都有其优缺点。如现场观察可以掌握第一手资料，但容易对观察对象造成压力，影响观察效度；而参与观察把研究者自己隐藏在观察对象群体中，会影响记录和判断。总之，要根据观察对象特点、观察时间和地点，选择合适的观察方法，解决如何观察的问题。

3. 制定观察方案

科学的观察必须制定方案。一个完整的科学观察方案有七个基本的组成要素，对观察对象要进行明确的分类，对所观察的事物要确定主题。观察方案应有一定的灵活性和弹性，防止有效数据的遗漏。

制定方案时有两点要特别注意以下内容。

(1) 观察对象和观察目标的区别。观察对象是所要观察的事物，而观察目标是观察对象的某一属性。如伽利略在比萨斜塔实验时用的大小铜球是观察对象，其观察目标是铜球下落的速度或下落高度。在观察方案中，研究者必须对观察目标进行准确定义。

(2) 操作性定义。为了观察准确，也就是看到自己要看到的目标，而不是错过或记错目标，必须对观察目标进行准确界定，这种界定越具体越有可操作性。如观察一个人"伤心"，只有对"伤心"进行准确描述，如抽泣、哽咽、紧咬嘴唇、流泪、捶胸、叹气，我们的观察才有明确的目标和可操作性。

4. 准备观察工具及操作训练

根据观察方案做好准备很重要。一方面研究者要做好保存观察资料的手段准备，如现场做笔记用品、观察记录表印制、音像资料录制设备等；另一方面，研究者要有获得资料的技能准备。观察人员要熟悉记录工具的使用，并要注意技巧，如记录符号和编码的设计及熟练，拍录设备的使用技术等。特别是在研究中需要大量观察人员时，要对所有观察人员进行训练，以保障观察信度（观察质量的稳定性和一致性）。

(二)观察实施阶段

观察实施阶段主要包括进入观察现场、做好观察记录。

1. 进入观察现场

现场研究者需要寻找一种合适的方式和角色来进入观察现场,在进入观察现场时他们要向对方表明自己是可信任的。要想进入观察现场,现场研究者要常常向朋友或同事寻求帮助,这些人或者是现场中的一员,或者是可以得到现场某位成员信任的人。进入观察现场和获得接纳是一个持续的过程,这个过程需要研究者具有良好的沟通技巧。研究者需要获得他人的认可,还要寻求获得他人的接纳,以便得到他们从事研究所需要的资料和情境。

2. 做好观察记录

在结构式观察中,只需研究者在记录表中做好客观记录就可以了。但在非结构观察中,研究者的观察记录应是对观察内容所做的描述性记载,即对个体、设施、发生事件的详尽描述,以及对谈话和其他相互作用的完整叙述。无论是哪种观察方式,研究者的记录必须真实,尽量避免主观判断或情感因素的渗入。

(三)资料的整理分析阶段

观察记录的资料需要做好及时整理与分析。研究者要对资料分类,同时尽快做好资料补充;对编码或速记的资料,要尽快转译为日常表述;对录像照片内容进行转录等。分析观察资料主要有定量分析法和定性分析法。在分析资料时,研究者最好把两种方法结合起来使用。对资料进行整理与分析后,研究者就可以撰写观察研究报告了。

第三节 观察研究设计

描述性观察

观察研究设计就是制定研究方案,主要是指研究者对观察的时间、地点、方法、对象、取样方式、参与方式和记录方式等问题的选择与设计,详见表5-3。

表5-3 观察研究设计项目构成

决策对象	可以选择的项目
观察时间	观察持续时间,观察间隔时间,观察日程安排
观察地点	教室,活动室,实验室,户外,家庭等
观察方法	叙事观察,取样观察,评定观察

(续表)

决策对象	可以选择的项目
观察对象	个体,整体;行为,关系等
取样方式	事件样本,时间样本
参与方式	参与观察,非参与观察
记录方式	描述记录,记录表

一、观察对象的选择

学前教育观察对象可以是人、物或者行为;观察对象既可以是一个群体,也可以是独立个体。如何选择观察对象及其数量,研究者要根据研究目的来确定。如研究幼儿教师的职业倦怠特点,可选择入职5年以上的教师;研究幼儿具体形象思维的特点,最好选择中班幼儿。也就是说,所选的观察对象应该是要观察的目标承载体。

个案研究的观察对象是个体,这些个体特征明显,容易选择,如受欢迎的幼儿、孤独症幼儿等。但若研究所需的观察对象是群体,我们就要考虑观察对象的取样数量了,如研究幼儿的分享行为,是观察全园幼儿、大班全部幼儿,还是中班某班全部幼儿?这里有个观察效果和工作量的问题,显然以全园幼儿作为观察样本数量太多,难以完成观察任务,但仅选某个班幼儿又不能说明全园幼儿分享行为的情况,这该怎么办呢?此时,采用抽样或从全园提取合适的样本作为观察对象就可以解决这个问题。如在全园每个班随机抽取6名幼儿,12个班共72名幼儿作为观察研究的样本,这样就能满足研究要求,观察的工作量不大且质量也有保证。

总之,选择观察对象要注意两点:有观察目标的出现和数量合适的样本。

二、观察手段的选择

从观察研究收集数据或资料的手段划分,观察研究主要有以质性研究为目的的描述方法、以量化研究为目的的取样方法、以测量或评价为目的的评定方法。

(一) 以质性研究为目的的描述方法

叙事观察的基本手段就是描述。叙事观察是随着对象(客体、行为或者事件)在时空中的变化,自然地、翔实地做观察记录,随后对资料进行分析整理的观察研究,主要包括日记描述法、轶事记录法、实例描述法、连续记录法等。叙事观察法的特点是定性研究、生态化研究,要求研究者必须做到观察客观、记录真实,避免主观描述和解释(可用括号或注释的方法解释,如表5-4)。

表 5-4 叙事观察记录参考

观察人员		观察对象		观察地点		观察时间	
事件描述(纪实)				事件解释(感受、推测、评价)			

1. 日记描述法

日记描述法适用于观察稳定的对象,可根据时间变化来了解其基本状况及发展变化,有一定的目的和计划。如陈鹤琴通过对自己长子从出生就开始的观察,连续记录了808天,为自己的巨著《儿童心理之研究》撰写打下了坚实基础,也充满了中国的本土特色。目前网络通信发达,如微信、微博等很方便,手机又有随手拍摄、录影、录音等功能,这些都为幼儿教师对自己的班级、特殊幼儿等进行日记描述提供了便利条件。

2. 轶事记录法

轶事记录法主要采取随机或回忆的方式,对特殊的、有意思的教育事件进行记录,事先没有准备和目的。如一位妈妈的记录:

> 儿子4岁。看见一只青蛙在跳,他就学着这只青蛙跳,跳了几下,站起来说:"真累啊!!! 真难为青蛙了,每天都要这样跳。"

这个记录很短,但把4岁儿童的心理特点——万物有灵、拟人化、自我中心等表现得很充分,是一个很好的关于儿童心理发展阶段的标志性事件。

3. 实例描述法

幼儿的一些日常行为或事件都是有价值的,可以据实描述与记录,如喝水次数和量、午睡时长、体温等。教育活动的多样化、生成化让教育有许多精彩的故事,这些故事或发人深省,或如饮甘泉。教育叙事研究的基础与教育案例的写作都是基于平时教育事件的实例描述,因此实例描述是有一个明确目标的。当预感相关事件将要发生或者相关事件正在发生时就及时记录,这样的案例就比较真实,如我们描述一堂精彩的活动观摩课、记录幼儿敏感期发生的事件等。实例描述可以是成功事件,也可以是失败行为,其基本要求是要真实、有价值。

码 5-1 数字化记录案例

追光逐影 1

追光逐影 2

追光逐影 3

> ### • 相关链接 •
>
> "煤气爆炸了!"
>
> 一个小男孩在玩积木,他不想再继续玩了,想到另一个活动区角去玩别的。他有点怕老师,怯生生地对老师说,他想去那里玩,老师却让他继续搭积木。
>
> 这个小男孩终于忍不住了,他"哗"地一声用手将积木从桌子上全部扫到了地下,并大声地叫了一声:"不好了,煤气爆炸了!"
>
> 他的叫声也惊动了老师,老师走了过来,看到这样的情景,十分生气,冲着小男孩说:"干什么?干什么?"小男孩十分认真地对老师说:"煤气爆炸了,把房子都炸坏了!"这时,老师再也忍不住了,对小男孩说:"把积木捡起来,我罚你继续搭积木!"
>
> 评析:"煤气爆炸了"是课堂上的偶发事件,作者敏锐地抓记了下来,并对整个事件进行了反思。儿童玩积木是一种游戏,而游戏是自发的、自主的、自选的。这个小孩玩积木,本该是他自己的意愿,而不是老师分配的任务;这个小孩不想再玩积木了,想玩别的东西,这也平常。满足这样的要求,才是游戏的根本。当孩子的这种合理要求得不到满足时,他就会用"异乎寻常"的游戏方式"解决问题",疏泄心理紧张,这就是说,他用"煤气爆炸了"这样的游戏方式解决的就是"我已经不要再玩积木了"这样一个需求。可惜,我们的老师没有明白。真实的描述让我们反思:该老师缺乏理论知识吗?还是没有耐心?或者是师德水平不高?显然,这些因素可能同时存在。可见,一个好老师需要扎实的学识和高尚的人文情怀。
>
> (资料来源:朱家雄的博客)

4. 连续记录法

连续记录是一种追踪记录。譬如记录班级幼儿的游戏选择情况、一个尿裤子幼儿的行为变化记录、幼儿园户外玩具的使用情况等。这种记录可以表现为空间上的连续、时间上的连续或事件上的连续等,总之,要有一个纵贯所有相关记录的线索。

在描述中,根据记录者参与活动的程度(参与观察还是非参与观察)、情感卷入的深度以及使用的语言方式,可以分为"白描"和"深描"。所谓白描就是不加情感、不用修饰语地描述,客观真实记录事件的发生情况,一般只呈现事物的表面现象,只描写活动概况及行为表现。所谓深描就是深度描述,不仅描述事件的外在表现,还会深入描述参与者的内心活动和情感,并且还会有观察者的感受、分析、推断等,也就是要在描述行为的基础上,对动作及动作引起的反应进行描述。深描往往能够揭示本质,需要在观察的同时对被观察者进行访谈,这是教育研究较常采用的方式。白描和深描是描述的基本方法,它们的出发点是相同的:忠于事实,尽量将观察者的情感与对事物的描述剥离或另行表述,这样才能使我们的观察研究资料具有科学性。

请大家认真阅读以下一篇观察记录,认真体会记录者对男孩玩滑梯过程的深描方法及意蕴。

> **· 相关链接 ·**
>
> ### 一个男孩玩滑梯
>
> 偶然地,目睹了一个男孩玩滑梯的全过程。
>
> 一开始,他飞快地登梯,又飞快地滑下来,几乎不假思索。
>
> 再次上去,他先朝四周看看,再从侧面朝下看看,拍着栏杆瞭望一会儿,才滑下来。
>
> 重新登顶,他倒是再没有兴趣逗留,但滑下来时,他用手与屁股控制着,不让身体按自然速度下滑。他控制得很出色,快慢自如。
>
> 最后一次,他是从滑道爬上去的,虽然光溜溜地有点难爬,但他克服了,并返身攀着陡峭的阶梯下来,看上去有点危险。
>
> (资料来源:朱家雄的博客)

(二)以量化研究为目的的取样方法

研究者都希望自己的研究结论在更大的范围里适用,这个范围大小是由研究设计决定的:你研究的对象范围就是你研究结论的适用范围。对观察研究来说,如果不采取抽样的方法,研究者要么耗费大量人力物力做大范围研究,要么就在很小的环境中做研究。因此,从研究对象总体中抽取观察样本、从观察时间总体中抽取时间样本和从事件总体中抽取事件样本去做观察,就成为研究者解决观察研究效率的有效方式。

取样观察法是根据一定的标准,从观察总体中抽取一定数量的个体(样本)进行观察、记录和研究,从而获得对总体的进一步认识、理解的方法。如观察分析一眼泉水的特性,我们只要在一周之内分时段从泉眼中每次取出两试管水进行观察分析就行了。那些试管中的水就是一眼泉水(总体)的样本。

1. 时间取样观察法

(1)时间取样观察法。它是在规定时间间隔内观察记录目标是否出现的方法。取样观察法比较适于观察发生频率较高的属性,对很少出现的属性不适用。时间取样观察法是一种实用且有效的方法。幼儿教师在接受适当的观察方法的训练后,可以将时间取样观察法作为自己观察幼儿有力的工具。如幼儿游戏时常常会扮演角色进行的交往活动、教学活动中注意力的变化等,这些发生率较高的行为是适合用时间取样观察法进行观察的。运用此方法,幼儿教师能在短时间内收集到大量的数据,但是无法得知观察时间内影响幼儿行为的原因及过程。

(2)相关准备工作。时距是取样观察一次所需时长,是时间取样首先要明确的要素。一是根据观察目的规定观察时距的长度、次数和分布,使得在观察内能看到观察对象的表现;

二是根据时距次数,预先制定好系统的记录表格,并对表格中的有关表现类型做出具体的规定和详细描述,这样才能获得量化的数据。

(3)制定观察计划。制定观察计划时应注意三项因素的权衡考虑,即最适宜的时间单位(时距)、所要观察的对象样本数、适当的观察目标类型。一般来说,观察中所需记录内容越多,在一定时间间隔内可以观察的对象就越少。如果观察时间间隔较短,而所需记录的目标类型又相对较多,这种情况可能会造成记忆和记录的困难,因此这就需要对观察者在观察前进行一定的观察训练。

(4)考虑使用条件。适合时间取样的观察有两个条件,一是观测的目标必须是能观察到的且有明显的特性;二是观察目标出现的频度要高,不能是极端偶发事件。

> **• 相关链接 •**
>
> ### 幼儿手工制作活动不良行为观察表
>
> 为了研究大班幼儿手工制作活动时的不良行为表现及其产生原因,提升教师的指导效率,王老师在园领导及同事的配合下,决定做一个这方面的微研究。她从班中随机抽样了6名幼儿作为观察对象,并对活动不良表现进行了操作定义和编码:打闹-D,闲聊-X,旁观-P,离位-L,喊叫-H,其他无关行为-Q。她准备采用时间取样观察法,即连续观察四周,每周观察2次,每次1个小时,10分钟做观察和记录一次。下面是她设计的记录表。
>
> 表5-5 幼儿手工制作活动不良行为观察记录表
>
> 观察地点_____ 观察日期_____ 观察时间_____ 观察人_____
>
> | 时间(分钟)
幼儿 | 1—10 | 11—20 | 21—30 | 31—40 | 41—50 | 51—60 |
> |---|---|---|---|---|---|---|
> | 1 | | | | | | |
> | 2 | | | | | | |
> | 3 | | | | | | |
> | 4 | | | | | | |
> | 5 | | | | | | |
> | 6 | | | | | | |

2. 事件取样观察法

游戏可以培养幼儿的社会交往能力,如果要通过观察研究来探究其中的

▶ 事件取样法

规律,我们就要观察幼儿社会交往的行为。经分析发现,幼儿社会交往行为很多,如合作、分享、退缩、关注、互助、赞美、批评、拒绝、反对、顺从等。显然,我们不能全部观察,只能从中选取有代表性的行为事件作为观察样本,如主要观察合作、分享、互助、赞美、批评、拒绝等六种行为,这就是事件取样。

事件取样观察法是观察并记录某种特定的事件或某类特定事件自然发生时情况的方法。观察者事先要明确观察目的,选定某种或某类事件作为观察记录的目标,对所要观察的目标要先界定清楚,如界定何谓"合作""分享""自我服务能力"等行为,然后再在观察中等待这种事件的发生,只要所要观察的行为出现,即予以记录,一直到行为结束为止。因此记录的内容是以事件为主,详细忠实地记录该事件发生情况与前因后果。这种记录所关心的是事件本身的特征,而不像时间取样关心的是事件是否存在。日常生活中的许多事件都可以用这种方法来观察记录。

表 5-6 幼儿争执事件记录表

姓名	年龄	持续时间	发生背景	行为性质	内容	结果	影响

• 相关链接 •

6岁儿童捣乱行为的取样观察

观察幼儿园:哆来咪幼儿园

观察班级:学前 1 班

活动名称:绘本阅读《谜语》

观察时间:8:30—8:50

观察对象:W——大伟(男)、Z——壮壮(男)、T——阿涛(男)
　　　　　Y——小雨(女)、B——御博(男)、Q——茜茜(女)

表 5-7 取样记录表

行为类别	次数	持续时间(秒)	备注
粗鲁行为	⑦Ⅱ	6,7	Z摇、站
跪			

(续表)

行为类别	次数	持续时间(秒)	备注
侵犯别人	④Ⅱ,⑧Ⅰ	5,2,2	Z挤Q,Z拍W;Z推Q
扰乱别人			
说话	④Ⅰ,⑧ⅠⅠ	10,6	W—Z;Q告状,Y—B
叫嚷			
噪声	⑥Ⅱ	4,10	Z敲,2nd止
转方向	⑧Ⅱ ⑨Ⅲ	4,7,3,3,6	T后转,B右转;Z3次左转冲人笑
做其他事	⑧Ⅱ	6	B蹲下四望

观察过程与步骤：

1. 观察20分钟，每2分钟巡视(扫视)课堂一遍，共巡视(扫视)10次，用①②……表示巡视(扫视)的次数。

2. 每次巡视(扫视)时，在"次数"栏里用"正"字、竖线、其他形式的符号记录不同类型捣乱行为出现的次数(如④Ⅱ，表示扫视4次，捣乱行为出现2次)；在"持续时间"栏里记录该行为类别持续的时间；"备注"栏里可标注某个位置的儿童，或选择观察的时间属于课堂教学的哪一段，或教师课堂教学的内容、教学方式等。

总结性概述：

Z与Q、W与T、Y与B分别是同桌，W、T在Z、Q前排。这是一段开始上课到课进行到中间的观察记录，从记录中可以看出Z是个比较活跃、爱捣乱的儿童，上课没多长时间，就开始活动，挤同桌、拍前面同学、摇晃座椅、站起来，后来又敲击书桌，第二次敲击时受到了老师的制止。B是个"蔫淘"的儿童，不招惹其他儿童，但却做引其他人注意的动作。Q、W、Y是被动引发影响课堂的动作的儿童。儿童捣乱行为主要体现为转动身体、说话、告状、推挤拍同学及玩弄东西等，儿童的捣乱行为开始出现于教师情境导入之后，集中在15分钟之后，这与儿童的注意力保持时间有关，也与教师的教学方式有关。

(资料来源：由显斌，左彩云.学前教育研究方法[M].北京：高等教育出版社，2010)

上述"6岁儿童捣乱行为的取样观察"是一个把时间取样和事件取样结合在一起的观察过程，其记录表格、编码的设计独到巧妙。不足之处是对儿童的动作行为如摇、站、挤等没有进行符号编码，使记录不太方便。

（三）以测量或评价为目的的评定方法

1. 等级评定

▶等级评定法

等级评定是指观察者在一段时间内对目标进行观察，当观察结束时，在量表上对该期间发生的目标行为评以相应的等级。其特点是有预先设置好分类。与其他定量观察记录不同的是，等级评定的等级量表要求观察者做出更多的权衡和判断，也被称为评定记录。

（1）评定的方式。

① 用等级（优、良、中、差等）注明，或用字母（A、B、C、D等）、数字（1、2、3、4等）注明。

② 用词语描述，如基本达到、不合格、无反应、反应一般、反应极快等。

（2）评定的时机。

观察者可以当场评定，也可以在观察后根据综合印象评定。比较客观的评定方法应是事先规定各种等级的具体标准指标，并由多个观察者当场评定之后，考查评定一致的程度。

① 在最能描述幼儿教师对待教学游戏化的态度的等级上画圈：

非常肯定　大多时候肯定　既不肯定也不否定　偶尔否定　非常否定
　　5　　　　　4　　　　　　　3　　　　　　　2　　　　1

② 根据幼儿是否乐意与他人分享的实际情况标出其一：
A 从不　B 很少　C 有时　D 经常　E 总是

2. 行为核查

▶行为检核法

行为核查是幼儿教师最常用的观察方式，能够帮助教师系统了解一个幼儿的行为表现或班级幼儿的活动特点。若教师能连续记录幼儿的行为表现，还可以帮助教师评估幼儿的发展。因此，掌握这种观察方式对教师的教学工作效率的提升也有重要意义。

行为核查的关键是科学的行为核查表。除了寻找现成的核查表外，根据自身工作需要和观察目的、借助相关理论，我们也可以自己制作行为核查表。一般步骤为：明确核查目的——确定核查内容——分解核查细目——组织观察项目——制作行为核查表。

> **• 相关链接 •**
>
> **如何核查一日活动中幼儿的身心特征**
>
> 首先，我们明确核查的目的是通过幼儿的自由活动来评估其身体生理发展和心理发展的特点及水平，以实施个性化教学。那么，核查内容有哪些呢？
>
> 通过查阅相关理论，结合幼儿实际情况，我们决定从三个方面的内容来评估：行为及认知反应、日常情绪表现和生活习惯。接着就对这三个维度进行细化，得到核查细目如下：①行为及认知反应（23项）。②日常情绪表现（11项）。③生活习惯（13项）。

根据"认知过程中伴随着情绪情感的发生"和"习惯就是行为重复的结果",我们认为三个项目的核查顺序为:行为及认知反应、日常情绪表现和生活习惯。由于该表适合用于对单个幼儿行为的核查,因此加上表题和核查细目等资料,就完成了幼儿身心特征核查表的制作(表5-8),可以在观察中使用了。

(1) 基本资料。

幼儿姓名_____ 性别_____ 班级_____ 出生年月_____

月龄_____ 核查日期_____ 核查人_____

(2) 核查要点。

① 主要核查对象是小班幼儿,其他年龄段幼儿要对核查细目标准进行合理改变和设定。

② 可以在园和在家分别由老师及家长核查2次,取平均等级。

③ 等级评定可以采取5个等级(差、较差、一般、较好、好)或3个等级(差、一般、好)评定法。

(3) 核查表模式。

表5-8 幼儿身心特征核查表

核查项目	核查细目	等级评定	备注
行为及认知反应	能沿一条线走路		
	能用一只脚保持平衡或单脚跳		
	能画圆和十字		
	能搭配6种颜色		
	能知道自己年龄、性别、姓名		
	能参加角色表演		
	能回答"如果""是什么"的问题		
	能回答有关功用的问题,如"书是用来……"		
	……		
日常情绪表现	经常表现出积极情绪(如高兴、快乐、愉快、开朗等)		
	经常表现出消极情绪(如淡漠、沉默、苦恼、发愁等)		

(续表)

核查项目	核查细目	等级评定	备注
	受到批评表现无所谓		
	受到批评表现不好意思或痛苦		
	受到表扬很自豪		
	受到同伴伤害会攻击他人		
	受到同伴伤害会伺机报复		
	……		
生活习惯	饭前便后能够洗手		
	不会随地吐痰		
	不挑食		
	按时吃饭睡觉		
	不拿别人东西		
	能积极关心他人的事情		
	不打骂别人和说脏话		
	自己的事情自己做		
	……		

在进行等级评定时,既要根据观察者对被评对象的多次观察所得到的综合印象进行,还要由多个有经验的观察者同时进行评定,采用其平均值。经过系统训练的观察者会对各种主观偏见更加敏感,从而表现得更为理智、准确与客观。

三、观察指标的设计

在观察研究中,将一个含义模糊不清的术语转换成具体测量的指标,主要有以下几个步骤:概念化——抽象性定义——操作性定义——具体观察指标。而观察是否有价值,关键在于下操作性定义这一环节。

概念化是对观察情境中的事件、行为归类的过程,它要求给有共同特征的行为命名,即用文字符号简明地表示,最好是有现成的、常用的词语,如把幼儿入园时的哭闹、抽泣、叫喊、不理睬别人等行为统称为"入园焦虑"。概念化可以避免将研究停留在具体的、特殊的事件上,使研究内容具有更大的普适性,提高研究的外在效度。有了明确的观察概念,具体观察指标的设计思路就明确了,如表5-9幼儿抗挫折能力研究中"挫折感"观察指标的设计。

表5-9 幼儿抗挫折能力研究中"挫折感"观察指标的设计

步骤	观察指标
概念化	幼儿在活动中、学习中遇到困难、失败、打击、不顺心、不如意时的表现状态,可以概括为"挫折感"
抽象性定义	挫折感就是个体在实现目标的过程中遇到障碍时所产生的情绪感觉或反应
操作性定义	挫折感就是在某一具体情境中,幼儿活动被阻止、干扰时的感受或反应
具体观察指标	幼儿的感受或反应(挫折感)用表情变化、行为变化、语言变化的程度来表示

根据操作性定义,我们就可以开展研究或研究情境的创设。在对儿童的观察研究中,操作性定义往往要分解成一个指标体系,即多项观察指标。如巴耐特在研究儿童游戏时,确定了游戏的五个测评维度:身体自发性、社会自发性、认知自发性、明显的愉悦性和幽默感,这五个维度都有具体的观察指标(详见表5-10)。

表5-10 儿童游戏的观察指标体系

游戏维度	操作性定义
身体自发性	1. 儿童的运动能很好地协调 2. 儿童在游戏中行为很活跃 3. 儿童好动不好静 4. 儿童有许多跑、跳、滑动作
社会自发性	1. 儿童对别人的接近反应友好 2. 儿童能与别人一起玩游戏 3. 游戏中儿童能与其他儿童合作 4. 儿童愿意与同伴分享玩具 5. 在游戏中担任领导者的角色
认知自发性	1. 儿童创造自己的游戏 2. 游戏中使用非传统的物品 3. 儿童担任不同特征的角色 4. 儿童在游戏中变换活动

(续表)

游戏维度	操作性定义
明显的愉悦性	1. 儿童在游戏中表现得很兴奋 2. 在游戏中表现精力充沛 3. 在游戏中表达情绪 4. 在游戏时又说又唱
幽默感	1. 儿童喜欢与其他儿童开玩笑 2. 儿童善意地逗惹他人 3. 儿童讲滑稽故事 4. 儿童听到幽默故事时发笑 5. 喜欢和周围人闹滑稽笑话

四、观察工具

为了提升观察研究的效率，使用观察工具是一个必然趋势。观察工具指的是在观察研究过程中，研究者使用的能够延伸人的感觉器官功能、有效且方便存储观察信息的工具。观察工具主要包括资料收集工具及设备和资料存储工具。

（一）资料收集工具及设备

虽然观察是一种用眼或用耳的活动，但现代科学技术的发展为观察活动提供了更先进、更科学的辅助工具与手段。观察中利用现代化的声、光、电设备，如录音机、照相机、摄像机等，可以使观察记录具有以下特点：一是形象性。由于现代化设备的参与，被观察对象在有限时间内表现出来的声音、动作及表情可以形象地记录下来，即现代化设备使观察记录具有"立体"效果。二是重现性。运用现代化设备，可以在需要的时候重放。声音、图像的重现性可以再次给予间接观察的机会，也更能够客观地核对、检查、补充已有的观察记录。三是可靠性。因为现代化设备在声像记录上具有形象广角特点及可以多次再现的特点，观察中使用这些现代化设备，可增强观察活动的可靠性，主要表现在提高观察的精确程度和观察结果的科学性。录像机可以拍摄幼儿的一举一动，在分析观察结果时可以有目的地、多次重放某些片段，以得出符合客观事实的结论。

（二）资料存储工具

传统的存储介质是笔和纸，这也是目前观察最常用、最便捷的工具。现代化的多媒体摄录设备，如手机已成为资料获取和存储的"新宠"，但其所储存的音像往往需要转录为文本或符号，这样才便于资料分析。因此，在观察时或转录音像时，我们必须按要求准备纸笔或其他固态的存储设备，而且要设计好记录图、表等，以方便对重要信息进行高效而安全的转存。

在设计记录图表时,要根据观察指标中各因素间的关系,做到不漏数据、分类分级、方便分析和统计等。为了后续分析和记录的方便,同时还要设计记录符号,做到统一、好记、清晰。

1. 记录用表设计

观察对象明确、观察目标固定、观察次数及时间也事先安排好的观察,适合用表格做记录。设计记录表时要注意表格的维度和维度间的关系,如表5-11是一个二维表格:幼儿姓名(纵向)及取样时间(横向)。表格记录往往采用符号或者数字表示,也就是说我们把要观察的行为或事件用字母、数字、通用的数学符号等编码,便于记忆和记录,如本表用字母P、F、X、W分别表示配合、分工、协商、无关行为等事件。表格记录的优点是效率高、便于统计分析。

表 5-11 自主游戏中幼儿合作能力的表现记录表

观察地点_____ 观察时间_____ 观察对象_____ 活动内容_____ 观察者_____

时间 幼儿	第6分钟	第12分钟	第18分钟	第24分钟	第30分钟	第36分钟	第42分钟	第48分钟	第54分钟	第60分钟
幼儿1	X	F	P	W	W	W	W	W	P	X
幼儿2	X	F	X	P	P	W	P	W	X	X
幼儿3	X	X	X	X	P	X	F	X	P	F
幼儿4										
幼儿5										
幼儿6										

2. 记录用图设计

图示记录常用于和空间位置有关的记录。因为幼儿经常活动,活动的位置在变换,合作对象及地点也在变换,这时候为了记录方便就可采用图示方式记录。如准备研究幼儿对区角活动的兴趣,图5-2就可以帮助我们用编号在相应的区角标注参与活动的幼儿。在图中,若把每个幼儿活动时间同时标注上的话,还可以研究幼儿变换活动的路径,这样的记录方式既方便快捷,又准确省时。

3. 记录图符设计

在教育观察研究中,有许多通用的记录的示意符号,如有的用"○""⊙"代表男、女,在其上添加一些线条表示一些特定的课堂行为;还有的用类似字母"P"的图符表示幼儿,并用其各种变式表示幼儿间的位置和关系。在做观察记录前,我们完全可以根据自己观察目标的

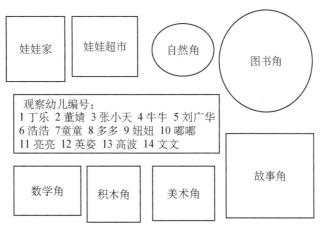

图 5-2　幼儿参与区角活动图示

特点,设计一套简单、易记、明白的图符来记录幼儿行为,当然一定要有一个图符说明,也就是"编码"意图介绍。

ꟼ 女面右站	ꟼ 女面左站	Pꟼ 女面对面站	ꟼP 女背对背站
P 男面右站	ꟼ 男面左站	Pꟼ 男面对面站	ꟼP 男背对背站
ꟼ 男趴面下	ꟼ 女趴面下	ꟼ 头右面下	ꟼ 头对头面下
P 男躺面上	ꟼ 女躺面上	ꟼ 头左面上	ꟼ 脚对脚面上

图 5-3　人际关系符号图示

五、观察环境和人际关系

当需要观察时,作为研究者必须考虑自己以什么样的角色去观察,是参与活动(以主位的角色,参与者)还是非参与活动(以客位的角色,旁观者)。角色不同,我们对现象的理解便不同。选择观察现场时,研究者应主要考虑以下三个条件:符合观察研究收集资料的要求;满足必要的人、财、物等条件;当地部门和观察对象不反对、不排斥。

研究者在进入观察现场之前要与观察对象协商好,要尊重对方隐私并有保密承诺,如目前的幼儿园大多不准拍录,因为害怕幼儿的音像被不良者利用。研究者在进入观察现场后,也不能掉以轻心,因为我们随时都可能被拒绝观察。无论观察的对象是幼儿还是幼儿教师,研究者都要明白每个人都有自己的需要和权利,应当受到尊重。在观察过程中,无论是参与观察还是非参与观察,研究者都不能干扰观察进程和环境,这是因为在自然状态下的表现才是最真实的,要避免因记录而干扰活动。如有次在幼儿园听课时,我因忘记关相机快门,"咔嚓"声让所有的小脑袋都转向了我,还有一个幼儿大胆地跑到我面前高声问:"叔叔,拍到我了吗?"可想而知,这样的观察结果会"真实"吗?授课老师会高兴吗?下次还会让我观察她的活动吗?因此,在观察环境设计时,我们要考虑到各种可能的突发事件,并做好相应的预案。

研究者是否尊重观察对象,将会影响到观察的过程、内容和方法、效果。假定两个幼儿正一起饶有兴趣地玩橡皮泥,一个幼儿抢走了另一个幼儿的半块橡皮泥,后者尖叫着伸手想夺回来,这时一位幼儿教师正好过来看到这一幕,便批评了想夺橡皮泥的幼儿,教育他不要抢别人手里的橡皮泥。综上,这位幼儿教师的言行导致了以下几方面的错误:没有观察到事件全过程,观察资料是零星片面的;判断缺乏足够证据,加入了主观偏见;造成了幼儿情绪上的压抑,混淆了是非。如果这位幼儿教师是一个观察者,无疑她的观察是失败的,主要原因在于她选定的观察条件既不符合尊重幼儿的教育原则,也不合乎尊重观察对象的基本要求。

第四节 观察的实施

▶ 观察的实施

有了精细的科学的观察设计,观察实施便有了"抓手"。但此时设计还是纸上谈兵,观察者要实施观察就必须关注实际状况,因地制宜,灵活机动。在观察实施中,观察者应注意以下几项事项。

一、检查一下:是否准备好

(一)要有相关的知识储备——理解重要概念和理论

观察者的敏感度和觉察能力与理论知识和经验水平有关,要观察和判断任何事物,都需要一定的知识经验作为基础。幼儿教师的观察也是这样。如一位幼儿教师看到班上幼儿只玩拼图、绘画,玩插塑的人很少,经观察则发现是由于放置插塑材料的柜子太高,幼儿无法够到所需的材料,想玩插塑必须要求成人帮助。那么,这样的柜子设计合理吗?一方面可以说柜子高度不合乎幼儿生长发育特点,不利于幼儿独立能力的培养,但另一方面也可以锻炼幼儿与教师的交往技巧和求助意识。有了这样的理论思考,如何通过进一步观察去解决这个问题就不会盲目了。从此例中可以发现,幼儿教师与幼儿朝夕相处,具备观察幼儿的得天独厚的条件,但如果缺乏一定的知识经验作为基础背景,在观察时常常会错过发现问题的时机,对许多有价值的现象会视而不见或熟视无睹。因此,观察者是否具备相应的知识,将直接影响着观察的质量与进程。

> **• 相关链接 •**
>
> ### 幼儿教育观察者的基本知识
>
> 　　对一个从事幼儿教育的观察者来说，他们需要哪些知识准备呢？一般来说，观察者应当具备两种基本知识。第一，关于儿童教育方面的专业知识。观察者要了解幼儿是发展着的整体，他们在德智体美劳各方面的发展各有特点和速度频率，同时各个方面发展又相互影响，错综复杂地联系在一起；要了解幼儿发展必须经历的不同阶段，每一阶段都有质和量的特点；也要了解幼儿发展过程的重要指标，幼儿在什么年龄应具备哪些基本能力等。有了关于幼儿发展的知识，观察者就能在观察中成功地捕捉到有用的信息，并将之运用于教育实践中。第二，关于观察方法的基本知识。观察者要了解观察的类型，观察的步骤，会设计观察提纲，实施观察，能对观察记录的数据进行整理，对观察结果评价和解释等。观察者具备了这些知识，就会提高观察效率，使观察结果会更客观、更令人信服。

（二）要有明确的目的——知道要去观察什么

▶ 观察活动分析

　　观察往往是用人的眼睛、耳朵等感觉器官去搜集资料，而人的感知范围是有限的。在一个社会环境中，往往在某一瞬间会有大量不同类型的刺激同时呈现。如果没有明确的观察目的，人的主观选择性就会支配注意力，所看到的只是自己一般情况下认为重要的问题，或者只能记录一大堆无用有用夹杂在一起的信息。而不同的观察者又可能有不同的主观选择性，最终发现大家的观察难以说明一个固定的问题，因此，坚持明确的观察目的对观察者来说非常重要。

　　明确的观察目的，就是对所需要验证和研究的问题的假设进行深入思考，充分理解和熟识操作性定义和观察指标，以便集中注意力去发现观察目标。例如在观察自带玩具的游戏中，观察者可通过预设指标来观察幼儿的表现：幼儿能单独寻找游戏机会吗？幼儿一个人怎么玩？能和其他幼儿轮流玩吗？能主动叫小朋友和他一起玩吗？遭到拒绝后会找另一个人玩吗？在捕捉与观察目标有关的信息的同时，观察者应暂时有意识地忽略关于幼儿集体生活中的其他大量信息。总之，明确目的可以避免观察者出现无从下手、信息零乱的情况，可使观察从开始到结束都贯穿一条明确的主线，成为有科学价值的活动。

（三）熟知观察步骤——知道怎样做

　　观察要有严谨的观察计划。观察者对观察活动的时间、顺序、过程、对象、使用仪器、记录方法、设计表格等预先做好充分的安排和准备。有了周密的计划，观察者在观察中就可以按部就班地进行，这样就可以提高观察的效率和质量，同时也增强了所得资料的准确性和可靠性。

观察计划是根据研究目的制定的,是经过严密论证的可行的方案,其目的是起到提醒观察行动、制约观察行为、防止数据遗漏等作用,因此观察者要在观察中尽量照章执行,不能轻易改变。例如,观察目的是了解幼儿语言发展状况,观察者就应考虑选择幼儿有机会用言语交往的情境进行观察,如在幼儿进行语言领域活动、区角活动时观察。在这种情境中,观察者需要注意幼儿回答问题、与成人对话、和同伴谈论或争执等不同的言语行为。在观察计划里,观察者应考虑记录观察幼儿言语的重点是发音、词汇量、语法错误、语句完整程度以及语言表达流畅性等。如果观察者事先根据观察目的制定好了观察计划,并列出时间表和记录表,就能使观察工作有条不紊地按顺序进行。相反,如果观察者只是随心所欲地注意幼儿的语言,就不能真正把握观察重点,得到的也只会是幼儿的偶然表现,而不是具有代表意义的典型行为。可见,没有掌握并严格执行科学的观察计划,观察者便无法获得完整准确的幼儿语言发展的资料。

二、冷静认真:记录要翔实准确

观察者在观察时,要讲究记录方法,如文字记录、多媒体记录、表格记录、符号记录、图示记录。讲究记录方法就是要求观察记录系统准确、方便快捷,在记录时要抓住与观察目标有关的全面重要的信息。有经验的观察者在采用文字描述方式做观察记录时,常常用速记法或用现代化设备当场记录,以便事后补充整理资料。

在选择观察记录方法时,观察者要根据观察目的力求采取简便易行、省时省力的方式,尽量做到快、细、全、准地记录观察内容。这就要求观察者做好记录的准备,要尽可能冷静地记载行为事实,使观察资料保持客观性、准确性和详尽性。例如,一份观察记录这样写道:"旭东到美工区玩了一会儿,心不在焉地,又想参与到娃娃家里,但被赶了出来。结果今天的活动时间里,他就东游游、西逛逛。"教师只注意到幼儿操作行为的结果,对幼儿在活动过程中是否感兴趣、如何摆弄材料等细节却忽视了,而这些信息往往最能启发教师应如何采取相应的策略去促进该幼儿在现有水平上的发展。又如,一份观察记录上这样写道:"萱萱上课又没有举手发言。"可以说这是一次没有意义的观察。上课时既不吵不闹又不举手发言的幼儿是比较常见的,但原因是幼儿对活动内容不感兴趣,还是对活动内容不理解,或是不愿意举手呢?教师只有通过对幼儿进行了解、谈话以及幼儿情绪变化过程等细节的观察,才能针对不同幼儿的特点寻找切实有效的教育策略。

记录前准备、记录中认真填写、记录后整理是记录三个不可分割的阶段。观察者要对记录资料及时编号、分类保存,补漏纠错,特别是影像资料更要及时进行转录,以免时间长久后遗忘细节或关键资料。

三、及时沟通:现场参与要亲切

观察者在进入观察现场时,要注意选择恰当的方式。进入观察现场的方式主要有隐蔽和公开两大类。观察者如果能够自然地、公开地进入现场当然十分理想,但往往比较困难。因此,观察者有时需要采取逐步进入和隐蔽进入的方式。(1)逐步进入的方式是指在刚开始时,观察者并不向有关人士介绍观察的全部内容或者观察的最终目的,以免对方因困惑不解或配合难度过大而拒绝观察者进入。在等观察有了一定进展或对方习以为常时,观察者再提出扩大观察范围或延长时间等要求。有时,观察者也可在观察的开始阶段先采取局外观察的方式进行观察,再自然而然地逐步建立与观察对象的关系,由浅入深地参与他们的一些活动,以后随着与观察对象关系的加深,再逐步"暴露"自己的身份。(2)隐蔽进入的方式就是观察者始终不"暴露"自己的身份,而是将自己装扮成教师或幼儿家长进入观察现场。对于大多数参与式观察,这种方式较为适用。隐蔽进入的好处是避免了协商进入现场可能遇到的困难,行动也比较自由;但缺点是观察者不能像公开观察那样广泛接触各类人员,深入了解情况,还得时刻注意不要因身份"暴露"而节外生枝。

四、科学整理和分析资料

收集到观察数据只是观察研究的基础性任务,能否利用这些资料解释教育现象、验证假设、解决问题才是观察研究的最终目的。在观察过程中,观察者要及时保存完成的观察记录,以防损坏和丢失;在全部观察任务完成后,要及时整理资料。整理资料的一般程序是:鉴别资料可靠性——有效资料编号分类——转录音像资料——编码或设计统计表——数据归类或输入计算机。分析资料有两种方法:归纳法和演绎法。一般情况下,对叙事性的、文字类的定性资料,一般采用归纳的方法,通过分析得出结论,常用的技术有扎根理论的方法。对变量清楚、数据齐整丰富的资料,一般采取演绎的方法,主要是用统计软件进行描述和推断(详细过程见本书第九章)。

第五节 观察研究评价

观察的评价

观察研究水平的高低,在一定意义上要考察观察的信度和效度。观察信度是指观察的精确度和稳定程度。观察效度是指观察的结果与真实情况的吻合程度,一般是看观察者对观察结果解释想要了解的主题的满意度如何。

一、观察信度

观察信度有总体信度和发生信度两种,计算方式如下:

总体信度=两个观察者看法一致的次数/总次数

发生信度=两个观察者都看到某一事件发生的次数/两个观察者中有一人或两人都看到某一事件发生的次数

> **• 相关链接 •**
>
> **课堂观察者的观察信度**
>
> 两位观察者在阅读活动中分10次同时观察同一位幼儿是否有做小动作的行为。
>
> 计算：
>
> 总体信度＝一致次数/总数＝8/10＝80%
>
> 发生信度＝都看到/至少1人看到＝7/9＝78%
>
> 分析：
>
> 两位观察者都认为观察对象没有做小动作的次数是1，至少有一位认为观察对象没有做小动作的次数是3，没有做小动作的发生信度1/3＝33%。
>
> | | 观察者A | 观察者B | |
> |---|---|---|---|
> | 1 | √ | √ | 一致 |
> | 2 | × | × | 一致 |
> | 3 | √ | √ | 一致 |
> | 4 | √ | √ | 一致 |
> | 5 | √ | × | 不一致 |
> | 6 | √ | √ | 一致 |
> | 7 | √ | √ | 一致 |
> | 8 | × | √ | 不一致 |
> | 9 | √ | √ | 一致 |
> | 10 | √ | √ | 一致 |
>
> 图5-4 观察者的现场记录图示

二、观察误差

(一) 观察误差来源于观察主体

影响观察者方面产生观察误差的主要因素有：

(1) 观察者的职业道德和工作作风。

(2) 观察者的能力、知识与经验。

(3) 观察者的心理素质及个性特点。

(4) 观察手段。

(二) 观察误差来源于观察客体

观察对象方面产生观察误差的主要因素有：

(1) 被观察者的反应。如果被观察者感到了局外人的存在，就会在一定程度上改变自己的心理和行为，从而影响到观察结果的真实性和准确性。

(2) 介入影响。有时被观察者事先知道了有人要来观察，就会出于某些功利的目的，刻意营造一种环境或行为，这也是造成观察误差的一个重要原因。

(3) 事物本质的显现程度。在实施观察时，往往有许多作为观察对象的事物正处于发展变化的动态过程之中，其本质特征还没有充分显现出来，观察者如果对此没有正确的认识，就可能对它们产生一些片面的看法，从而造成观察误差。

做中学：实训活动　　设计观察

结合自己参与的研究课题(也可另选问题)，制定一个观察方案。

课题名称：_____

活动目标：

1. 了解观察方案的基本构成要素。
2. 理解观察方法使用的条件。
3. 科学选用和制作观察工具。
4. 掌握基本的观察研究程序。

活动步骤：

1. 根据研究课题的目的(或假设)分析观察研究目的。
2. 根据观察目的选择观察研究的基本方法，如直接观察还是间接观察，参与观察还是非参与观察，定量观察还是定性观察等。
3. 根据观察方法设计观察方案。
4. 和大家讨论自己的观察方案。
5. 确定观察方案，完成下表。

表 5-12　观察方案

_____观察方案
一、观察目的
二、观察准备(专业知识、观察方法及观察人员)
三、观察过程设计(含观察取样、观察目标及操作性定义、地点、时间)
四、观察记录工具设计及记录要求
五、观察结果预测及分析方式
六、扫码阅读观察案例，参考案例对自己设计的观察方案进行评价 码 5-2　幼儿活动观察案例

反思与评价

一、学习反思

结合课堂学习,查阅资料,对以下问题进行线上或线下讨论,将自己的体会在网络学习空间进行发布,便于交流。

1. 什么是观察法?有什么类型和特点?
2. 观察法实施的三个阶段是什么?在三个阶段中,有哪些具体步骤?
3. 运用操作性定义的相关知识与技能,对"幼儿自我服务能力"下操作性定义,设计观察记录表,并实施观察。
4. 选定一个幼儿,参照下面的幼儿依赖性观察评定量表对其依赖性进行观察评定。

表 5-13 观察评定量表

维度	操作定义	等级				
		极多见 5	常可见 4	普遍 3	不常见 2	极少见 1
1. 要求权威者的承认	常向老师询问"这样好不好",始终按照老师的要求去做					
2. 身体靠近或接触	常喜欢站在老师身旁或依偎着老师的身体,和同伴、朋友也常相互拥靠					
3. 求他人帮助	积极求人帮助,自己会做的事也要求人帮助					
4. 求他人支配	常问别人怎样去做,照着人家的话去做					
5. 模仿他人行为或作品	模仿长辈或群体中最有影响的人物的言行,模仿别人的图画作品					
6. 讨好别人	别人叫他做什么,就很快很乐意去做;别人要借什么,就立刻出借					

5. 结合教育见习或日常生活,写一篇叙事观察,发布到网络学习空间并和同学们交流。

二、学习评价

(一)单项选择题

1. 观察研究的起点是(   )。

A. 观察目的　　　　B. 观察方法　　　　C. 问题　　　　　D. 观察对象

2. 一个完整的、科学的观察方案有几个基本的组成要素(　　)。

A. 3　　　　　　　B. 5　　　　　　　C. 4　　　　　　　D. 7

(二) 多项选择题

产生观察误差的、来自观察对象方面的主要因素有(　　)。

A. 被观察者的反应　　　　　　　　B. 观察手段

C. 事物本质的显现程度　　　　　　D. 介入影响

(三) 正误判断题

1. "看"不等同于观察,"看看""看个究竟"可以说是观察。(　　)

2. 观察者不需要专业知识和技能。(　　)

------- ● 理论研讨 ● -------

第六章　调查研究

■ 学习目标

认知目标	技能目标
1. 了解教育调查研究的含义及其特点 2. 理解问卷调查、访谈调查的含义 3. 了解问卷调查与访谈调查的类型 4. 掌握问卷的基本结构、问卷设计的技术 5. 理解并掌握问卷调查、访谈调查的实施步骤	1. 能根据问卷设计的要求,初步编制问卷 2. 能设计访谈提纲并进行访谈,掌握倾听技术 3. 能依据调查目的,完成问卷的发放、回收工作 4. 具备整理问卷及录入数据的基本能力 5. 能根据调查目的对数据进行一般性的描述统计

■ 课程思政

思政元素	素质目标
培养调查研究意识、问题导向思维和科学调查精神,做"真调查"与"真访谈",获取"真资料"	1. 理解调查研究的价值,学习老一辈调查研究的精神 2. 培养调查研究意识、问题导向思维,掌握调查研究"真方法",尊重研究对象的"发言权" 3. 学会调查研究中的"去伪存真",学会"去粗取精"

■ 知识准备

关键概念	研究观念
调查研究—抽样—总体—样本—问卷调查—问卷—访谈调查—倾听—数据表	1. 调查是一种重要的研究方法 2. 访谈是深入心灵、揭示教育精神的有效方法 3. 调查研究需要科学的工具,如问卷、量表等

兼听则明,偏信则暗。在解决问题时,我们可能要了解研究对象的想法或过去的行为及经历,这时单纯的观察研究就很难发挥作用了,此时需要一种新的研究方法——调查研究。

调查研究是一种能把别人记忆中、思想中的信息收集起来的研究方式,是一种被普遍使用、很受欢迎的教育研究方法。

> **学中做:课堂活动**　　**讨论:时间去哪儿了**
>
> 　　戴维·S.穆尔在《统计学的世界》里说,每当有人给你一些数据时,你的第一个问题应该是:这数据是从哪儿来的呀?想一想我们现在的生活,人们非常忙碌,总觉得时间不够用。如果一个同学没有完成作业,他的舍友说是他太忙了,连吃饭的时间都没有。你相信他舍友的话吗?为什么?

第一节　调查研究概述

▶调查研究概述

作为人类社会的重要现象,教育是人的社会化过程;而人的行为、教育的行为是以人的交往及思想交流为核心的。调查研究刚好能够满足教育这一特点,省时、省力、快速、大量地获得广泛时空中大样本的研究数据,几乎不受地域时间限制,且能深入人的内心世界。调查研究通过间接的方式获取大量数据,对教育的现状进行描述,或对教育的发展做出预测,或解释教育事实。

一、调查研究的特点

调查研究是一种有效的实证研究,是研究者根据研究目的,通过问卷、访谈等形式收集研究数据并进行分析处理去解决问题的研究方法。其基本特点如下。

(一) 内容广泛

我们通常进行的调查包括自然调查和社会调查,调查内容主要有学前教育中的人、物、事三大类。人主要是指幼儿、幼儿教师、幼儿父母等。物有很多种类,主要包括食品、衣物、书本、玩教具、桌凳椅、钢琴、电视等。事,一般是在教育中不断生成的,如教学事件、小学化现象、游戏、识字、阅读等。可以这样说,调查研究的内容要比观察研究更广泛,而且具有表述当下、探寻原因、预测未来的特点。

(二) 手段多样

在调查研究中,我们可以采用多种调查手段和方法,如问卷法、访谈法、测验法等。在具体研究中,研究者可以根据研究需要选择适当的方法,有时可以同时采用多种方法。

(三) 数据多元

调查研究由于问卷形式多样且问题形式可以有多种选择,可以在同一次调查中既得到量化数据也获得质性数据。这种多元化的数据支持可以使研究结果的分析准确而深刻,还可以通过分析数据之间的关系,进行验证,去伪存真。

调查研究有集思广益的功效。好的调查方案中有各种研究变量的操作规程、各种设计好的调查工具及相应的统计方法。这些都为调查过程中和调查后的统计分析工作做了铺垫,使调查研究的系统性和可操作性更强。

二、调查研究的类型

(一) 依据研究课题的性质分类

1. 现状调查研究

现状调查旨在通过调查研究了解研究对象的目前状况和与之相关的各种因素状态。如"山西省民办园教师工作现状调查""留守儿童亲子关系现状调查""农村留守幼儿分享行为的现状调查"等。这是一种基本的调查类型,既可以帮助研究者了解现实情况、发现问题、调整研究思路,还可以为决策者提供参考依据。应当注意的是,被调查者应当具有广泛的代表性。

2. 相关调查研究

相关调查研究旨在讨论两个变量之间相互联系的性质和程度。如"小学化对幼儿心理健康状况影响的调查研究""幼儿的性格与家庭教育方式的关系调查"等。在相关调查研究的基础上,我们可以通过实验研究来确定变量间的因果关系,从而为教育提供有效的调控措施。

3. 发展调查研究

发展调查研究旨在探讨某种特征或现象随时间的推移而发展变化的情况,既可以通过对过去数据的收集探讨某种特征或现象形成的原因,也可以通过收集的数据预测事物的未来趋势。它主要分为横向研究和纵向研究两种方式。譬如我们对幼儿早期阅读能力发展进行研究,可以分别选取小班、中班和大班幼儿各100名同时进行调查分析,也可以从小班选择100名幼儿跟踪研究到幼儿园毕业。前者就是横向研究,节省时间但三个年段研究对象不同;后者是纵向研究,结果更可信一点但比较费时间。对重大的课题研究我们可以先做横向研究取得一定经验,然后再进行纵向研究,让研究结论更科学。

> **• 相关链接 •**
>
> ### 科尔伯格的道德发展阶段论研究
>
> 劳伦斯·科尔伯格继承并发展了皮亚杰的道德发展理论,运用实证的方法,经过30余年的研究,提出了儿童道德发展阶段理论。从1955年做博士论文开始,他就把主要精力放在儿童的道德结构发展的研究上。科尔伯格在芝加哥地区找了72名儿童,全是10—16岁的男孩,和他们进行"道德判断会谈"。以大量的第一手会谈资料为依据,他完成了论文《10到16岁时期的思维与选择方式的发展》,认为儿童的道德判断有三种不同发展水平,每一水平又有两个不同水平的类型,而且是按照一定顺序发展的,形成了六个不变的阶段。
>
> 自1958年在博士论文中对该观点做了首次阐释后,他不断修正,直到1983年他把所有研究成果整理为三大文集时还在进行修改,可见其治学之严谨。他的研究基本上是以访谈和测验的形式进行的,而且分为横向研究和纵向研究两个阶段。博士论文阶段是横向研究,而后长时间的修改、验证则是纵向研究。科尔伯格第三次修订的标准问题道德判断测量量表只能测量前五个阶段,并不能测量作为普遍伦理原则取向的第六阶段。也就是说,该模型的一至五阶段是经过实证证明的,阶段六没有经过实证证明,只能以哲学和伦理学来证明。正如他自己所指出的:"也许阶段六所具有的心理学实证的意味较小,而只是为道德发展的方向作具体的说明,那就是:伦理道德的发展乃是继续前进的。"

(二) 依据调查手段分类

1. 问卷调查研究

这类研究以书面问卷为调查研究的工具,适合大样本调查研究。

2. 访谈调查研究

这类研究以访谈问卷为调查研究的工具,适合小样本调查研究。

3. 测量调查研究

这类研究借助量表来进行调查,是一种精确的定量研究。

4. 调查表调查研究

这类研究借助调查表格进行,是一种结构性较强的定量研究。

第二节 调查研究过程

调查研究和其他研究一样,是一个系统化的、连续性强的过程,主要分为调查准备、调查实施和结论分析三个阶段。调查研究的方法和手段较多,在操作过程中各有侧重,但一般都包括以下几个步骤。

一、调查研究准备

在调查研究前,研究者可根据研究课题,拟定调查研究计划,其内容主要包括确定研究问题和假设、变量的操作性定义、对有关概念进行界定、具体实施内容与步骤、经费预算等。研究者既要落实调查人员,还要编制相应的调查工具,如调查问卷、访谈提纲、测量表或调查表等。

二、抽取调查样本

确定调查对象,往往是调查成败的关键。根据研究对象(一般称之为总体)选取合适的调查对象(一般叫样本)的过程就是抽样的过程。抽样建立在统计学的基础上,是人们实现"由部分认识整体"这一目标的途径和手段。由于样本一般都小于总体,因此要让样本百分之百代表总体是不可能的,我们只有通过技术手段尽量减少抽样引起的误差。在抽样中,关键任务主要有界定总体、确定抽样单位和寻找抽样框。科学的抽样可以提高研究的效率和效度,使调查研究结果及结论的解释性增强。

(一)明确总体与样本

总体是指构成它的所有元素的集合,而元素则是构成总体的最基本单位。这里的每一个元素可被称为一个个体。样本就是从总体中按一定的方式抽取的一部分元素——个体的集合。研究中通常在样本中进行资料的收集工作,然后根据对样本的分析来推测总体的状况。譬如我想了解某个班级同学对课程内容难度的看法,从班级中选了 10 位同学开座谈会,这 10 位同学就是全班同学(总体)的样本,但他们的意见能在多大程度上代表全班同学的看法呢?这取决于选取这 10 位同学的选取方式。当然,如果用这 10 位同学的意见代表全年级同学的看法,其效度就更低了,这是因为抽样出现了偏差。这个道理很简单:要研究全年级同学就要在全年级范围里抽选同学,也就是说总体发生了变化,样本个体的数量和来源范围也要进行相应调整,这样才能减少抽样误差,保证研究的有效性。在抽样前,研究者一定要弄清自己的研究范围,明确总体范围,同时根据研究要求和技术,确定样本的数目范围,然后再确定样本的抽样方式。

(二)抽样的方法

抽样是指从组成某个总体的所有元素的集合中,按一定的方式选择或抽取一部分元素的过程。抽样可以分为概率抽样和非概率抽样。概率抽样的方法主要包括简单随机抽样、系统抽样、分层抽样、整群抽样和多段抽样等。非概率抽样是指不依据概率理论而选取研究样本的方法,主要包括偶遇抽样、判断抽样、定额抽样和雪球抽样等。非概率抽样通常在选取样本时附加一定的选择标准。一般来说,概率抽样的研究结果可以用来推断总体;而非概率抽样的结果只能描述样本元素状况,不能推断总体的状况。选取哪一种抽样方法应当根据研究实际需要而定,主要考虑两个方面:一是个体的同质性程度;二是研究者拥有的人力资源与经费。

下面主要谈谈概率抽样的几种形式。

1. 简单随机抽样

它也称纯随机抽样,是保证总体中每个元素都有同等机会被抽中的取样方法。通常使用的简单随机抽样的方法有抽签法和随机数表法两种。抽签是最随机的抽样方法。当总体较少时,可以抽签决定;当总体较多时,就用随机数码表进行随机抽样。其程序如下:

(1) 先取得一份总体所有元素的名单(样本框)。
(2) 将总体中所有元素一一按顺序编号。
(3) 根据总体规模是几位数来确定从随机数表中选择数码的范围。
(4) 以总体规模为标准,对随机数表中的数码逐一进行衡量并决定取舍。
(5) 根据样本规模的要求选择出足够的数码个数。
(6) 依据从随机数表选出的号码,到样本框去找它对应的元素。

简单随机抽样必须有一个完整的样本框,即总体各单位的清单。若总体太大时,制作这样的样本框工作量巨大,用这种抽样得到的样本单位较为分散,调查不容易实施。

2. 系统抽样

它又称等距抽样或机械抽样,是把总体中的单位进行编号排序后,再计算出某种间隔,然后按这一固定的间隔抽取个体的号码来组成样本的方法。需要指出的是,总体中个体的排列,相对于研究变量来说,应该是随机的,即不存在某种研究变量的规则分布。

但是应注意两点:一是在总体名单中,个体的排列具有某种次序上的先后、等级上的高低等情况(如家庭收入的多少),可以打乱原来的顺序,重新编制总体名单或者用其他方法。二是在个体的排列上,如果有与抽样间隔相对应的周期性分布的情况,可能会造成严重偏差。

3. 分层抽样

它又称类型抽样,是先将总体中的所有元素按照某种特征或标志,如园所资质、学段、性别、年龄、职业或地域等划分成若干类型或层次(也就是抽样单位),然后再在各个类型或层次中采用简单随机抽样或系统随机抽样的方法抽取子样本。这些子样本合起来就是总体的样本。

如调查幼儿健康情况时,我们通常可以按年龄和性别多层抽样分层(见图6-1)。第一步,按照全市幼儿园办学水平,分五个等级,在每个等级中抽取一所幼儿园,共五所,抽样单位就是"幼儿园";第二步,在这五所幼儿园中,按年级段每段抽取一个班,即大、中、小各一个班,抽样单位就是"班级",共15个班;最后一步,在每个班中抽取男女幼儿各5名,抽样单位就是"幼儿",共150名。需要注意的是,最终抽样单位"幼儿"也是我们研究中的分析单位,因此样本容量就是抽样个体的数量。

图6-1 多层抽样和抽样单位

经过分层抽样,我们得到的150名幼儿就可以较好地代表全市幼儿园的幼儿。我们对这些幼儿的健康状况调查分析的结果,就可以在全市幼儿园的幼儿保育中应用。当然,我们的每一级抽样都应该是随机的,这样才能保证每级子样本(幼儿园、班级)及个体能够反映其所在群体的特点。

4. 整群抽样

它是从总体中随机抽取一些小的群体,然后由所抽的若干个小群体内的所有元素构成样本。因此整群抽样最终抽样单位不是单个的个体,而是成群的个体。这种小的群体可以是班级,也可以是居民家庭等。如上例健康调查中,我们可以让五所幼儿园中抽取出的三个班级的幼儿全部作为调查对象。整群抽样不仅可以简化抽样的过程,更重要的是可以降低收集资料的费用,同时还能相对扩大抽样的应用范围。但由于抽样最终单位(班级)和研究需要的分析单位(幼儿)不一致,抽样误差也会增加。

需要注意的是,如果内部的差异不大,适用分层抽样;如果内部的异质性比较大,则适用整群抽样。为了保证调查研究的效果,在抽样前我们最好制作书面抽样方案并进行科学分析。

三、实施调查研究

调查实施是整个调查工作的中心环节,是按照计划进行资料收集的过程。调查手段不同,工作任务不同,如发放和回收问卷、访谈研究对象、测量调查对象等。在调查实施的过程中,研究者应当按照调查方案的设计意图和操作规程进行,以保证调查数据的客观、真实、全面。

四、整理分析调查数据

研究者先对调查中收到的原始资料进行整理,再对数据进行登录、复查、分类,然后进行定量或定性分析,得出调查结果,推断研究结论。开放式的调查数据基本上都是文字叙述,答案不固定,如访谈录音、问答题答案等,可以采取归纳和比较的方法分析,也可以采用量化分析技术,如用语义分析、编码技术等方式将之转换为数字符号等。封闭式的调查数据一般都是数值类的或者可以赋值,如年龄就是数字化的,对"性别"我们可以用"1"和"2"分别代表

"男"和"女",这样我们就可以对其进行量化分析了。我们不仅可以运用统计描述的方式去解释研究对象,如某行为或事件发生的频次、百分比、平均数、标准差、中位数、众数、相关系数等,还可以用统计推断的方式用样本数值去估计、推断总体状况,如通过对某些变量进行 T 检验、方差分析、因素分析、回归分析等来发现变量引起的各种效应。以上这些具体的分析方法,请参考本书第九章。

五、撰写调查报告

在一定意义上来说,研究者撰写出调查报告,就标志着调查研究的结束。没有调查报告的产生,就无法体现调查的意图,无法反映调查的结果,也不可能发挥调查研究的指导作用。

第三节　问卷的设计和调查

问卷调查是调查研究中最常用、最核心的方法。这里的问卷指的是书面问卷,一般是用文字表述的、需要被调查者填答的问卷。因此,问卷调查的调查对象一般需要具有相应的书面语言水平。在学前教育领域,把幼儿作为问卷调查对象很显然是不太妥当的,除非设计出适合幼儿水平的简单问卷,如图画式的问卷等。一般情况下,使用问卷调查时,调查对象应具有一定的文化水平。

一、问卷调查的工具

问卷调查是以书面问卷来收集研究资料的一种方法。问卷是它的核心要素和必备工具。问卷是一份精心设计的、具有科学性的问题答卷,主要分为自填问卷与访谈问卷。其中,用于书面调查就是自填问卷,用于口头调查就是访谈问卷。

• 相关链接 •

流动儿童文化自尊调查问卷

亲爱的同学:

你好!我们正在进行一项儿童发展方面的调查。本问卷不记姓名,只用于研究分析。请你根据实际情况,选择最合适的答案,在□内打√。我们会严格保密,请你放心地如实填写。谢谢你的合作!

学校_____　班级_____　性别_____　年龄_____
家乡是_____省_____市(县)

我是_____年_____月来Y城

	完全不同意	不同意	同意	完全同意
1. 我为爸爸妈妈感到骄傲。	□	□	□	□
2. 我愿意向周围的人介绍爸爸妈妈。	□	□	□	□
3. 我不想让周围的人知道我不是Y城人。	□	□	□	□
4. 我喜欢Y城的一草一木。	□	□	□	□
5. 我喜欢在Y城上学。	□	□	□	□
6. 我觉得自己是Y城人。	□	□	□	□
7. 我觉得自己在Y城的朋友很少。	□	□	□	□
8. 我觉得自己的家乡口音很重。	□	□	□	□
9. 我愿意长大以后一直留在Y城生活、工作。	□	□	□	□
10. Y城人经常欺负我,我宁愿回家乡去。	□	□	□	□
11. 虽然我从家乡来到Y城,但是也能好好学习。	□	□	□	□
12. 爸爸妈妈工作繁忙,但不会影响我的学习。	□	□	□	□
13. 爸爸妈妈对我很关心,经常辅导我做家庭作业。	□	□	□	□
14. 我愿意同Y城的小朋友一起玩。	□	□	□	□
15. 当别人说我土气时,我会感到很难受。	□	□	□	□
16. 即使处在班级集体之中,我也感到自己很孤独。	□	□	□	□
17. 我只愿意和不是Y城的小朋友一起玩。	□	□	□	□
18. 我觉得家里的环境影响我的学习成绩。	□	□	□	□
19. 我的衣服不够干净,看上去不是Y城的人。	□	□	□	□
20. 我的普通话很差,不敢跟Y城人交流。	□	□	□	□

二、问卷的主要结构要素

问卷的要素有封面信、指导语、问题、维度、答案、分类和编码方式等,其中封面信、指导语、问题是呈现给答题者的,维度是隐含在问卷中的,答案、分类和编码方式是调查者要掌握的、用于整理和分析问卷的因素。问卷可以按科学程序自己制作,也可以修订或直接使用合适的、科学的已有问卷。当然,在使用别人的问卷时一定要注意版权问题。以下主要介绍问卷的几个结构要素。

▶ 问卷的基本结构

(一) 封面信

封面信是指给被调查者的短信,为其介绍和说明调查者的身份,调查的目的、意义、内容。篇幅宜短小,通常在300字以内,但要尽量说清楚这些问题:调查者的身份、调查目的与内容、调查对象选取方式和结果保密措施及致谢等。

> **• 相关链接 •**
>
> 中国儿童发展研究家长调查表封面信
>
> 亲爱的家长：
> 　　您好！
> 　　首先请原谅打扰了您的工作和休息！
> 　　儿童是祖国的未来，儿童的成长和教育是家长们十分关心的问题。为了探索儿童成长和教育的规律，我们在北京、湖南、安徽、甘肃等地开展了这项调查，希望得到家长们的支持和帮助。
> 　　本调查表不用填写姓名和工作单位，各种答案没有正确、错误之分。家长们只需按自己的实际情况在合适的答案上打"√"或"×"，或者在____中填写答案。请您在百忙之中抽一点时间填写这份调查表。
> 　　为了表达对您的谢意，我们为您的孩子准备了一份小小的礼物，作为这项调查的纪念。
> 　　祝您的孩子健康成长！全家生活幸福！
>
> 中国儿童发展研究课题组
年　月　日

（二）指导语

用来指导被调查者填写问卷的一组说明，即方法、要求、注意事项的说明。如果指导语过长，也可以只给现场调查中发放问卷的人，让其在发放前宣读或解释。指导语一定要考虑细致，否则会造成不必要的麻烦。如果在一份问卷中，选择题有 A、B、C、D 四个选项，但没有进一步说明如何填写，结果有的在正确答案上打钩，有的画圈，还有的直接把答案用字母写出来而且写的位置不一，这会给问卷统计带来不必要的麻烦，使统计错误率加大。究其原因，主要是因为在问卷中没有明确要求答题方式。

> **• 相关链接 •**
>
> 指导语样例
>
> 　　1. 请在每一个问题后适合自己情况的答案号码上画圈，或者在_____处填上适当的内容。
> 　　2. 若无特殊说明，每一个问题只能选择一个答案。
> 　　3. 填写问卷时，请不要与他人商量。

（三）问题

问题是问卷的主体部分，分为事实性问题和态度性问题两种。事实性问题主要指获取人口学特征、事物状态和人的实际行为的问题。这类问题具有客观性，有准确的、真实的答案，不容虚假也不用主观判断，如"你穿的上衣是什么颜色？"白的就是白的，不需要思考就可以回答。而态度性问题就需要主观感受和判断了，如"你最喜欢的上衣是什么颜色？"可能你在不同心情下回答的结果是不一样的，因为人的态度是会变化的。问卷调查的特点就在于既能了解真实的可感觉到的现象和事实，也可以了解被研究者的内心感受，这些也是它优于观察研究的地方。

根据答题的要求，问题还可以分为开放式、封闭式和半封闭式问题。开放式问题就是问答题，如"你对幼儿的早期阅读有什么好的建议？"封闭式问题就是选择题、判断题等答案比较固定的问题。半封闭式问题是答案不固定但有限定的问题，如"你孩子的年龄是""你喜欢乘坐的交通工具是"等。

（四）答案

根据问题类别不同，答案分为具体答案、自由答案。很显然，封闭式问题的答案是具体的，除此之外答案是自由的。在问卷制作完成后一定要给出答案，用于测量的答案还需要合理赋值（分数加权），对自由答案也要有参考点，这样便于以后的数据分析。

（五）分类

为了便于数据分析，纠正录入失误或复查问卷，对问卷编号是必须的。对有敏感问题或匿名问卷的编号最好在问卷收回后进行，以减少答题者的顾虑。问卷的分类既可以根据调研时设计的抽样方式或答卷情况决定，也可以根据调查对象的性别、年龄等社会属性来决定。

问卷的每个问题应该都能反映研究对象的一个或一类属性，在科学研究中也常常把每个问题看作一个研究变量。根据研究变量间的关系或者问题的逻辑关系，我们可以为问卷划分维度，使问卷结构清晰、设计合理，为问题的科学排序及调查数据整理分析打下科学的基础。

三、问卷设计的步骤

（一）问卷设计的准备

问卷设计并不是凭经验简单地罗列一些问题，这样容易造成数据的遗漏。设计问卷是从问卷结构设计开始的，然后逐层分析问卷的维度，直到能用一个个指标来描述所要调研的各种因素。因此，问卷设计的准备一般有明确调查研究的目的、问题分解（划分维度）和确定指标表达方式三个阶段。

问卷结构的分析和设计要以研究的目的为依据，也就是要弄清我们需要收集什么样的数据,为什么要收集这些数据,是为了描述一个教育现象还是为了证明某个假设。一般情况下,我们需要把研究的问题逐级分解,直到把构成问题的每个因素都罗列出来。这时候,我们就可以确定对每个因素的提问方式,来设计问卷的初稿了。

> **• 相关链接 •**
>
> "农村幼儿早期阅读平台建设状况"问卷设计
>
> 本次调查对象有两个总体:家长和幼儿教师,因此需要设计两份问卷。经过先期文献研究和调研,研究者先根据维度分析编写了问卷"农村幼儿早期阅读平台建设状况"调查问卷(家长和教师)初稿,经征求同行和专家意见,增删了部分问题,修改历时一个月,完成了正式问卷,问卷设计维度见下表。
>
> 表6-1 "农村幼儿早期阅读平台建设状况"调查问卷结构表
>
> | 调研对象 | 一级维度 | 二级维度 | 三级维度(指标数目) | 问题总数 |
> | --- | --- | --- | --- | --- |
> | 幼儿教师
(问卷一) | 人力条件 | 人口学资料 | 3 | 21 |
> | | 阅读现状 | 阅读环境 | 8 | |
> | | | 师幼阅读 | 5 | |
> | | 阅读认识 | 阅读认识 | 5 | |
> | 家长(问卷二) | 人力条件 | 人口学资料 | 5 | 24 |
> | | 阅读现状 | 家庭环境 | 4 | |
> | | | 社区环境 | 5 | |
> | | | 亲子阅读 | 7 | |
> | | 阅读认识 | 阅读认识 | 3 | |
>
> (资料来源:芮城党政北园教师张群的"山西省国培计划班"结业论文)

(二) 设计问卷初稿

设计初稿的核心就是设计构成问卷的问题,同时还要注意问题的排列顺序和表现形式。

1. 问题形式的设计

根据分解出的指标,我们根据其性质确定是用封闭式问题还是用开放式问题。一般情况下,答案比较明显、固定的事实性问题最好用封闭式的问题,如选择、判断等;对一些态度类的、答案主观性比较强的问题,多采用开放式的形式表述。

表 6-2 问题形式的设计

问题的形式	封闭式问题的设计	开放式问题的设计
问题设计的表述形式及要求	1. 填空式:内容有限 2. 二项式:判断是非 3. 多项式:单选或多选 4. 矩阵式:相关选择 5. 表格式:简明扼要	1. 语言要尽量简单、明白 2. 陈述尽可能简短 3. 要避免带有双重含义 4. 表述不能带有倾向性 5. 不要用否定形式提问 6. 不要直接询问敏感性问题
评价要点	备选答案要有穷尽性、包容性、互斥性	语义清楚、价值中立、避免诱导

问题表述的语气、用语习惯必须考虑被调查者的身份、学历水平、地域文化等特点。被调查者(即被调研个体)的相关能力一般有以下几项。

(1) 阅读能力。一个被调查者起码要能看懂问卷才能做出他的回答。如果问卷设计中语言不规范、不通俗;设计不合理,问题太抽象;格式太复杂,调查对象很难看懂,也就谈不上与调查者的合作。

(2) 理解能力。除了受到被调查者文化水平的影响,还会受到社会生活和个人成长经历等方面的影响。对被调查者从来没有接触过的或没有经历过的问题,他是很难做出回答的。

(3) 表达能力。对开放式提问,被试不能准确、通俗地表达出问题的含义或表达有偏差,那么得到的答案自然就不准确。

(4) 记忆能力。有些问卷设计了对以往事情的回忆,但并不是每个人都愿意进行回忆,而且回忆起来有一定难度。

(5) 计算能力。除了被调查者会不会计算的问题之外,还有一个是被调查者愿不愿进行计算的问题。许多问题对设计者来说并不难,但对于被调查者而言就是一件十分不易的事情了。

2. 问题答案的设计

封闭式问题的答案要注意穷尽性、互斥性。穷尽性是指答案要全,不遗漏数据。如"你们幼儿园开设的班级类别有:A. 大班 B. 中班 C. 小班",如果有的幼儿园开设有"托班"就没法体现,因此答案不穷尽,可以修改为"你们幼儿园开设的班级类别有:A. 大班 B. 中班 C. 小班 D. 托班"。互斥性指的是答案间要界限清楚,不能有重叠,如"你们班级幼儿的来源有:A. 农村 B. 乡镇 C. 城区 D. 郊区"。农村、乡镇、城区、郊区显然互相交叉,这样会使被调查者没法选择,调查结果也会出现偏差。

开放式问题的答案不固定,要让被调查者自由发挥。因此,在设计问题时一定不要透露调查者的观点、价值倾向,更不能有暗示、诱导等话语,如"体罚儿童是教师法不允许的行为,请问你们班级发生过打骂、责罚幼儿的事件吗?"这个问题显然有暗示、诱导的嫌疑。

3. 问题的排序和时长

(1) 问题的排序。问题的排序在尊重问题内在逻辑的前提下,要遵循以下排序原则。

① 熟悉问题在前，生疏问题在后。
② 简单易答在前，复杂难答在后。
③ 感兴趣的在前，紧张顾虑的在后。
④ 行为在前，态度、观念在后。
⑤ 封闭式在前，开放式在后。
⑥ 相倚问题在前，筛选问题在后。

其中，相倚问题指的是答案具有连续性或者逻辑关系的问题。筛选问题是指能判别答题者信度的问题，又叫"测谎题"。

（2）问题的时长。它影响着问卷的长短。问卷的长短首先要服从调查的内容，同时要考虑答题的时间，一般以30分钟以内为宜。

4. 问卷设计常犯的错误

（1）概念抽象，难以理解。问卷语言不要过于书面化，尽量不用生僻的名词术语，或进行适当解释。

（2）问题含糊，表述不清。如"天气不好时，幼儿还进行户外活动吗？"那么什么样的天气是"天气不好"呢？若改为"刮大风下雨雪时"就会更明确了。

（3）问题带有倾向性。态度类调查问题很敏感，题目含义必须价值中立，表述不能有倾向性，否则会有暗示作用。

（4）问题有双重含义，让答题者无法判断。这主要是指单选题或判断题，如"你班的幼儿喜欢阅读和玩积木吗？"选项为是/不是。这时最好设计两个问题，以避免双重含义。

（5）问题提法不妥。这主要是指表述用语生硬、违反风俗、涉嫌隐私或歧视等，在编制问卷时必须了解民俗、政策、俚语等，以防引起答题者反感或不信任。

（6）问题与答案不协调，答案设计不合理。这主要是指选择题选项和问题主旨不符，或者答案之间不具穷尽性和互斥性等。

（三）修改并试测

问卷初稿形成后，要对问卷的结构、内容进行信效度分析。其具体方式有：一是征求行业内专家对初稿的意见并修改；二是对问卷进行试测，根据试测结果，用统计分析工具分析问卷的信效度，并进行修改。在试测时要注意样本的选择不要太多，一般为30—50人，同时一定要注意试测的样本尽量要和研究样本来自同一总体，但试测样本在正式调查时尽量不要再次参与调查，避免重复调查而引起的误差效应。

（四）形成正式问卷

通过征求专家意见和试测，我们对问卷的题目进行增减，或者调整问题顺序，对文字表述加工修改等，最后加上封面信、指导语等，就可以设计版式，印刷正式问卷了。

好的问卷的标准是：语言精确、逻辑性强、数量适度、排列合理。

四、问卷的发放与回收

如果调查样本有详尽的样本框架,问卷发放可以采取现场发放、邮寄发放等形式。发放最好由专人负责,并告知研究人员联系方式,以便发放、答卷中突发问题的处理和咨询。利用网络技术发放问卷是一个不错的选择,省时省力,如在微信群中群发、在邮箱中群发等,或者直接做一个问卷调查网页,让愿意参与调研者即时答题。随着人工智能技术的迅速发展,一些专业的调查工具和网站为研究者提供了科学高效的工具和服务,如问卷星、问卷网等。研究者应熟练使用这些工具和技术,缩短研究周期,提高调查研究的科学性和效率。

码 6-1 问卷星操作示例

第四节 访 谈 调 查

访谈调查

访谈调查既可独立使用,也可以根据观察结果、问卷调查结果,对一些特殊现象、特殊事件、特殊对象进行"刨根问底",使问题的本质进一步显现。

一、访谈调查的含义

访谈是研究者通过访问、询问被研究者所获得教育资料的一种方法。

访谈的基础是直接的语言交流。通过直接的语言交流,可以表达自己的思想,达到人与人之间的相互理解。语言交流使访谈具有了自己独特的功能——深入人的内心世界,这种功能对于教育研究尤其具有重要的意义。

二、访谈调查的分类

根据是否按照统一固定的模式,访谈调查可分为结构型访谈、开放型访谈和半开放型访谈。

(一) 结构型访谈

结构型访谈也叫标准化访谈、控制式访谈,是严格按照事先设计的计划进行的访谈。事先设计的计划为访谈提供了固定的结构,控制着访谈的过程、访谈的问题、提问的顺序、记录的方式等,对每个受访者都用同样的方式进行,是标准化的。

结构型访谈又有两种方式:

第一,按问题大纲进行,对每个受访者提出同样的问题,控制的是访谈的话题,是一种有限度的控制。

第二,按封闭式问卷进行访谈,访谈不仅控制话题,而且限制答案,又叫高度控制的访谈、封闭型访谈。

结构型访谈的主要优点：一是便于归类整理和比较分析；二是提问、回答比较集中，不容易被无关因素干扰、分散；三是采用封闭问卷访谈时，答案固定，记录简便。但是，结构型访谈的最大缺点是不能充分发挥语言交流的功能，固定的结构使访谈的双方都受到约束，不能充分自由地交谈，对调查的问题难以得到深入透彻的理解。

(二) 开放型访谈

开放型访谈也叫无结构访谈、非标准化访谈，没有事先设计好的固定结构，没有固定的访谈问题和程序，对受访者的反应也没有什么限制。虽然访谈围绕一定目的进行，但访谈的内容、顺序、语言都可以由访谈的双方自由选择。

开放型访谈的突出优点是以直接的语言交流深入人的内心世界，把行为、行为意义的理解以及行为发生的情境作为一个整体来深入研究，这正是质性研究的特点。也有人指出，难以量化是开放型访谈的缺点，但这正是它所遵循的研究传统。它本身就没有把量化作为自己的目的，着重追求的是对结合在当时当地情境中的行为和意义理解的真实描述。

(三) 半开放型访谈

半开放型访谈具有一定的结构，在访谈中，访谈者对访谈过程有一定的控制，可根据自己的设计提出问题。半开放型访谈不能理解为是综合了结构型访谈和开放型访谈两种研究传统，它实际上属于开放型访谈。当开放型访谈逐渐发展而具有了一定的比较明确的指向时，便转向了半开放型访谈。半开放型访谈并没有追求标准化的结构和获得资料的统计分析，性质上是开放的。

除上述分类外，访谈调查依据访谈者与被访谈者是否直接接触，可分为直接访谈（面对面访谈）和间接访谈（如电话访谈、网络访谈等）；依据被访谈对象的多少，可分为个体访谈和群体访谈（又称小组访谈）。不同访谈形式各具优缺点，研究者应慎重选择。

三、访谈调查过程

（一）访谈前的准备

主要是建立访谈关系的协商，包括：确定访谈主题——选择访谈对象——建立访谈关系——约定访谈的时间、地点——设计访谈提纲。

1. 介绍

要研究什么问题；对方怎样被选择作为研究对象；希望了解哪些问题；表达自己对对方的尊重、关注、期望和兴趣。

2. 承诺

建立访谈关系要有自愿和保密的承诺。一开始就明确说明访谈是自愿的，受访者随时可以退出访谈,不对研究负任何责任。对访谈内容保守秘密,未经受访者许可,不向第三者透露。

3. 时间、地点

以受访者的方便为主,以便于受访者轻松自如地表达自己的所思所想。

4. 录音

可以保留访谈内容的详细资料,便于资料的整理和分析,但事先必须征求受访者意见。

5. 设计访谈提纲

访谈提纲在开放型访谈中不是一个控制的结构,而是一种提示,提示访谈者不要漏掉重要的内容。访谈提纲应当细致周密地考虑到各种可能的情况,又要简洁明了,便于在访谈中浏览。

(二) 访谈中的提问

1. 发问

发问方式主要包括一般提问和追问。访谈中提问的特点如下:(1)问题要有顺序性,即问题由简到繁,由浅入深,由具体到抽象。(2)问题要有内在的关联,即提问的问题应贯穿访谈主线。

追问是把受访者所说到的某些观点、概念、语词、事件等提出来,进一步向受访者询问。

2. 影响访谈提问的因素

(1) 研究问题的公开程度。

(2) 受访者的年龄、性别、民族、职业、教育程度、社会地位。

(3) 双方的熟悉信任程度。

(4) 访谈的具体情境。

3. 访谈问题的类型

(1) 开放型和封闭型问题。

问题本身隐含着开放或封闭的含义。一般来说,是什么、是怎样的这类问题是开放型问题;是不是、满意不满意这类问题是封闭型问题。使用开放型问题,受访者可能少受约束,有更多表达的空间,但有时开放型问题也可以由封闭型问题引起。

(2) 具体型和抽象型问题。

询问具体型问题,容易引起受访者对于具体事件的情境和细节的回忆,不仅可以帮助访谈者了解事情的细节、情境的过程,而且可以调动受访者的情绪情感反应,为访谈营造一个良好的气氛。访谈应注意从具体的问题开始,使用具体的问题提问,抽象的问题应尽可能通过具体的问题来体现。

(3) 清晰型与含混型问题。

清晰的问题是指结构明确、意义单一、容易被受访者理解的问题。访谈中的提问,在提问的方式、词语的选择等方面都要清晰明确,适合受访者的谈话习惯,能让受访者听懂。

(三) 访谈中的倾听

访谈中听比问更重要。我们是在听的过程中理解对方,在听的过程中才知道怎样问和问什么。倾听是一门艺术,也是一门学问。倾听有主观判断式、客观接受式和意义建构式三种类型。

倾听时的注意事项:一是不要自我意识太强,出现听不进去的现象。二是不要轻易打断对方,以保证受访者叙述问题的完整性。受访者滔滔不绝的话语中可能隐藏着许多有价值的东西,即使短暂的沉默,也许是其思想的转变或升华。三是关注受访者的非言语行为,一个人的感觉与思想会引导出外在的行为表现,如表情、语气、姿势、动作等,并据此判断其所提供资料的真实性。四是要有适时恰当的呼应,使访谈顺畅进行。

倾听时的态度:真诚和接受。倾听同时也是向受访者表达一种态度,是为对方提供一个说的环境和机会,要使受访者感到访谈者的真诚和可信赖。接受是指接受受访者的概念体系和理解、判断。听到受访者的话,不是马上用自己习惯的概念体系和判断标准去理解,而应把自己的概念体系和判断标准暂时搁置起来,从受访者的谈话中寻找他们对概念的理解和判断,用他们的方式理解他们谈话的内容。

> **• 相关链接 •**
>
> #### 公园里的"猪"
>
> 日常生活中我们常常发生误会,有些想起来很逗笑,其原因主要是交流双方的概念体系不同,又都不了解或者没有接受对方的概念体系,也就是没有"接受地听"。
>
> 有这样一个笑话。话说汉斯千辛万苦赚钱买了一辆称心如意的跑车,高兴地到公园兜风。在一个山道拐弯处,迎面来了一辆车,而且车速慢了下来。一个漂亮的金发女孩把头探出窗外和他打招呼。汉斯一阵狂喜,把车速也降了下来。
>
> "pig(猪)!"金发女孩笑着对他喊道。汉斯一愣,怒从心生。
>
> "OK!"金发女孩笑着加速而去。汉斯百思不得其解,这女人是疯子? 正在纳闷之时,车已拐过山弯,突然前面有一头野猪在大道上闲庭信步。汉斯躲闪不及,自己的跑车一头撞到了路边的崖壁上。
>
> 汉斯突然明白了金发女孩的良好用心! 可这还有什么意义啊!
>
> 大家可以演练一下这个场景,或者分享一个自己误解别人话语意思的故事,真切理解什么是"用别人的概念体系思考问题"。

(四) 访谈中的回应

回应是访谈过程中访谈者对受访者的言行做出的反应,包括言语反应和非言语反应。回应是访谈中的润滑剂,也是传递访谈者观点、态度的渠道。有研究者将回应的方式分为认可、重复、重组和总结、自我暴露、鼓励对方等。回应会影响到受访者的回答情况,因此要讲究回应的方式方法,不宜过多。

一是认可。认可是表示自己正在认真地倾听对方的谈话,对对方所说的话表示同意、赞许,希望他们继续说下去。

二是重复。在访谈中用适当的口气重复访谈者说过的话也是一种回应方式。回应也可以是重组和总结。

三是自我暴露。它是对受访者所谈的某些内容,说出自己相同或类似的经历和看法,缩小双方的心理距离,达到彼此的沟通和共鸣,使访谈关系变得更加轻松、接近、亲切、平等。

(五) 访谈中的记录

访谈记录是访谈研究方法成功的重要保障。访谈前要选择好记录方式,如笔录、录音、录像或照相等,也可采用多种方式,但有些方式要征求受访者的意见,得到同意后方可使用。

记录过程要注意以下几方面:一是记录尽可能详细。二是记录时要跟上受访者的谈话内容,不要试图去总结、分析和改正语句中的毛病,对一些不能完整记录的内容,要记下关键词或用符号记录,帮助事后回忆。三是记录时不要妨碍对方的讲述,以免打断思路,分散注意力。四是访谈结束后要让对方阅读一下记录,并征求其保密建议。五是要及时整理访谈记录,防止有效信息的遗漏。

四、访谈结果的整理与分析

访谈结束后,访谈者应尽快把访谈记录中的速记、简写、符号、录音、录像等转化为文字和数据资料,进行统计分析,得出研究结论。

第五节 调查研究的评价

对具有测验性质的调查研究,我们在获得了调查数据后,可以采取定量分析的方式来判别调查研究的信度和效度,以作为调查结论科学水平的参考。

一、问卷评估的指标

(一) 问卷的难度

即问卷的可理解度。难度是指测验项目的难易程度。它通常用答对该项目的人数比例来表示。如一道题目参加答卷的共80人,答对的20人,该试题难度为$20/80=25\%$。

(二)问卷的区分度

即问卷能把不同调查者的特征进行区分。区分度也叫鉴别力,是指测验项目对被试实际水平的区分能力。项目区分度是评价项目质量的重要指标,它可由被试在该项目得分与测验总分间的相关系数来表示。相关程度越高,表明该项目的区分度就越高。区分度高的项目,能将不同水平的被试区分开来。

(三)问卷的信度

即问卷的稳定程度。信度是指可靠性或一致性程度。一个好的测验,对同一组被试先后施测两次,测验的结果应保持一致。

一是重测信度,即用同一种测验对同一组被试先后施测两次,被试两次测验分数间的相关系数即为重测信度。它的缺点是容易受时间因素的影响使结果在客观上发生改变,因为第二次测试可能会受到第一次测试的影响。一般用两次测量的数据计算相关系数,从 0 到 1,越接近 1,信度越高,越接近 0,信度越低。同样的一个测试要做两次,这时小规模实验还可以操作,隔段时间做一次不是太费时费力;但在做社会学研究时,一般会涉及 1000—1500 人,就很难做两次重测了。

二是复本信度。复本信度也叫等值稳定性系数,是估计测验间跨形式的一致性指标。用同一测验的两个版本(即 A、B 卷),在短时间内对同一组被试施测两次,两次测验得分间的相关系数即为复本信度。这种信度的要求就是所使用的复本必须是真正的复本,二者在形式、内容等方面应该完全一致。如在一个班做调查,使用两个版本的问卷。假设学生是随机分布的,没有男生全坐这边、女生全坐那边的情况。发问卷的时候,第一排全发 A 卷,第二排全发 B 卷,随后重复,这样两个样本是没有差别的。如果这两个版本的调查工具统计得出的结果是一致的,相关程度很高,就可以说明这个调查工具很好。

三是同质性信度。同质性信度又叫内部一致性系数,是估计测验内部跨测题的一致性指标。估计同质性信度可采用分半法、库理法、克伦巴赫系数法等。它可以通过 SPSS 统计软件的可信性分析栏目求解。

(四)问卷的效度

效度是指在多大程度上调查到了研究者研究目标所规定的程度,是指测验实际测量出其所要测量的特质的程度。测验的效度始终是对一定的测量目标而言的,判断某种测验效度的高低,就要看结果对目标测量的程度。测验效度一般分为内容效度、关联效度和构想效度三种。效度不同,估计效度高低的方法也不同。

二、抽样误差的评价

问卷发了多少份?发给了谁?这些都和抽样有关,也影响着调查效度。通常情况下,我们一方面看调查样本数量是否足够、分布是否合理、抽样是否随机,另一方面看问卷回收率和有效率的高低。

(一) 样本容量的确定

随机抽样可以减少由于抽样偏差引起的误差,但不能消除误差。我们可以通过控制样本容量来控制抽样误差。抽样误差指的是由于样本数量及分布的随机波动而造成样本统计量与总体参数间的差异。可见,这种差异越小,调查结果越能反映调查的总体状况。在 0.95 的信度下,抽样误差的速算公式是:

$$抽样误差 = 1/样本数量的平方根$$

如果我们调查样本数是 100 人,抽样误差就是 0.10;若抽样 400 人,抽样误差是 0.05。因此,我们也可以根据调查中对抽样误差的预期值来计算样本数量。如要把抽样误差控制在 0.01 范围内,需要发放问卷数 10000 份。

我们在确定样本数量时,在控制抽样误差的同时还要兼顾调查费用。如调查样本数在 4000 份时,样本误差在 0.016,已很接近 10000 份时的 0.01,我们完全可以考虑发 4000 份的问卷。

(二) 调查问卷的收发统计

被调查者回答问卷的态度和完成情况也直接影响调查效果,一般有两个计量指标:

$$回收率 = 回收填答问卷数量 / 发放卷总数 \times 100\%$$
$$有效率 = 有效填答问卷数量 / 回收填答问卷数量 \times 100\%$$

一个有效的调查研究回收率和有效率应分别大于 70% 和 80%。

做中学:实训活动　　**设计并实施访谈活动**

活动目标:

1. 培养学生设计访谈提纲的能力。
2. 训练学生实施访谈调查的能力。

活动步骤:

下面给出的故事情境,是用于调查儿童道德发展水平的材料,请用此材料做一个访谈调查,验证一下科尔伯格的道德发展阶段理论。

1. 进行访谈方案及访谈提纲的设计。
2. 要求访谈对象为幼儿,问题不少于 6 个。
3. 对访谈资料进行整理,初步形成结论。

附:问题情境——霍莉爬树

霍莉是一个8岁的女孩,她喜欢爬树,在周围所有的孩子中,她爬树最棒。一天,当她从一棵高树上往下爬时,在离地面不高的一个树枝上掉了下来,但没有摔伤。她的爸爸看到了,很担心,要求霍莉以后再也不爬树了,她答应了爸爸的要求。后来有一天,霍莉和她的朋友们遇到了肖恩,肖恩的猫夹在树上下不来了,必须立即想办法把猫抱下来,不然猫就会从树上掉下来。只有霍莉一个人能够爬上树把猫抱下来,但她记起曾答应爸爸再也不爬树了。

 反思与评价

一、学习反思

结合课堂学习,查阅资料,对以下问题进行线上或线下讨论,将自己的体会在网络学习空间进行发布,便于交流。

1. 问卷的基本结构包括哪些?
2. 问卷设计的步骤是什么?
3. 问卷中的问题有哪些类型?针对每种类型分别进行设计出三个问题。
4. 什么是访谈调查?有哪几种类型?

二、学习评价

(一) 单项选择题

1. 不是问卷构成要素的是(　　)。
 A. 指导语　　　　B. 调查对象　　　C. 问题　　　　　D. 答案
2. 问卷中"你班的幼儿喜欢阅读和游戏吗"这个问题,犯的错误是(　　)。
 A. 问题含糊,表述不清　　　　　　B. 问题带有倾向性
 C. 问题有双重含义　　　　　　　 D. 概念抽象,难以理解

(二) 多项选择题

依据研究课题的性质,调查研究可以分为(　　)。
 A. 现状调查研究　　B. 相关调查研究　　C. 测量调查研究　　D. 发展调查研究

(三) 正误判断题

1. 如何确定调查对象是调查成败的关键。(　　)
2. 访谈内容未经受访者许可,没必要可以向第三者透露。(　　)

------ ● 理论研讨 ● ------

第七章 实验研究

■ 学习目标

认知目标	技能目标
1. 了解教育实验的含义与特点 2. 理解自变量、因变量、无关变量等概念 3. 掌握实验研究的不同类型 4. 理解影响实验效度的因素并掌握控制实验的科学方法 5. 掌握实验实施的一般程序及实验设计的基本模式	1. 能依据假设进行实验方案设计 2. 能依据研究问题提出假设 3. 能对影响实验效果的无关变量进行初步控制 4. 会遵照教育实验的基本原则、原理和方法,进行初步的教育实验设计

■ 课程思政

思政元素	素质目标
培养学生的因果意识、证伪思维和科学批判精神,掌握实验探究的"真方法"	1. 初步理解实验研究的价值,关注事物的因果关系 2. 培养学生的因果意识、证伪思维,理解真实验设计的"真方法" 3. 培育敢于批判、敢于创新、不怕失败的科学精神

■ 知识准备

关键概念	研究观念
实验研究—变量—假设—假设检验—零假设—自变量—因变量—无关变量—平衡法—随机化法—因素及水平—处理—效应—交互作用—实验设计—真实验设计—准实验设计—前实验设计	1. 实验研究是一种有控制的观察 2. 实验研究的目的是验证假设,统计推断使其结论的推广更具科学性 3. 实验研究需要科学的设计,对变量及其关系的科学分析十分重要

实验研究是科学研究的利器,特别是自然科学家掌握了这种研究方法后,科学发展史上的许多"奇迹"就被创造了出来。在教育方面,皮亚杰通过科学实验发现并验证了客体永久性、思维的守恒性等儿童心理特征;蒙台梭利发明的很多教学用具,也是来自反复的实验验证。研究者若掌握了科学的实验方法,就能用科学事实说话,让事实揭露事物的真相,从而减少工作的盲目性和被动性。

第一节　实验研究概述

实验研究概述

在生活中,我们若具有实验意识,就会减少许多麻烦。实验意识包括问题意识、对比意识、观察意识、批判意识等,譬如我们学英语识记单词,是早上效果好还是晚上效果好呢?有的同学有了这个问题意识,连续几天在早上和晚上各记背一组单词,然后对比一下效果,可能就会发现自己在晚上记单词效果更好,而不是像老师或者同学们说的早上记得快。由于这个同学有了这个实验意识,结果发现自己记忆单词的时间特点,解决了学英语的难题。可见,实验是一种有控制的观察活动。实验研究是一种发现真理和检验真理的好途径,它可以帮助研究者发现解决问题的新方法,也可以帮助研究者检验已有结论的真伪。

一、实验研究的意义

实验是一种验证假设的研究活动。广义的实验是指人们尝试一种新方法或新程序去解决问题的过程及效果。狭义的实验是指在可控制的条件下,系统地操作和控制变量来发现变量间关系的过程。所谓变量是指实验现象随条件、情景的不同在数量、类型上的变化。

> **• 相关链接 •**
>
> **教师言语对幼儿的暗示作用**
>
> 幼儿特别容易受到成人的暗示,那么"教师言语对幼儿的暗示作用"是否存在呢?研究者可以从一个幼儿园选取20名幼儿,随机分成甲乙两组各10名,然后请教师和两组(甲、乙)幼儿聊天。在聊天时,教师与甲组幼儿的谈话中强调"你们是喜欢合作的孩子",与乙组幼儿的谈话中强调"你们是会坚持自己想法的孩子"。然后,让同组的幼儿自由结合,开始两人一组玩搭积木游戏。结果发现在游戏过程中,甲组幼儿之间的合作较好,乙组幼儿之间则常常争吵甚至影响到游戏的进程。可见,教师言语对幼儿的行为表现有一定的暗示作用。

在这个例子中,"教师言语"是一个可控制的变化因素,"幼儿的行为表现"也是一个可变化的因素,二者之间存在着因果关系,"教师言语"是因,"幼儿的行为表现"是果,即"教师言语"不同导致了"幼儿行为表现"不同。可见,通过实验可以验证二者的因果关系。

观察研究和调查研究虽然也是通过对因素状态及其变化的分析来发现问题的答案,但这些研究方法只能发现因素的变化及其之间的相互影响,很难确认因素之间是否存在因果关系。而实验研究的突出特点就是发现并确认因素间的因果关系。正因为如此,实验研究在科学研究中有着不可替代的位置。

二、实验研究的构成要素

实验研究的目的是检验假设,而假设是研究者对问题的答案进行的科学推测。实验的过程就是通过对变量的操作和观测对假设进行验证的过程。其中,控制和观测的对象是实验中变化的因素,即变量。因此,实验研究有两个重要构成因素:假设和变量。

(一) 假设

实验研究是一种定量研究,因此其假设必须具有统计性。假设是实验研究的理论框架,其内容决定了实验设计的路径。

1. 假设的定义

假设即科学研究上对客观事物的假定说明,是关于事物因果的一种假定性的解释,也是依据一定的科学原理和事实,对解决科学研究问题提出猜测性、尝试性方案的说明方式。恩格斯曾说过,形成假设和验证假设的过程是科学活动的核心。假设的用途在于能暗示人们哪些证据能证实它,哪些证据将驳斥它。

2. 假设的分类

(1) 根据假设的性质,可分为预测性假设、相关性假设和因果性假设。

预测性假设,是指对客观事物存在的某些情况特别是差异情况做出推测判断。

相关性假设,是指对客观事物相互联系具体方向、密切程度做出推测判断。

因果性假设,是指对客观事物之间因果关系的推测判断。

(2) 根据假设预测结果的趋向,可分为定向实验假设和非定向实验假设。

定向实验假设,明确预测实验结果,如"A组得分将显著高于B组"或"B组得分将显著高于A组"。

非定向实验假设,未明确预测实验结果,如"A组的得分与B组的得分有显著差异"。

(3) 按照假设的抽象程度,可分为叙述性假设和分析性假设。

叙述性假设,是指对既有现象之间的关系或差异性的猜想,常用调查方法予以验证。如"农村居民生育率高于城市居民""男幼儿比女幼儿的攻击性强"。

分析性假设,是指对一个变量的变化与另一个变量的变化间的关系所作的猜想,常用实验的方法进行验证。如"榜样学习比说教更有利于增加幼儿的利他行为""绘本阅读比纯文字阅读效率更高"。

3. 假设检验的步骤

实验研究假设检验依据概率统计原理,因此研究者要根据自己做出的假设确定零假设和备择假设。在统计学中,零假设(虚无假设)是做统计检验时的一类假设。零假设的内容一般是希望证明其错误的假设。与零假设相对的是备择假设(对立假设),即不希望看到的另一种可能。零假设和备择假设的地位是相等的,但是在统计学的实际运用中,常常需要强调一类假设为应当或期望实现的假设,而零假设一般是有意推翻的假设。

根据假设检验原理,统计检验步骤为:

(1) 建立零假设,确定检验水准。零假设也就是无差别假设,假设样本来自同一总体,即其总体参数相等。检验水准就是拒绝检验假设(零假设)时犯第一类错误的概率。

(2) 选择检验方法,计算统计量。样本数量、变量的类型、变量的分布类型、研究目的,都决定着选择何种检验方法。因此需选择合适的检验方法,并计算统计量(T 值,F 值,U 值等)。

(3) 进行统计推论(是否接受零假设)。根据统计量确定概率即 P 值,做出统计推断,即是否接受零假设。

(二) 变量

变量就是实验研究情境中会影响实验的所有因素。每个变量都可以用变量名和变量值表示。如幼儿园班级类别有大班、中班和小班,其中"幼儿园班级类别"就是变量名,与其对应的变量值就是大班、中班、小班;幼儿园孩子的身高在 80—100 厘米之间,可以表示为:变量名=身高,与之对应的变量值为所有幼儿的身高测量值的集合(80,81,82……100)。可见,一个变量只能有一个变量名,但可以对应多个变量值,实验研究就是要探讨在相关情境中各变量之间的值是否会发生某种关系。因此,实验研究的前提是要分析所有变量,并根据实验目标把变量进行分类,把变量分为自变量、因变量和无关变量,并采取不同的行为。

(1) 自变量,由实验者操纵变化的量,其目标为有效地操纵。如前例中"教师言语"。

(2) 因变量,由自变量直接引起变化的量,其目标为客观地观测。如前例中"幼儿的行为表现"。

(3) 无关变量,希望通过人为控制减少其对因变量的观测值之影响的变量,其目标是严密控制。如前例中幼儿的年龄、性别,教师谈话的顺序、时长,玩具种类及数量等都会影响幼儿的合作行为,因此我们必须控制其对实验结果的干扰。否则,我们就无法说明幼儿的合作行为是因为"教师言语"起了暗示作用。

学中做：课堂活动　"教师言语对幼儿的暗示作用"中的变量分析

分析"教师言语对幼儿的暗示作用"一例中的变量，完成下表。

表7-1　变量分析

变量类别	变量名	变量值	目标行为
自变量			可操纵
因变量			可观测
无关变量			可控制

可见，在一个实验情境中，实验目的不同，对变量的分类也是不同的。研究者选择哪些变量做自变量或者因变量，需要根据假设判断。无关变量也叫干扰变量，实验的效度就取决于对其控制程度。自变量和无关变量也称为独立变量。因变量也称为依存变量。自变量、无关变量和因变量可能存在下列关系（图7-1）：

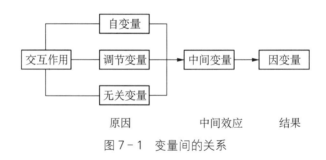

图7-1　变量间的关系

相关链接

教育实验中变量类别举例

1. 自变量、无关变量的类型

（1）作业变量，指呈现某种刺激使被试做出反应，如积木、玩具、智力测验、字词表、字母表、操作箱。

（2）环境变量，指被试在实验时周围相对稳定的事物（或称正统化条件），如温度、湿度、光照、实验室条件。

（3）被试的稳定性特征变量，如性别、种族、籍贯、血型、视力、个性特征。

（4）被试的暂时性特征变量，如单耳听、双耳分听、脑损伤、感觉缺失的感知状态。

2. 因变量的类型

(1) 行为反应，如各科学习成绩、各种生理反应(如血压、心率、皮温、脑电、皮电)、回答次数、反应速度。

(2) 主观体验，即被试的主观感受，可以根据单纯的外部行为做出不同的推测，如流泪。

三、实验研究的类型

根据实验场所、自变量的数目等不同属性，实验研究可以有多种分类，同一个实验可以根据其特点被分入不同的实验范畴。由于不同类别的实验设计各有特点，因此明确实验类别有助于对实验的设计和掌控。

第一，依据实验的场所，实验可分为实验室实验、自然实验。

第二，依据实验变量控制的精确程度，实验可分为真实验、准实验、前实验。

第三，依据对研究课题的认识程度，实验可分为探索性实验、验证性实验。

第四，依据自变量的多少，实验可分为单因子实验、多因子实验。

第五，依据变量的纯正性，实验可分为分析型实验、复合型实验。

第二节 实验研究的一般过程

实验研究一般分为实验准备、实验实施、数据分析三个阶段。实验准备阶段主要是做出合理假设、设计实验方案、选择被试等；实验实施阶段主要是操作自变量、控制无关变量和观测因变量；数据分析阶段主要是做统计推断、得出结论，还要对结论进行解释和评价。实验研究基本过程，如图7-2所示。

从图7-2可以看出，实验研究重在实验准备阶段，也就是实验的变量分析和对变量应采取的研究行为。

一、实验中自变量的选择

自变量是实验者在实验中可以操纵的事物、条件、特征。对自变量的选择应注意以下几点。

实验变量

第一，自变量是实验者能够直接操纵的，有的研究概念含义不明确，就需要用严格的操作性定义来加以界定。如记忆力可以用记住词数来界定。

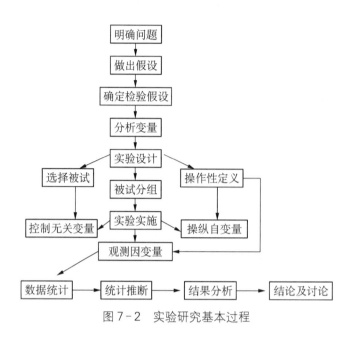

图 7-2 实验研究基本过程

第二，自变量本身是可以变化的，这种变化可以是质的变化，也可以是量的变化。质的变化，如幸福感、作业方式、学习方法、教学方法、性别等；量的变化，如年龄、刺激强度、学习时间、污染程度等。

第三，自变量的变化能引起因变量的变化，自变量变化的效果不能在因变量上直接反映出来，这样的自变量是不恰当的，有时要分析是否有中间变量存在（因果关系链）。

第四，自变量要有一定的变化范围。选择自变量时要确定变化点和变化间距，变化点太小看不出变化的趋势，变化间距太小不会引起变化效果。

二、无关变量的控制方法

无关变量对实验结果有干扰作用，因此要对其进行控制，一般方法为以下几种。

(1) 消除法：客观物理条件，如声、光、电可采用此法。

(2) 平衡法：等组实验，让变量保持相同的条件。

(3) 随机法：被试选择要随机抽样。

(4) 兼作组法：被试既作实验组，又作控制组。

实验一定要有两组研究对象，其中一组是要实施某种刺激或接受某种处理的，即实验组；另一组是不接受实验刺激、不接受实验处理的，即控制组（对照组）。这种方法在医学上经常用，如都是感冒病人，一组给新药，另一组不给药，给药的是实验组，不给药的是控制组（对照组）。兼作组法是指一组研究对象在不同时段分别担当实验组和控制组的角色，以增强实验的有效性。如检验化肥的效力，甲乙两块试验田在出苗期给甲用肥（实验组）而乙不用（对照组），然后在开花期再反过来做肥效实验。

在学前教科研中,最常用的控制方法是平衡法和随机法。

> **• 相关链接 •**
>
> **单盲实验与双盲实验**
>
> 在新药的早期实验中,研究者采取用实验组和控制组进行比较的方法来控制和排除偏误,即对实验组给予新药,而对控制组则不给予新药。通过将两组病人的治疗效果进行对比,可以得出这种新药的效果。但是,研究者发现,被给予新药这种心理影响(宽慰效果)对病人的影响经常是非常积极的,它导致要评价新药本身的效果十分困难。病人病情好转既有可能是吃了新药的结果,也有可能是由于病人知道吃了新药而感觉有效,即自己心理因素起了作用。因此,为了控制这种宽慰效果的影响,研究者首先采用"单盲设计",即采用给控制组吃"宽心丸"(一种无毒无害无任何作用的物质)的方法。这样,两组病人并不知道他们所吃的究竟是新药,还是"宽心丸",因而他们受到的心理影响或精神作用是一样的。此时再将两组病人的结果进行对比,就可以得出新药的效果了。
>
> 然而,即使研究者采用了"宽心丸"的办法,还是可能会有偏误产生,这就是上面所谈到的研究者的期待对实验结果的影响问题。在实验中,研究者对实验组与控制组在接受实验刺激这方面的区别是清楚的。比如在新药效果实验中,实验人员知道实验组所服用的是新药,而控制组服用的是"宽心丸"。这种清楚会导致实验人员在实验中自觉不自觉地去"发现"或者"观望"新药具有某种效果,就像教师自觉不自觉地"看到"一些学生特别聪明一样。在新药效果实验中,它会导致实验人员自觉不自觉地"看到"实验组的病人病情好转。因此,研究者必须排除这种期待的影响,在更严格的实验设计中,往往会考虑采用双盲实验的方法。在这种双盲实验中,作为实验对象的病人和作为实验参与者(或观察者)的医务人员都不知道谁被给予了新药,谁被给予了"宽心丸"。这样,医务人员对病人服药以及服"宽心丸"这两种结果的观察就会更加客观,因而对新药实际效果的解释也就会更准确、更科学。

三、因变量的选择

选择因变量的基本依据是:

一是可测性,因变量可以通过一定指标测得。

二是有效性,因变量应具有内部有效性和外部有效性。内部有效性是指因变量的变化确实是由自变量的变化引起的,若自变量没有参与而因变量也发生变化,说明实验中的无关变量没有控制好,无关变量在干扰自变量。外部有效性是指从部分被试(样本)那里得来的结果能否代表此类被试总体中的其他个体,外部有效性反映的是实验结果的可推广性。

四、变量的操作性定义

变量选定以后就需要对变量下操作性定义,即用看得见、摸得着的可度量的事物、事件、现象对变量作具体的规定和说明,从而使变量成为一种直观的、可感知、可操作的规定。下操作性定义的意义表现在三个方面:提高研究结果的可比性;保证研究结果的可重复性;提高研究结果的客观性。

对变量下操作性定义的方法主要有以下几种:

(1) 根据测量工具来下操作性定义,如用"智商"测量表示人的智力先天水平。

(2) 根据直观的经验事实或客观现象来下操作性定义。

(3) 根据某一测量标准来下操作性定义,如"合格"即测试成绩为"60 分及以上分数"。

(4) 根据对某一属性状态的评定来下操作性定义。

例如在"多媒体投影和纸质图片在大班故事教学中效果的比较研究"中,对"效果"的操作性定义是幼儿的注意力表现、记忆效果和理解水平。注意力表现(好、较好、较差、差)是指一分钟内注意力分散的次数或者集中注意持续的时间。记忆效果测量是指幼儿复述 20 个要点时的数量和顺序。理解水平可用正确度和概括度测量,其中,正确度通过 5 道选择题评分,概括度用对故事要点概述字数表示。

五、实验方案的确定和实施

实验方案是实验研究进行的脚本。为了确保实验成功,在实验进行前要对方案进行充分的论证。主要考虑以下几个方面:

(1) 实验样本抽取及分组方式。

(2) 变量分析是否完全、到位。

(3) 能否对无关变量进行有效控制。

(4) 对因变量的观测是否准确有效。

(5) 操作自变量的可能性是不是很强。

此外,方案中还要对所取得的数据及类型有规定,并给出统计分析的思路。实验方案一经确定,就要认真执行。在实验过程中则要如实、认真做好数据的记录,对意外情况也要有明确的描述,以便对异常数据的原因进行分析,为重复实验提供参考。

六、数据分析与结论

作为定量研究的典型方式,实验研究需要用数据说话。一般情况下,我们对数据主要做两方面的统计分析。

一是描述统计,主要做平均数差异分析。对每个参与实验的样本组进行平均值、标准差和方差计算,若需要还可以计算中位数、众数等;多变量的可以计算其相关系数,还可以用统计图把个体或组别的数据关系直观地表现出来。

二是统计推断,主要是根据样本的值去推断总体参数,或者对研究期望值进行检验。一般有独立样本 T 检验、配对样本 T 检验等,也可以进行方差分析、卡方检验等。对多元变量还可以进行因素分析、回归分析、路径分析等。

因此,数据分析是一个抽象分析和具体分析相结合的过程。我们要明白数据背后的含义,就必须结合统计原理、实验现象、研究问题的相关理论及研究方案去做演绎分析,同时参考已有研究的结果去剖析教育现象,这样才有可能对统计假设的检验找到现实的意义,得出研究结论,实现我们的研究目的。

第三节　实 验 设 计

▶实验研究设计

实验设计就是确定、安排实验中变量结构(关系)的计划方案及其统计分析方法,基本表现是操作自变量、观测因变量、控制无关变量,根据实验结果确定自变量与因变量之间的因果关系。

一、实验设计应理解的概念

(一) 因素及其水平

因素就是实验中的独立变量。因素的水平就是独立变量的取值数目。因素的水平既可以是数值的,也可以是性质类别的。如心跳次数 50、75、100,就是 3 水平的;人的性别类别有男性、女性,就是 2 水平的。实验被试的数量及分组数目和因素数、水平数有关。如单因素 2 水平实验,一般样本数要达到 60 个,分 2 个组(每组 30 个)。

(二) 处理与处理水平的结合

处理是独立变量的特定操作条件。处理水平就是自变量操作条件的交叉。

(三) 主效应、简单效应、交互作用

主效应是实验中由一个自变量的不同水平所引起的变异。一个因素的水平在另一个因素的不同水平上变化趋势的不一致称为交互作用,一致时表明两因素相互独立。一个因素的所有水平在另一个因素的某一水平的变异称为该因素在某一水平的简单效应。

(四) 处理效应和误差变异

处理效应是指实验的总变异中由自变量引起的变异,包括主效应、简单效应、交互作用。误差变异指不能由自变量解释的那部分变异,包括单元内误差和残差。其中,单元内误差是指接受同一实验处理的被试间的变异;残差是误差变异中除了单元内误差之外的误差。

二、实验设计的类型

(一) 根据自变量的分类

根据自变量的多少,实验设计可分为单因素实验设计和多因素实验设计。单因素实验设计是指在一个实验中只有一个自变量、被试接受一个自变量的不同水平的实验处理。多因素实验设计是指实验中有两个或两个以上的自变量,被试接受自变量水平结合的实验处理。

(二) 根据实验控制程度的分类

按照对实验控制程度的不同,实验设计可以分为真实验设计、准实验设计和前实验设计三种类型。真实验设计是按照随机原则选择和分配被试,有控制组和对照组比较,能较好地控制影响内部效度的因素来源。准实验设计也叫类似实验设计,它与真实验设计类似,能在一定程度上控制一部分无关变量,但不能做到像真实验设计那样随机选择和分配被试。前实验设计不是严格意义上的实验设计,实际上是变量关系的一种描述,所以也叫自然实验设计,它能够为真实验设计、准实验设计提供参考。前实验设计虽然对无关变量不能控制,但可以操作自变量变化。

三、实验设计符号

实验设计的关键是实验配组,就是把被试科学地分配到不同的组内,以达到对无关变量的最佳控制,避免被试间的差异影响实验结果。实验设计常用符号如下。

表 7-2 实验设计符号及含义

符号	基 本 含 义
R	表示随机选择、分配被试,不作说明,代表等组
X_i	表示实验处理、实验操作、被操作的自变量,右下角码 i 代表处理次序数
O_i	表示观测,一般是对因变量观测,右下角码 i 代表观测次序数
G_i	表示一个组,右下角码 i 代表组号
—	表示没有实验处理

四、实验设计模式

(一) 前实验设计

前实验设计是在自然环境下操作自变量,然后观测因变量的值的一种实验。它比较适合不能在实验室状态下进行的研究,也就是对环境中干扰因素无法消除的研究。例如检验一种新的教学方法的效果,只能在自己的班里做实验,当条件不允许对幼儿(被试)进行实验分组时,就可以采用这种方法。

表 7-3 前实验设计模式

模式名称	设计模式举例	解释
单组后测设计	G　X　O	没有控制组,一次处理和后测
单组前后测设计	G　O_1　X　O_2	没有控制组,一次处理,前测和后测各一次
固定组比较设计	G_1　X　O_1 G_2　—　O_2	有实验组和控制组,一次处理,两组后测各一次

从表 7-3 中可以看出,固定组比较设计具有较多的实验成分,是效度较高的前实验设计。整体来说,前实验设计效度差,不具备实验设计的充要条件。但它获取被试容易,操作简单,可以作为正式实验的准备,为假设的提出提供实践途径。

(二) 准实验设计

准实验设计也是在自然环境下进行的实验,但对环境中部分干扰因素(无关变量)进行了一定程度的控制,因此增加了实验效度。它和真实验的区别就在于被试不随机配置分组,实验处理也不是随机化安排。

表 7-4 准实验设计模式

模式名称	设计模式举例	解释
不对等两组前后测实验设计	G_1　O_1　X　O_2 G_2　O_3　—　O_4	有实验组和控制组,且均进行前后测
单组时间系列设计	G　O_1　O_2　O_3　O_4　X 　O_5　O_6　O_7　O_8	一个组,连续前测后测各四次,处理一次,探求处理延续效应

准实验设计由于对分组要求没有真实验严格,因此它比较适合现实情况。例如研究中班幼儿合作行为差异,显然不能因为做研究而把全部中班幼儿打乱重新分班进行抽样;研究两个幼儿园早期阅读水平的差异,也不可能把样本班中的某个特殊幼儿排除在实验对象之

外。进行准实验就可以在无法随机化安排情况下对实验样本进行处理并获得数据,如果在统计分析数据时方法得当,就可以通过统计处理消除误差,因此,准实验模式是教育研究进行实验研究的较好选择。

(三) 真实验设计

自然科学的实验设计通常指的就是真实验设计。在真实验设计中,被试有两个以上的分组,随机化安排实验处理和等数量随机分配被试,尽量消除实验场所的干扰因素,即对无关变量控制严格。

表 7-5 真实验设计模式

模式名称	设计模式举例	解释
随机等组后测设计	RG_1　　　X　　O_1 RG_2　　　—　　O_2	随机化分配被试到实验组和控制组,且均进行后测
随机等组前后测设计	RG_1　O_1　X　O_2 RG_2　O_3　—　O_4	随机化分配被试到实验组和控制组,且均进行前后测
所罗门四组设计	RG_1　O_1　X　O_2 RG_2　O_3　—　O_4 RG_3　　　X　　O_5 RG_4　　　—　　O_6	随机化分配被试到实验组和控制组,且均进行前测;能将前测效应从对后测的影响中分离出来

真实验设计内在效度较高,适合严格的实验室研究。在教育科学研究中,主要用于实验室中进行的心理研究。

五、多因素实验设计及结果解释

多因素设计也称因素设计或析因设计,是指实验中含有两个或多个自变量(因素)的实验设计。其特点是:能把每个自变量的各种水平组合起来进行实验。在现实情境中,某种现象的变化或结果的产生,往往是许多因素互相作用的产物,绝对的一对一的因果关系极其有限。多因素设计的优点在于:它可将多个自变量糅合在一个实验设计中,不必对每个自变量进行设计,经济方便,并且可以研究自变量各个水平之间的交互作用,以及对因变量的综合影响。多因素设计比单因素设计能获得更多的信息,可使实验研究更加深入,并探索更为复杂的现象,同时使研究结果更加精确、可靠。

多因素设计至少要有两个自变量,每一自变量至少要有两种水平,因此最简单的多因素设计称为 2×2 因素设计。多因素设计通常以数字来命名设计模式,阿拉伯数字的个数表示自变量的数目,数字的值表示自变量的水平。如 2×3 因素设计,在乘号前后各有一个数,意味着有 2 个自变量;前后数值分别为 2 和 3,意味着前一个自变量有 2 种水平,后一个自变量有 3 种水平,该实验就是"二因素多水平实验"。在多因素设计中,随着自变量和水平的增加,分组的数目也在迅速增加。分组的数目是自变量每个水平的互相组合数,即数字的连乘积。如,最简单的 2×2 因素设计要分成 4 个组;3×3 因素设计要分成 9 个组;2×3×2 因素设计要分成 12 个组。

例如,要研究幼儿是采取模仿学习方式好,还是用探究学习的方式学习效果好呢? 如果用全部幼儿做对比实验,可能探究方法更好一点,但这里我们只考虑了学习方式一个因素,也就是单因素分析。但我们想知道,不同年龄段的幼儿用不同的学习方式学习,效果会不会不同呢? 这类问题在教育中很普遍,也很值得探讨。要解决这个问题,我们需要设计一个 2×2 因素的实验,来探讨幼儿不同学习方法和不同年龄水平对认知成绩的影响。这个实验涉及两个自变量(因素),一个自变量是学习方法(因素 X),它有两种水平 X_1 和 X_2;另一个自变量(因素)为年龄水平(因素 Y),也有两种水平 Y_1 和 Y_2。这个实验需要 4 个实验组,设计的基本模式如表 7-6 所示。

表 7-6 2×2 因素设计模式示意

二因素 二水平		因素 X(学习方法)		说明
		X_1(模仿)	X_2(探究)	
因素 Y	Y_1(高年龄组)	O_1	O_2	O_1、O_2、O_3、O_4 为每组 被试观测值集合
	Y_2(低年龄组)	O_3	O_4	

表 7-6 中的 O_1、O_2、O_3、O_4 指实验分为 4 个组的每组样本观测值,其中 O_1 是 X_1 和 Y_1 的组合处理观测值;O_2 是 X_2 和 Y_1 的组合处理观测值;O_3 是 X_1 和 Y_2 的组合处理观测值;O_4 是 X_2 和 Y_2 的组合处理观测值。通过不同的统计分析,可以对三种结果做出解释。

(1) 确定两种不同学习方法的处理效应,即在不考虑年龄因素影响时,哪种学习方式成绩好。

(2) 确定两种不同年龄水平的处理效应,即在不考虑学习方式因素影响时,哪种年龄段成绩好。

(3) 确定学习方法和年龄水平之间的交互作用,也就是说可以解决不同年龄段的幼儿用不同的学习方法所获得的学习效果好坏的问题。实验结果可能是:高年龄组的幼儿用探究学习法成绩更好,而低年龄组的幼儿用模仿法学习效果更好。

上述第三种就是多因素实验要解决的问题,也是多因素实验优于单因素实验的地方。多因素设计比单因素设计要复杂,实验成本也会随因素增加成倍增大,但对结果的解释却更深入。当然,最关键的是,多因素实验研究通常要求研究者具备更高的实验设计、统计分析和数据处理水平。

做中学:实训活动　　**棉花糖实验研究分析与评价**

活动目标：
1. 培养设计实验方案的能力。
2. 训练分析研究报告的能力。

活动步骤：

下面给出的研究叙事，以实验研究方法为主，结合其他研究方法探究毅力的发生原因。请同学们认真阅读分析，在可能的条件下，请设计实验方案验证其实验结论。
1. 根据以下"棉花糖实验"材料，请重新设计该实验方案。
2. 讨论第1个问题：该研究都用了什么研究方法？试分析其研究设计的基本路线。
3. 讨论第2个问题：从这个研究中还能发现可以继续研究的课题吗？是什么？

棉花糖实验

一、问题

谁都知道毅力，但是毅力到底是什么呢？它又从何而来呢？当面临诱惑的时候，你的思想发生了什么变化才会拒绝诱惑呢？哥伦比亚大学的心理学教授沃尔特·米歇尔对此做过一番深入研究。米歇尔教授被公认为是研究"自我调节"的始祖。在20世纪60年代，米歇尔教授进行了一系列非常著名的实验，也就是如今通称的"棉花糖实验"。

二、实验设计

在实验中，米歇尔教授召集了数百名4岁的小孩，然后依次把每个人放在一个房间里，房间的桌上放着一块棉花糖或者饼干。他告诉小朋友他会离开房间一会儿，桌上的零食可以随时吃掉。如果能等到他回来的话，就会奖励额外的糖果和饼干。整个实验过程全程录像。

三、实验过程

这些实验的录像非常有趣。在短暂等待期间，孩子们的表现千奇百怪。有的用手盖住眼睛，转过身，故意不去看桌上的盘子。还有的不安地踢桌子，或拉扯自己的小辫子。一个留着小分头的男孩，小心翼翼地扫视了周围一眼，确定没有人在看他，于是伸手从盘子里拿出一块奥利奥饼干，掰开后舔掉中间的白色奶油，然后再把饼干合起来，放回盘子，脸上露出得意的笑容。

多数孩子好像无法抗拒眼前的诱惑，连短短3分钟也等待不下去。"有几个孩子，不假思索，立刻就吃掉了棉花糖。"米歇尔教授说。"他们根本没有考虑过等待。多数孩子会猛盯着棉花糖，大约30秒钟后觉得等不下去了，于是摇铃。"只有约30%的孩子成功等到实验者返回，有时候要等上15分钟。这些孩子找到了一种抵抗诱惑的方法。

四、追踪调查

偶尔米歇尔会向他的3个同在比恩幼儿园上学的女儿打听她们朋友的情况。"大多对话像是晚餐时的闲谈",他说:"我会问她们,'简怎么样？埃里克怎么样？他们在学校还好吗？'"米歇尔开始注意到孩子们的学业成绩和他们等待棉花糖能力之间的联系。他让他的女儿给朋友的学习打分。比较这些分数和原来的实验数据后,他发现了两者的相互关系。"那时,我意识到这个研究需要深入下去。"1981年,他给所有参加过棉花糖实验的653名孩子的父母和老师发去了调查问卷。那时,他们已经进入高中。他询问了他们的许多情况,包括制定计划、做长期打算的能力、解决问题的能力、和同学相处的情况,以及他们的SAT(美国大学标准入学考试)分数。

五、结果分析

(一)实验观察结果分析

米歇尔教授离开后,有些小孩根本连一分钟也等不及。有些则可以等上20分钟。如何运用你的毅力(抵制诱惑)？通过实验观察,米歇尔教授发现小朋友使用的方法和策略有以下几种。

1. 分散注意力

通过对米歇尔教授的实验视频分析,你会发现许多熟悉的小动作:敲桌子,唱歌,数数,缠头发……这都是普通小孩子最常见的行为。米歇尔教授认为,小朋友们其实是在分散自己的注意力。无论诱惑何时出现,你只要转移注意力就行了。

2. 冷静思考,理性思考

抵挡诱惑的第二种策略稍微有些复杂,就是换个角度来看待眼前的诱惑。"对一个4岁小孩来说,她对棉花糖的第一印象就是好吃、有嚼头。"米歇尔教授说道。如果想抵挡诱惑,你就必须用冷静、理性的眼光来审视眼前的诱惑。如为了让小朋友抵挡棉花糖的诱惑,在离开房间前,米歇尔教授会让小朋友用不同的角度来想象桌上的零食。"我会让他们把这些棉花糖想象成棉球或者云朵。对这些4岁的孩童来说,这一招相当管用。他们会变得比原来更有意志力和耐心。"

(二)调查结果分析

经分析调查问卷,米歇尔发现,那些不擅长等待的孩子似乎更容易有行为问题,无论是在学校或家里都如此。他们的SAT成绩较差,不擅长应对压力环境,有注意力不集中的毛病,交不到朋友。能够等待15分钟的孩子比只能等待30秒钟的孩子的SAT成绩平均高出210分。

六、研究结论

米歇尔认为智力其实受制于自我控制力,"我们无法控制这个世界,但我们可以控制自己如何去看待这个世界"。

反思与评价

一、学习反思

结合课堂学习,查阅资料,对以下问题进行线上或线下讨论,将自己的体会在网络学习空间进行发布,便于交流。

1. 实验研究的构成要素有哪些?
2. 实验研究的变量有几大种类?
3. 实验假设的验证步骤是什么?
4. 实验研究的分类有哪些?常见的教育实验类别是什么?
5. 如何消除无关变量对实验研究的干扰?

二、学习评价

(一)单项选择题

1. 实验准备阶段主要任务是(　　)。
A. 操作自变量　　B. 做出合理假设　　C. 观测因变量　　D. 控制无关变量
2. 探索"教师言语对幼儿的暗示作用"实验研究中,可操作的变量是(　　)。
A. 因变量　　B. 无关变量　　C. 教师言语　　D. 暗示作用

(二)多项选择题

依据实验变量控制的精确程度实验研究可分为(　　)。
A. 真实验　　B. 准实验　　C. 分析型实验　　D. 前实验

(三)正误判断题

1. 无关变量对实验结果有干扰作用,因此要对其进行控制。(　　)
2. 作为定量研究的典型方式,实验研究需要用数据说话。(　　)

---------● 理论研讨 ●---------

第八章　多元化研究技术

■ 学习目标

认知目标	技能目标
1. 了解现代教育研究方法的含义与特点，领会教育研究技术的发展趋势 2. 掌握个案研究、教育叙事研究、行动研究的基本步骤和特点 3. 掌握园本研究的方式及意义	1. 能依据研究技术的特点进行研究方案的设计 2. 能依据研究问题的特殊性综合使用观察、调查等基本研究方法 3. 能扬长避短、综合运用研究技术解决复杂教育问题

■ 课程思政

思政元素	素质目标
树立"问题来自实践""实践出真知"的真研究观，培育研究途径、方法多元化的意识	1. 初步了解科学研究方法的多元化，激发科研探索精神 2. 理解教育叙事的科学性，培育通过现象看本质的素养 3. 理解教育研究的整体性、系统性和生态化特性

■ 知识准备

关键概念	研究观念
个案研究—临床个案研究—叙事研究—教育叙事研究—本土概念—行动研究—勒温循环模式—行动反思—园本研究—同课异构	1. 个案研究就像是"解剖麻雀"，通过对典型的深入研究、找出普遍规律的方法 2. 一千个读者就有一千个哈姆雷特，教育叙事就是让教育者自己去反思和体验 3. 在工作中发现问题、研究问题、解决问题，让研究服务于教学实践与教师的专业成长

本章主要介绍一些目前流行的研究方法。个案研究主要解决独立个体和事件的问题，让我们"推一知十"，对症下药。教育叙事研究就是通过"讲故事"，在真实的情境中，发现问题、理解问题并解决问题，获得真理。行动研究是把自己作为研究对象的一个组成部分的研究，在工作中发现问题——解决问题——再发现问题——再解决问题，循环往复。园本研究是结合幼儿园的教学实际的研究，通常可以采取科学的研究程序，使研究更具科学性而不是经验性，使幼儿园的园本研究更具有教育研究的特色和功用。总之，在研究流派纷争的科学研究世界里，我们从以上研究方法中可以窥斑见豹。它们继承了经典研究方法的操作，但却有自己独特的处理材料、解释世界的新思维、新思想，这也就筑构了研究方法不断发展的靓丽风景。

第一节　个 案 研 究

个案研究

个案研究是教育、心理、商务、医学、传媒乃至政法等领域内的一种常用的研究方式。它以某一个具体的人、团体或事件为对象进行研究、分析。个案研究的目的，主要是从特殊问题的详细分析中得出有一定代表性的结论。

一、个案研究的含义

"解剖麻雀"是毛泽东同志对典型调查方法的形象比喻，即通过研究典型发现解决问题的方法，这种方法其实就是个案研究。个案研究法是一种广泛使用的定性研究方法，是指运用多种方法，系统地研究个人、团体、组织或事件，以获得尽可能多的相关资料，并推出一般结论的过程。它是研究者了解或解释某个现象时经常运用的方法，如精神分析学派创始人弗洛伊德通过对一个叫安娜·欧的癔症患者长达1年的治疗研究，于1893年与布罗伊尔合作发表了《癔病的研究》，又通过其他同类个案的重复研究，逐渐发展了精神分析法。个案研究需要较长的时间，需要运用观察、调查、测验、实验、作品分析等多种基本的研究方法，科学地探究并解释研究对象的本质。个案研究能在解决典型研究对象现实问题的同时，为同类样本的后续研究提供可参考的信息。

二、个案研究的特点

个案研究主要包括单一案例和复合案例。梅里厄姆提出了个案研究的以下四个特性。

（一）特殊性

特殊性是指个案研究着重于一种特定的个人情况、事件或现象，从而有助于研究现实中富有特殊意义的问题。

(二) 描述性

个案研究的最终成果是一份关于研究课题的详细描述报告,包含生动具体的事件叙述和概括,通过实例对事物的特殊性本质进行解释。

(三) 启发式

个案研究启发人们认识研究对象,寻求新的解释、新的观点、新的意义和新的见识。

(四) 渐进式

多数个案研究运用归纳推理的方法检查和审视资料,目的在于发现新的关联,而不是证明现存的假设。

除以上特点外,个案研究还具有整体性、系统性和针对性等的特点。个案研究能够从多个层面和多个维度对研究问题进行解剖,达到"麻雀虽小,五脏俱全"的效果,让人们对事物的发展有一个全面而又系统的了解。

三、个案研究的分类

个案研究有多种分类方法,在实际应用中我们若能清楚地界定所用的研究方法,就可以更好地预测和评价研究结果。

(一) 根据研究手段划分

1. 观察性个案研究

在进行个案研究中,主要运用观察的方式收集研究资料,最为常见的是运用叙事观察的方法。

2. 调查性个案研究

在进行个案研究中,主要运用调查的方式收集研究资料,最为常见的是运用访谈调查的方法。

3. 实验性个案研究

在进行个案研究中,研究者通过精心设计、在一定程度上控制研究对象的行为,从而收集研究资料并检验原有假设的效力,最为常见的是运用小样本实验设计的方法。如苏联学者巴甫洛夫用一条狗作为研究对象,通过可控的灯光、声音等无关刺激引起了狗分泌唾液,从而发现了条件反射现象,这个研究就是基于实验法的个案研究。实验性个案研究具有较强的科学性,其结果的可信度也比较高。

4. 测验性个案研究

在进行个案研究中,主要运用量表或其他测量工具来收集研究资料,最为常见的是运用认知水平测试、智力测试等方法。如我们要研究幼儿的记忆力发展情况，就需要定期测试其单位时间里记忆字词的数量及变化；又如我们判断一个 6 岁儿童数学能力的发展，可以用适宜的方式来测试其 10 以内加减题目的准确率，这些都是基于测验法的个案研究。

(二) 根据研究时间序列划分

1. 追因个案研究

追因个案研究是指在相关事实已经显现或形成之后，研究者为了探究其原因而进行的个案研究，因此其研究的主要是已经发生过的事实，是过去了的生活情境，是一种由果求因的过程。它在研究中主要有两个作用：一是对研究对象某种特性形成的原因和过程进行系统考察；二是对特殊事件（如突发事件、典型事件）产生的原因进行考察，以便对事件性质进行定义并采取相应措施。

2. 追踪个案研究

追踪个案研究是指在确定研究问题后，选定研究对象并制定计划，在相当长一段时间里有目的地进行跟踪考察，运用各种研究手段收集相关资料，以期解释或揭示研究对象发展变化的过程和趋势。如大地震后，一些特殊的儿童团体的心理受到了极大的创伤，我们可以通过连续观察和记录，看不同境遇和性格的孩子如何走出心理阴影，用多长时间和什么途径摆脱了心理困扰，也可以分析与比较他们和正常人的不同行为表现等。再如我们在日常教学中，也可能会发现一些在某方面表现特别突出的儿童，就可以跟踪研究他们的发展状况，看他们后续表现如何，甚至可以跟进到小学阶段。

3. 现状(临床)个案研究

研究者通过选择有一定代表性的研究对象，运用观察、测量、访谈等多种手段，全方位、立体化地对其进行研究，以便发现一定的规律和问题的本质，从而制定相应的方案解决问题。它和追因个案研究、追踪个案研究的区别就在于特别重视即时问题情境，主要进行现场观察和研究，以解决特殊问题和即时问题为主要目的。如个别心理咨询、医生治疗住院病人伤痛就是临床个案研究。

(三) 根据研究目的划分

1. 诊断性个案研究

诊断性个案研究的目的主要是对现状进行判断然后设计解决问题的方案，如考察特殊儿童的行为问题或精神状态。

2. 指导性个案研究

指导性个案研究主要是为了推广新的方法或技术而进行的一种研究，其目的是通过个别样本在小范围内进行实验，以验证并修正假设，等时机成熟后再在总体中推广研究成果。

3. 探索性个案研究

研究者在实践中发现研究问题后,但并不一定能明确问题的相关因素及因素之间的内在关系。为了进一步了解和明确问题的构成,研究者可以在样本中抽出典型个体进行研究,从而发现问题的本质,然后设计完整的试验方案,进行大规模的研究。因此,探索性个案研究是许多重大研究的开山之斧。如牛顿发现苹果落地,进而探讨原因,最终发现了万有引力定律,这是一个典型的由个案研究引发的重大科学发现。

码8-1 个案研究示例

(四)根据研究过程划分

1. 单一个案研究

单一个案研究主要是指在研究过程中研究对象选择唯一、研究过程直线化并且不再循环,如探究儿童恋母的形成原因,只系统地观察一个特例即完成研究并得出结论。这样的研究结果推广性不强。

2. 复合个案研究

复合个案研究主要是指在研究过程中研究对象选择有很强的代表性、研究过程多维化并且进行一定的重复研究,以验证研究结论的正确性。这样的研究结果具有较好的外部效度,能够解决重大的事件和问题,也有助于发现重要的规律和事物的本质。

四、个案研究的基本过程

个案研究最经典、最著名的案例当属比萨斜塔的重力实验,该实验虽然只证明了两个重量不同的铁球落地速度相同,但仍被认为其推翻了古希腊学者亚里士多德的"理论":重的物体落地快,轻的物体落地慢。个案研究虽然样本量单一,难以得出普遍的结论,但只要依据科学的过程,其结论却可以作为反例去检验已有"真理"的普遍性。如我们潜意识里经常认为"天鹅都是白的",若你发现了一只非白天鹅,上述结论就会被推翻,人们的认识领域就会出现新的契机。因此,个案研究在科学研究证伪方面有独到之处。

一个完整的单一个案研究从实际操作程序上可分为6个步骤(见图8-1)。这6个步骤是互相联系的整体,前一步骤是后一步骤的基础,一旦哪个步骤出现问题,可以返回到前一步骤,重新探究。

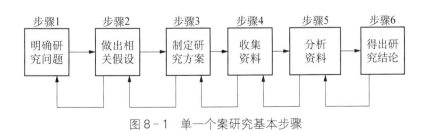

图8-1 单一个案研究基本步骤

(一) 明确研究问题

没有问题的研究是不存在的。个案研究开始于问题的发现,如我们发现了一个对数字特别敏感的孩子,我们就会产生很多问题,如"他为什么比普通孩子对数字更敏感""他将来学数学一定会比一般人容易吗""他是天才的数学家吗""他家中是否有一个良好的数学环境"等。或者一个幼儿教育工作者,想提高班级儿童在数理逻辑方面的能力,因此希望从班级中找到一个能力强的孩子作为研究对象,以发现相关的学习方法。为此,我们也可以对现有理论或观点进行质疑,如伽利略就怀疑亚里士多德关于"重物下落速度比较轻物体快"的结论。可见,个案研究必须首先考虑研究什么问题,以"是什么""为什么"为分析问题的开始。其次,要对解决的问题进行分析,弄清问题研究的范围和方向。然后,再考虑这个"个案"是怎么构成的。个案的主体可能是一个人或几个人、一件事或几件事,也可能是一项特殊的决定、一个特殊的组织或其他独立的事件。这些个案的构成因素肯定包含研究者要解决的问题,若问题复杂还要对问题进行分解或转换。总之,清晰明确的问题有助于研究焦点和研究思路的形成。

(二) 做出相关假设

假设是确定研究方向、制定研究方案的出发点。如伽利略在比萨大学任教期间,多次对亚里士多德的观点提出疑问,他巧妙地设计了一个"佯谬":如果亚里士多德的论断成立,即重物比轻物下落速度快,那么将一轻一重的两个物体拴在一起下落,"快的会由于被慢的拖着而减速,慢的会由于被快的拖着而加速",因而它将以比原来那个重物小的速度下落,但这两个物体拴在一起要比原来那个重物更重些。这样,伽利略就从亚里士多德的重物比轻物下落得快的论断,导出了重物下落得更慢的结论。这表明"亚里士多德错了"。伽利略认为,只有假定重力加速度与物体的重量无关,才能消除这个矛盾。这一假设促使伽利略进行了比萨斜塔实验和斜面实验的设计,并带来了一系列重大研究成果的出现。比如有研究者在研究孔子的人格时,认为孔子的单亲家庭是影响其人格形成的关键因素,这为其收集研究资料提供了线索。再如在受欢迎人士个案研究中,研究者认为"此类人群同样充满着焦虑、恐惧、压抑、痛苦、无奈……"这个假设成为研究者制定研究方案的重要依据。研究者对假设的做出必须以对研究问题现有的可解释理论和资料为基础,通过科学的推理得出,不能无根据地"猜测"。假设可以有多个,但在一般情况下,必须选择其中最可能发生的作为研究方案设计的依据。

(三) 制定研究方案

个案研究需要详尽的研究计划,这样才能提高研究效率,同时增强研究的科学性。在作出假设后,我们就可以设计一个科学的方案,来验证我们的假设。对个案研究方案,首先要考虑的就是研究对象的确定。

1. 确定对象

研究者应根据个案研究的目的和内容,以及对个案问题的界定,选择典型的人或事为研究对象。在研究方案中,要明确研究对象的选择条件并进行相关描述,这是保证研究成功的第一步。值得注意的是,在研究对象确定后,必须依据研究问题的性质,对研究对象的相关属性进行分析和定义,否则,研究思路将是混乱的、不明确的。如研究一个具有攻击性行为的男孩,研究对象是男孩,但具体的研究目标是幼儿的行为属性。我们需要对攻击性行为进行界定,才能确定具体的研究内容和研究思路。

2. 选择方法

个案研究可以使用多种研究方法,也可以只用一种研究方法。但个案研究的方法往往是综合的,最常用的有观察法、调查法。在研究方案中,研究者要根据研究的问题和所需验证的假设特点,科学选择研究方法。如对年龄太小的幼儿就不适合用访谈法,最好是现场观察其行动,若不能现场观察或时间不允许,就采取调查其抚养者或老师的方法进行资料收集。在一般情况下,个案研究要以一种方法为主要研究手段,2—3种手段作为辅助,切忌杂乱无章地"东敲西打"。

3. 确定步骤

个案研究应该明确研究程序和时段,这样才能提高研究的效率和科学性。详细的研究计划不仅可以使研究具有严谨性,而且也为研究结果的分析及研究过程的反馈提供了依据。为此,在研究步骤中要明确研究时间、地点及要解决的问题或要达到的阶段性目标。解决问题的方法会有许多,这些方法中哪些富有实效则要在行动过程中加以检验。当解决问题的方法无效或出现新问题时,可以回到前一步骤,重新探究解决问题的方法,就这样不断地循环重复,直至问题的最终解决。因此,研究步骤应该具有弹性。对研究难度大的步骤,研究者还应该有备选途径,以确保研究能够顺利进行下去。

(四) 收集资料与分析资料

收集资料是个案研究过程的重要组成部分。全面地收集个案资料是个案研究有效性的重要保证,它有助于研究者对个案的完整认识。收集资料的方式是多样的,可采用书面调查、口头访问的方式,也可采用观察、测验、评定的方式,还可以通过查阅个案的档案资料的方式获得信息。

在广泛收集个案资料的基础上,常常还需要对相关问题做进一步的分析或分解,以诊断问题的症结所在,通过推论原因——主因、次因、远因、近因等,不断检验已有假设或者形成新的假设。这一阶段的工作要严格执行研究计划,选择正确的研究策略,积极认真地做好研究记录,防止遗漏重要信息,影响研究结果。

(五) 得出研究结论

个案研究收集到的资料往往比较粗糙、琐碎,难以直接解释问题,因此需要研究者对有关资料进行理性的加工。个案研究不仅仅要发现问题,还需要提出解决问题的策略和指导性意见,因此在对个案问题做出明确的诊断和假设后,接下来需要有针对性地提出解决问题的策略。

一般来说,可通过跟踪、观察、记录等方式验证先前的诊断和假设。在个案研究的诊断与假设、分析与指导过程中难免会有错误的判断和推论,因此需要在实际的个案研究结论推广实施过程中,通过多方面的信息和资料来检验先前主观推断的合理性。

五、个案研究的优缺点

(一) 个案研究的优点

1. 适用于获取有关课题的丰富资料

个案研究有利于研究者发现进一步研究的线索和概念。当然,这并不表示个案研究仅仅用于研究的初探阶段,也能用于收集描述性和解释性的资料阶段。

2. 利于探究特殊事件发生的复杂原因

例如,在一个连锁幼儿园发生过这样的事:一个攻击性强的男孩不得不被总园劝退。可时隔半年,他又用另一个名字进了其中一个分园,两个月不到"打遍了"全班幼儿,只好再次被劝退。在办手续时,总园园长认出了这个男孩,觉得既无奈又伤心。后来,有专家建议对该男孩进行个案研究,应该可以发现男孩打人的问题。因为仅凭个人零碎经验是不能解决此类复杂问题的。

3. 目标明确,有较强的现实意义

一般的个案研究对象是特殊现象或自己特别关注的人和事,这种研究可以不落俗套、直接实现研究的价值。此外,个案研究对研究者自身专业的成长也有很大的好处。

(二) 个案研究的缺点

1. 不易推广

个案研究方法在精确度上具有较大弹性,严谨的个案研究需要付出相当的时间和努力,而且结论不易进行推广。如果研究者的主要目的是在统计的基础上描述总体中某种现象的频率或发生率,那么其他研究方法也许更为合适。但是,如果研究的主要目的是推广理论的意义,个案研究则更为适宜。

2. 耗时费力

如同参与观察法一样,个案研究需花费大量时间,有时还会产生大量的资料而增加了总结的难度。有时,研究人员经常等待数年而得到一些价值不大的结果。为此,一些研究者正在探索以其他非传统的报告方法克服这个弱点。

六、个案研究的发展趋势

个案研究方法有两种不同的取向：一种是逐渐脱离主观分析，与科学客观的量化典范连接，如个案实验法；另一种则是承续精神医学的传统，强调质的分析，与解释学、现象学及批评理论相结合，试图减少主观研究所形成的缺失，如质的研究。于是，个案研究方法在应用中逐渐形成三种类型：第一种是理论探求、理论验证的个案研究，尤其是研究一般论点，目的在于弄清楚那些模糊的问题，并使读者产生兴趣；第二种是故事讲述、图画描绘的个案研究，叙述和描绘那些有趣的、值得仔细分析的事件、方案、计划、章程和制度；第三种是评价型个案研究，需要研究者对事件、方案、计划、章程和制度进行分析，判断其价值以供参考。

研究方法需要多样化，这种多样化是与研究对象的多样性相一致的。为此，在研究方法上我们应该鼓励多样化而不是单一化。我们要有效地整合各种不同的研究方法，提高研究效益。

第二节 教育叙事研究

教育叙事研究

20世纪80年代，加拿大的一些课程学者倡导将叙事研究作为教师的研究方法运用于教育领域。他们认为，教师从事实践研究的最好方法，是不断说出一个个"真实的故事"。目前，这种研究方法已被逐渐运用于教师的教育科学研究之中。教育叙事研究比较容易被一线教师所掌握和使用，因为它不像量化研究那样需要研究者具有较高的专业知识技能和扎实的统计学基础。

教育叙事研究的主要理论基础有现象学、解释学以及后现代理论。它所借鉴的方法有人类学中的田野调查方法、社会学中的实地考察方法、人类学中的人种志方法等。

一、教育叙事研究的含义

教育叙事是以叙事、讲故事的形式，记录自己在教育实践与教育生活中发生的各种真实鲜活的教育事件和发人深省的动人故事，表述自己亲身经历、内心体验和对教育的理解感悟。

教育叙事研究的方式是"叙事"，即研究者（主要是教师）通过对有意义的校园生活、教育教学事件、教育教学实践经验的描述与分析，去发掘或揭示内隐于这些生活、事件、经验和行为背后的教育思想、教育理论和教育信念，从而发现教育的本质、规律和价值意义。

二、教育叙事研究的特征

（一）真实性

教育叙事研究讲述的是一个已经完成的教育事件，而不是对未来的展望或发出的某种指令。它所报告的内容是实际发生的教育事件,而不是教育者的主观想象。它所报告的内容是"实然"的教育实践,而不是"应然"的教育规则或"或然"的教育想象。

(二) 人物性

教育叙事研究中应该有一个或几个具体的、鲜明的、典型的教育生活"人物"。

(三) 情节性

叙事谈论的是特别的人和特别的冲突、问题或使生活变得复杂的任何东西,是记述有情节、有意义的相对完整的故事。故事要跌宕起伏,有情节、有高潮。

(四) 可读性

教育叙事研究描述的故事要有吸引力、可读性,促使阅读者从故事情节中看到"教学现场",清楚地把握教学中出现的问题,并用内省、比较的方法去解释报告中的问题解决情况。这种故事情节要让阅读者犹如身临其境,共同分享作者的喜怒哀乐思,引发内心的共鸣。

(五) 感悟性

教育叙事研究获得某种教育理论或教育信念的方式是归纳而不是演绎。每一位研究者在阅读他人的"故事"或描述自己的"故事"时,都会形成一定的思索与感悟。对于教育者而言,这种感受对教学观念、方法的改进影响会更具体、更深入、更持久。

(六) 反思性

成长=经验+反思。教师在叙事中反思,在反思中深化对问题或事件的认识,在反思中提升原有的经验,在反思中修正行动计划,在反思中探寻事件或行为背后所隐含的意义、理念和思想。如果离开了反思,教育叙事研究就成了教师"为叙事而叙事",就会失去它原本的目的和价值。

三、教育叙事研究的要素

(一) 研究背景

背景交代故事发生的时间、地点、人物、起因,但不必面面俱到,关键在于说明故事发生有何特别的原因和条件。

(二) 核心问题

每个教育叙事都必须有一个鲜明的问题或矛盾。问题不能杜撰,但可以对实际情节进行筛选,目的是凸显焦点。

（三）细节描述

要有细节的描写，描写生动，引人入胜，要突出心理活动。描写一般采取叙议结合的方式，即描述＋分析。

（四）效果反思

要有效果的反思，如问题解决结果或效果的描述及个人的反思、回味、咀嚼与升华。

四、教育叙事研究的内容

（一）教师的教育思想

教师的教育思想具体体现在教师的日常教育教学行为之中，如教育理念的先进与落后、教育思想的系统与零乱、教育认识的深刻与肤浅等。这些观念均会渗透在日常教育活动之中，指导着教师的教育行为，影响着师生的人生轨迹。

（二）教师的教育活动

研究教师的教育活动主要是倾听教师的内心声音，感受教师的主观世界，体验教师的生命律动，探寻教师的行为意义。这种研究有助于教师更深刻地认识自己、提升自己，由此带来教育水平的提升与教育能力的发展。

（三）教师的教育对象

教师职业的劳动对象是一个个具有思想、感情、个性和主动性、发展性的活生生的人。幼儿教师的叙事研究当然离不开对幼儿的研究。只有研究幼儿的认知特点、性格特点、人格特质，研究幼儿的年龄特征、个性差异、身心发展规律，才能真正走进幼儿的心灵，让教育活动焕发生命的活力，让诗意充满教育人生。当研究将幼儿生活的真实世界展现于人们面前时，幼儿教师就获取了与幼儿对话、沟通、交流的可能，从而有可能真正理解幼儿所追求、所欣赏、所厌恶的事情。这样的教育世界才是真正属于师幼的共同世界，才会让师幼在教育中一起幸福成长。

五、教育叙事研究的过程

（一）确定研究问题

问题是进行研究的前提。教育叙事研究的问题应是有价值、有意义的问题。这包括两重含义：一是研究者对该问题确实不了解，希望通过此项研究获得一个答案；二是问题所涉及的地点、时间、人物和事件在现实生活中确实存在，对被研究者来说具有实际意义。

（二）选择研究对象

选择典型的研究对象、拥有积极主动的参与热情是研究工作顺利进行的保证。因为叙事研究要基于研究者与研究对象双方的互动和合作，研究要得到被研究者的认同、理解，才能展示真实的自己及内心世界。

（三）进入研究现场

进入现场意味着研究者走进教师活动的时空，与教师同呼吸、共生活。研究者可以在自然状态下融入研究现场，也可以创设特殊情境快速融入研究现场；可以直接通过他人介绍进入研究现场，也可间接地在观察中进入研究现场。这几种方式尤以研究者在自然状态下不露痕迹地迅速融入研究现场最为适宜。

（四）收集材料

收集的资料可以是个人经历的，也可以是别人经历的；可以是课堂上的，也可以是课外的；可以是对幼儿教育方面的，也可以是在幼儿园活动、学习工作中、自己发展中遇到的有意义的事件；还可以是成功型、启发型、感人型、挫折型的各类事件等。

采取多种方法收集教育教学事件资料，如记日记、写教学日志、观察访谈、做听课观察记录等。日记可提供个人对即时事件的描写、感受。教学日志可提供对事件的回顾，如发生的过程、处理的方法、反思和评价。观察访谈主要是围绕着研究问题而进行，是促使研究走向深入的过程，其中观察力求客观，避免"先见"或"前设"对研究的干扰；访谈力求开放，使被访者在研究者设计的系列开放性问题中回答问题。观察访谈要求研究者具有敏锐的观察力和亲和力，注意收集与教育教学相关的背景资料，如与所叙事相关的日期、作者、任务、背景事件、政策、观点氛围等信息，这对于研究者对叙事背景的阐述具有重要意义。图片资料、反映事件结果的实物和文字资料、与所叙事主题或问题有关的理论资料也具有重要价值。因此，研究者要注意思考和寻找身边平常事件中蕴含的规律、问题、新观念和真理，善于发现教育教学活动中出现的新问题，并不断地对与问题有关的因素进行观察，进行理论学习和理性思考。

（五）整理分析资料

这是教育叙事研究极为重要的环节。整理分析资料就是与这些事件进行心灵沟通、深层对话的过程，要注意避免研究者原有偏见的影响。在此过程中，研究者的一项重要任务就是从收集的大量资料中寻找出"本土概念"，并将这些概念作为研究的符号。在人类学、社会学或质化研究中，本土概念主要是指被研究者在口头表达中反复使用的一些概念，它们是"经常使用的、用来表达他们自己看世界的方式的概念"。所以，本土概念实际上蕴含了一个人看世界的视角。质化研究正是通过研究一个人或一个群体是怎么观看世界的，然后来解释这个人或群体的心理和行为方式。如对留守儿童的叙事研究，他们最常说的话是"我想妈妈",最常见的行为是"孤独"或"寂寞",这些都可以看作是本研究中的本土概念,基本上反映了留守儿童的特征。

(六) 形成研究成果

这是在前面大量工作的基础上进行的总结性归纳。教育叙事研究成果既要详尽描述,又要整体分析,还要创设出一种"现场感",把教师的生活淋漓尽致地展现在读者面前,使教师的生活故事焕发出理性的光辉。教育叙事研究的成果往往形成自己的教育故事或教育日记。

六、教育叙事的撰写要求

(一) 必须基于真实的教育教学实践

对真实的课堂教学实践可以进行某种技术性调整或修补,但不能虚构。

(二) 必须蕴含一个或几个有意义的教育教学事件

即教学过程中出现的某一个有意义的"教学问题"或发生的某一种意外的"教学冲突"。叙述要有一个从开始到结束的完整情节,突出戏剧性冲突,有人物的语言、内心活动,要揭示事件中人物的内心世界。

(三) 必须有一个照亮整个文章的"主题"或"问题"

这个"问题"常常是一个教学理论中已经在谈起、讨论的问题,是所叙述的教学事件中产生、蕴含着的。

(四) 所叙述的教育教学事件具有典型性

所叙述的教学事件必须具有一定的典型性,蕴含一定的教学理念、教学思想,具有一定的启迪作用。

• 相关链接 •

"借材料"搭建战斗机

一次绳结积木游戏中,6个小朋友要合作搭建一架特种兵战斗机。当他们进行到快收尾时,绳结积木材料没有了,一鸣和宁天去其他小朋友那里借,可惜没有借到,大家所剩的绳结积木材料都不多了。怎么办呢?他们站在那里犹豫了一会儿,就走到活动区域里转来转去,似乎在寻找着什么东西。不一会儿,一鸣到玩具区端来一筐拼接棒,走到我跟前:"老师,我可以借用一下拼接棒吗?"我点点头笑着说:"当然可以了。"两人试了试,怎么绑住呢?宇浩跑过去拿来一筐毛根,6个小朋友开始认认真真地绑起

> 来。飞机的尾翼很快就做好了，三角形帆布也用完了，有了前面的经验铺垫，几人搬来很多块地垫，开始安装起来。很快，特种兵战斗机完成了，它独特的装扮吸引了很多小朋友参观。游戏结束后，我立即召集6个小朋友对"借材料"的过程和想法做了回顾，并让他们用图画表征了自己的做法和想法，和其他小组的小朋友交流。

（五）写作方式以叙述为主

叙述要具体、生动，不应该是对活动的笼统描述，也不是抽象化、概括化说明。这种叙述可以是教师本人在反思活动组织的基础上以第一人称的语气撰写的"教学事件"。

（六）叙述时尽可能描写教师在教育教学事件发生时的心理状态

在描写时，可常常用"我想……""我当时想……""事后想起来……""我估计……""我猜想……""以后如果遇到类似的事件，我会……"等句子。此类心理描写实际上是将教师的个人教育理念、个人教育思想渗透在某个具体的教育事件上，体现了教师在反思某个具体的教育事件时流露出自己的教育理念以及个人的教育思想。

七、教育叙事研究的优点和局限性

（一）优点

1. 有助于弥合教育理论与实践之间的隔阂与脱节

教育叙事研究可使教育研究回到教师手中，从根本上解决长期以来幼儿教育研究与教育行动的分离、教育理论与教育实践脱节的状况。

2. 提供了适应教师职业特质的教科研方式

这种由事件的叙述和思考所激发或派生出的理论思维与观念，意味着教师开始不再依赖别人的理论和思想而生活。它比传统的教育科研方式更能引发教师的原创性，更能体现成果的研究价值。

3. 有助于研究成果的实际应用和推广

教育叙事研究更重视教学中的问题解决。叙事以实际案例的形式出现，提供了教学中细致、具体的情境和解决问题的方式，其反思成果能给其他同行提供更多的经验范围空间与教学启示。

4. 有助于教师专业化的成长

它激发了教师专业成长的需求和主动参与的积极性。在从事教育叙事研究的过程中，教师成为研究中的"思想者""创造者""参与者"，自然他们的学习需求更高、学习兴趣更浓、参与动力更足。它能有效地提高教师专业化发展的水平和质量,促进教师专业化的可持续发展和代际延续。好的教育叙事研究不仅是教师自身心路历程和专业成长的真实反映,而且也是其他教师借以反思自身的基础和对照学习的"镜子"。

(二)局限性

教育叙事研究还存在以下一些局限性。

1. 教育叙事研究存在理解和视野上的局限

事实上,我们所面临的教育问题,从来都不仅仅是教育问题本身,更不可能只通过教育学科就能解决。跨学科的研究视角,尤其是社会学、心理学、人类学、文化学、经济学、政治学等及其相互交叉的研究视角,能够为教育问题的叙事研究提供更加整体和多样化的思路、原理与方法论启示。

2. 教育叙事研究的独特性尚需进一步确证

教育叙事研究虽然强调其自身与量化研究及质性研究存在着一定的差别,但在表述时,还是只能用量化研究或质性研究话语,缺乏自身的话语体系。

3. 教育叙事研究不能形成明确的评价标准

教育叙事研究孕育于多元文化的环境中,注重主观真实基础上的多样化体验与个性化表述,无法用量化研究的"是不是"来进行事实判断,因此无法形成明确的程式化评价标准。同时,由于教育叙事研究牵涉多个价值主体,如研究者、当事人、参与者、读者等,每个价值主体都会赋予教育叙事研究不同的价值期待,都会基于不同立场对教育叙事研究作"好不好"的价值判断,因此对其评价很难形成"好"的标准。当然,这并不代表教育叙事研究完全不能评价。教育叙事研究的可阅读度、认同度、体验度、交流度、解释度、借鉴度、共享度、建构度、开放度、创新度等,都可作为评价依据。

• 相关链接 •

"流放"日记

在幼儿园里,可能每位老师都会遇到一两名特别调皮的孩子,他们经常搅得班级"鸡犬不宁",而且不停地有小朋友来告状,控诉他们的种种"恶行"。如何对付这些"捣蛋鬼",相信每位老师都有一些"制胜法宝",而其中有一个"杀手锏",据说任凭再调皮再顽劣的孩子,只要老师运用此法孩子们都会乖乖"束手就擒",立刻变得如小绵羊一般温顺。这是怎样的"制胜法宝"? 是否又真的如大家所说的那样功效显著呢?

清晨 8:10(晨间锻炼时间):晴转多云

沐浴着清晨的阳光,我带着孩子们在操场上进行晨间锻炼,不一会儿就听见一个声音传来:"老师,小 Z 打我!"我忙在孩子们当中捕捉小 Z 的身影,只见他像一匹脱缰的野马追赶着同伴们,追到了就扬起手一巴掌打过去。孩子们被他的这个举动吓得四处逃窜。我连忙跑过去制止了他的这一行为,问他原因,他说没有原因,只是觉得好玩!我晓之以理动之以情,向他解释为什么不能这样做,他频频点头,似乎认识到了错误,于是我让他向伙伴们道歉……

可是过了一会儿,又有孩子来告状,说他抢了谁的玩具。我放眼望过去,那个无辜的孩子正抹着眼泪,而小Z一副事不关己的模样,正开心地摆弄着抢来的玩具……短短的半小时的晨间锻炼,先后有四个孩子来告小Z的状,我的心情宛如平静的大海掀起了阵阵波澜。

上午9:00(食用点心时间):乌云密布

做完早操上来,小朋友们陆陆续续进洗手间洗手,因为一会儿要吃点心。我忽然发现小Z进去很久了都没出来。和他一同进去的五个小朋友(一组六个小朋友)早已坐在座位上等着发点心了。我赶紧走进洗手间,只见洗手池已经蓄了满满一池的水,他正趴在下水道的入水口使劲地拽着什么。我连忙走过去,他吓得手一松,那个东西顺着水流堵进了下水道。我忙问他那是什么,他回答是抹布。经过仔细询问我才知道,他用抹布堵住下水道,想把洗手池蓄满水,结果抹布慢慢流进了下水道,等他发现的时候就只能看见抹布的一个角了,于是就使劲儿拽着。结果正好我进去,他吓得手一松,下水道彻底给堵了,让我欲哭无泪。此时此刻,我的心情,已经"乌云密布"了!我强忍着怒气,让他先回到座位上吃点心。

上午9:30(集体活动时间):风平浪静

今天的活动,我将带领孩子们用各种工具蘸上颜料作画。我为孩子们提供了四色颜料放在桌面上。因为颜料已经调好了,我提醒孩子们操作的时候一定要小心,不要打翻颜料,不要弄脏自己和同伴的衣服。话音没落,只听"啪"的一声,第五组的颜料碟掉到了地上,颜料溅得到处都是,几名孩子的裤脚、袜子被溅得色彩斑斓!孩子们惊呆了,我一边安慰孩子们没事,一边请配班老师帮忙打扫现场。处理完这一切,望着那个始作俑者,我的怒气再也控制不住了,我不由分说地把他从座位上拉起来,送到了同年级的大二班。见我一脸的怒气,大二班的老师心领神会,把小Z接了过去。回到班上,我带着孩子们继续完成下面的活动,班上没了小Z,秩序井然,孩子们安静地作画,再也没有谁来告状了,我一边指导着孩子们,一边在心里暗暗思忖:这会儿小Z在大二班一定会变老实了吧!到了陌生的班级,面对陌生的老师和小朋友,他肯定不会再调皮了!这次给他个"教训",下次他就不会再这么胡闹了。

中午11:50(即将午睡时间):风起云涌

还有一会儿就要午睡了,我得把小Z接回来了。我在脑海中构思着他在大二班安分守己的模样。但是,当我走到了大二班教室门口。咦?怎么回事?是我看错了吗?那个和旁边的孩子打得火热的是我们班的小Z吗?大二班的老师见我来了,马上就倒起苦水来"你们班的这个孩子真是不得了,一早上不知打了我们班多少小朋友……"我无奈地牵起小Z的手,把他带回教室。

我不禁有些疑惑,我这样将小Z直接带回教室的做法是不是有点简单粗暴了?犯错的孩子也许根本还没搞明白怎么回事呢!难道就没有更好的办法了?

下午2:00(下午活动时间):云开雾散

一次偶然的机会,我发现小Z主动给班上种植区的菜秧浇水,便当着全班的幼儿表扬了他。然而,这句表扬却发挥了我意想不到的作用。接下来的几天,班上忽然平静了很多,小Z像变了个人似的,再也没有小朋友来告状了,这让我收获了意外的惊喜。

我不禁开始反思,对这些"捣蛋鬼",是不是太吝啬我们的表扬了。是的,他们的确给我们的工作带来了太多困扰,扰乱了我们的正常教学秩序,增添了我们与幼儿、家长很多矛盾,所以,慢慢地我们眼中就只看见他们的错误了。班上发生的坏事,我们第一时间就猜测可能是他们干的,即使他们做了一些好事,我们也视若无睹。可是这样的恶性循环,你还想继续下去吗?

放大优点,优点就会越来越多;聚焦缺点,缺点就会越来越大。

这篇"流放"日记是一些课堂的"突发状况"。从日记中我们可以看出带班教师内心世界的冲突。由于别人的"经验"不好用,带班教师的处理显得草率而失败。但是上述内容带给我们一个更深的思考,作为教师,如何更好地实现"因材施教、教书育人"呢?一味照搬经验往往是失败的,因为幼儿是千差万别的,我们只有认真观察每一个幼儿,先为幼儿的"问题"做"假设",再在教育实践中去验证,才会发现解决问题的方法。

作为教育叙事研究,上述内容中的"我"从自己经历的冲突入手,淋漓尽致地描述其内心世界,并对自己对这一事件的处理进行了深深的反思。这篇"流放"日记虽然不能给大家以成功的典范,至少可以给大家以经验和教训,给更多的研究者在叙事写作上及年轻教师在处理此类课堂偶发事件时多一份启迪和借鉴。

随着学前教育教师水平不断提升,学前教育的叙事研究也走向多元化。幼儿教师不再满足于对个别儿童进行碎片化观察,而是走向了课程叙事观察。这种叙事观察具有系统性和连续性,最后形成了丰富多彩的课程故事,极大地提高了幼儿园教学质量,促进了教师的业化发展。特别是随着多媒体技术的兴起,手机成了教师学习和记录的便捷工具,教育叙事走向了数字化和规模化,一种称之为"数字叙事"的教育叙事方式正在兴起,是今后一段时间需要进一步研究的教育叙事方式。

码8-2 课程故事示例

第三节 行动研究

教育行动研究

在欧美社会科学工作者那里,"行动"和"研究"是两个用来说明由不同的人从事的不同性质的活动的概念。行动主要是指实际工作者的实践活动和实际工作。研究则主要是指受过专门训练的专业工作者、学者专家对人的活动及规律的探索。在20世纪三四十年代,有学者把这两个概念结合起来,用以说明一种特殊的研究行为。如约翰·科勒等人提出"研究的结果应该为实践者服务",研究者应该鼓励实践者参与研究,让他们在行动中解决自身的问题,并把这种实践者在行动中为解决自身问题而参与进行的研究称为"行动研究"。无独有偶,美国社会心理学家库尔勒·勒温也将这种结合实践者智慧和能力以解决某一种问题的研究称为"行动研究"。

一、行动研究的含义

在《国际教育百科全书》中,行动研究被定义为由社会情境(教育情境)的参与者为提高所从事的社会或教育实践的理性认识,为加深对实践活动及其依赖的背景的理解而进行的反思研究。

目前,学术界广泛接受的是学者卡尔与凯米斯的定义。他们认为,行动研究是在社会情境中(包括教育情境)自我反省探究的一种形式,参与者包括教师、学生、校长等人,其目的在于促发社会的或教育实践的合理性及正义性,帮助研究者对实践工作的了解,使情境(或组织内)之实践工作能够付诸实施而有成效。

二、行动研究的类型

(一) 按研究成员人数来分类

1. 独立行动研究

独立行动研究是指研究者自己发现问题,自己制定解决问题策略并付诸实施,最终解决问题。

2. 联合行动研究

联合行动研究是指专业研究人员、专家学者、相关机构等研究团队共同从事研究。各自发挥自身的优势,共同参与行动研究,这是较为理想的行动研究。

(二) 按研究成员所起作用来分类

1. 合作模式行动研究

合作模式行动研究是指专家与研究者共同提出问题并制定研究计划,共同参与研究。

2. 支持模式行动研究

支持模式行动研究的动力来自研究者自身。专家在研究中作为咨询者的角色。

3. 独立模式行动研究

独立模式行动研究是指即研究者和实践者集于一身,独立研究,不需他人指导。

以上三种模式相比较而言,独立模式的特点是规模小,研究问题范围窄,易于实施,但力量单薄,很难从事深入的、细致的、说服力强的研究;支持模式中的专家作为咨询者,会对研究给予一定的支持和及时的帮助,但是专家不直接参与研究,指导的针对性和深度推进方面则较为薄弱;最理想的是合作模式行动研究,专家一起置身于研究情境中,参与行动研究的全过程,指导和帮助的针对性更强,更有利于问题解决。

三、行动研究的原则

(一) 实践性原则

行动研究是在不断地实践行动中发现问题、研究问题、解决问题,以改进对实践的认识,并以改进实践发生、发展、变换了的情境为研究的出发点和归宿。如果没有持续的实践活动,研究者就没有研究的载体。

(二) 应用性原则

实施行动研究,其研究成果的价值大小关键要看其成果是否能解决研究者工作中的问题,是否具有推广价值和应用价值。

(三) 合作性原则

行动研究需要团队广泛合作。它要求参与研究者必须完成角色转换,走进问题情境,一起研究制定方案并付诸实施,不断修正调整。

(四) 动态性原则

动态原则体现于行动研究的全过程中。只有加强操作程序各个环节之间信息的及时反馈,缩短信息反馈时程,才能修正或调整由于干扰所引起的偏差。这也是行动研究的弹性所在。只要有利于问题的解决,一切预定的计划均可以改变。在每一个行动之后,研究者都要予以考核或检讨,以便随时修正行动,促成问题的妥善解决。

(五) 科学性原则

这是所有科学研究方法的前提。从方案的制定到问题的解决及推广均要体现出其科学性,经得起实践检验与重复。

四、行动研究的特征

行动研究的基本特征是:为行动而研究、对行动的研究、在行动中研究,具体表现为以下几方面。

(一) 实践性

行动研究的目的是解决实践中面临的最需解决的现实问题。

> **• 相关链接 •**
>
> **以绘本为载体开展幼儿亲情教育的行动研究**
>
> 亲情是人类社会一种最基本、最美好的情感。加强亲情教育,幼儿期是起点。绘本具有直观性与形象性,符合幼儿审美需要和心理特点,能有效激发幼儿的阅读兴趣,帮助幼儿加强与文本的互动,理解和体验文本的意义。
>
> 一、问题的界定
>
> 以绘本为载体的幼儿亲情教育活动,让孩子发现图文故事中的真善美,让孩子的心灵浸润在爱的养分中,在给孩子带来生动的体验和幸福感的同时,萌发孩子们的感恩之心。以绘本为载体的幼儿亲情教育,是指幼儿教师为了培养认识亲人、热爱亲人和感恩亲情的幼儿,有目的、有计划、有组织地开展以亲情主题绘本为载体,融合阅读、游戏、音乐、谈话、亲子活动于一体的主题活动,在幼儿的亲情知识、情感、言行和情绪等方面予以关注、引导,帮助幼儿正确认识亲人、感受亲情、热爱亲人和萌发感恩行为的教育过程。本研究依据教育学、心理学等相关理论,秉持相关基本理念和原则,结合绘本和亲情教育的本质和特征,制定和实施以绘本为载体,融自主阅读、师幼亲子共读和相关延伸活动于一体的幼儿亲情教育主题活动。
>
> 二、研究计划
>
> 采取质性研究中的行动研究,通过与重庆市 A 幼儿园中三班的 N 老师和 B 实习老师合作,以中三班的 27 名幼儿以及相关家长为研究对象,综合运用文献法、观察法、访谈法等多种研究方法,开展为期半年的行动研究,对以绘本阅读为核心的亲情教育活动的状况进行考察,设计、实施行动方案,并进行反思和改进,为开展幼儿园亲情教育和绘本阅读研究提供材料支持。
>
> 三、研究行动
>
> 研究主要由三个阶段构成,一是以绘本为载体开展幼儿亲情教育的理论探讨;二是以绘本为载体开展幼儿亲情教育的行动设计;三是以绘本为载体开展幼儿亲情教育的实践研究。实践过程进行了三轮,也就是三次循环,分别为:
>
> 第一轮:"我的亲人"主题活动的实施与反思。

> 第二轮:"幸福宝贝"主题活动的实施与反思。
> 第三轮:"感恩亲情"主题活动的实施与反思。
>
> 四、研究结果评估及省思
>
> 研究发现:以绘本为载体的幼儿亲情教育能帮助幼儿认识亲人;学会理解和尊重亲人,培养了热爱亲人的情感;幼儿学会了感恩亲人,萌发了回报亲情的行为。研究认为,绘本是开展幼儿亲情教育的有效载体;幼儿亲情教育宜采用主题式综合活动;绘本的阅读宜采用师幼对话式阅读;有效的幼儿亲情教育强调"知行"合一;亲情教育要强调幼儿为主体的情感体验;家园合作是开展幼儿亲情教育的重要手段。建议幼儿园要充分发挥幼儿绘本在亲情教育中的载体作用,开展幼儿亲情教育主题活动,创设良好的亲情教育环境,幼儿亲情教育要加强家园合作。建议幼儿教师培养正确的亲情观和亲情教育素养,提升运用绘本开展亲情教育的专业技能。
>
> (资料来源:陈伦超.以绘本为载体开展幼儿亲情教育的行动研究[D].重庆:西南大学,2013.)

(二) 合作性

行动研究将从事两种不同性质活动的主体——实践者与研究者结合起来,倡导各方人员的通力合作。因此,行动研究是理论与实践的结合,是行动与研究的结合,是研究者与实践者的结合。

(三) 及时反馈性

传统研究中,一个问题从被专家发现到得以解决,中间大约要经过发现问题、明确问题、收集资料、提出解决方案、实践者试验、研究者验证、改进方案或推广等环节,而每一环节间需要在不同人员间进行信息转换,因而出错概率大增。而采用行动研究,实践者直接进入研究,缩短了信息往返环节,且在不同人员间信息转换出错概率大减,从而使问题解决得更为迅速、高效。

(四) 开放性

从研究过程看,行动研究是一个螺旋式的发展过程,促成发展的重要原因是在总目标的指引下,可以面对实践中出现的新情况、新问题及时调整方案,修改计划,甚至更改研究课题,真正体现边行动边研究。

(五) 兼容性

行动研究并非一种独立于其他研究方法的特殊方法。它是一种多元化的研究方法,需要依据要解决的实践问题的特点,优选出多种研究方法集于一体。

五、行动研究的实施步骤

一般来说,行动研究实施步骤可以归纳为以下几项。

(一) 发现问题

在工作实践中,研究人员要通过自己的观察和思考,敏锐地发现实际中存在的问题。

(二) 界定问题

要从所发现的问题中,选定研究的主题,了解解决问题的本质和范围,诊断问题存在的原因,为采取适当的行动、有效地解决问题奠定基础。

(三) 文献研究

根据一定的研究目标或课题,通过查阅文献来获得资料,从而全面、准确地了解所要研究问题的方法就是文献研究。做好文献研究既有助于研究者掌握有关研究领域情况、确定研究方向和研究课题,也有助于形成并提出假设,还有助于做好科研论证与科研设计。

(四) 设立假说

假说是对某种行动可能产生某种结果的预测,是未经证实的定理或结论,是行动的根据。它能帮助研究者明确研究的内容和方向,能使课题目的更加明确、研究方法更加得当、资料收集更有针对性,从而避免行动研究的盲目性。

行动研究的假说应包含两部分:一是将要采取的行动,二是行动结果的预测。提出假说应注意以下三点:简单明了、可以验证、具有可操作性。

(五) 拟订计划

计划主要包括研究的题目、研究的背景、研究的问题、已有研究的陈述、研究假设、研究对象或范围、研究方法及步骤、经费预算、课题组人员分工、时间安排等。

(六) 收集资料

研究者在确定研究主题后,运用调查、访谈等多种方法深入广泛地收集有关的文献及研究资料。

(七) 实施行动

边行动边研究,在行动中不断反思和改进行动。研究者要根据反馈信息定期或不定期地评估"执行是否正确"和"结果是否有效",并根据所获得的事实资料修正原计划的缺点或失误,不断改进计划。

(八)评价效果

实施行动结束后,研究者应用教育统计方法,将实验数据转为有意义的统计量数,以供解释结果和预测之用。

(九)撰写研究报告

最后,研究者将整个研究过程进行梳理总结,撰写出行动研究报告。

六、行动研究的方法和技术

行动研究的方法技术,可参见勒温的螺旋循环模式,如图8-2所示。

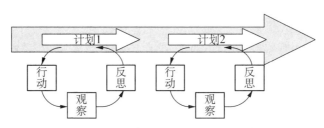

图8-2 勒温行动研究四环节螺旋循环模式图

(一)计划环节

计划是行动研究的第一环节,始于解决问题的需要和初步设想,终于解决问题、改进现状的计划的形成。在行动研究中,计划环节主要包括以下几方面的工作。

1. 产生解决问题的迫切需求和初步设想

由于行动研究是一个连续解决系列问题的过程,因此在计划阶段首先要明确解决什么问题,这是行动研究的导向。为了更好地实施行动研究,需要对问题进行分析和分解,最好能形成一个"问题链"或"问题树",这样就为行动研究的螺旋循环式开展提供了基本路径,并能找到最需要先行解决的问题,为研究提供动力。

2. 实地调查

实地调查又称实地研究,它是调查研究的一种,其特点是深入到现实的、自然的现场或行动环境中,综合运用观察、访谈等方法收集真实材料,以便对研究现象作深入分析,以此作为确立课题和制定计划的依据前提。实地调查的内容包括:实际情境的现状及成因;反映初步想法的行动得以实施有哪些机会;本研究试图改变现行做法的哪些方面;3—4个策略的设计;哪些可能性和制约因素等。用于实地调查的方法和技术是多样的,如观察、访谈、调查,在研究过程中可录音、录像等。

3. 文献研究

研究者要将文献研究视为行动研究的基础并贯穿于行动研究的全过程。

(1) 查找,就是检索、收集文献。

(2) 阅读,就是对所收集的文献进行比较、有分析地阅读,以便获得对研究有价值的信息、资料。

(3) 叙述,就是对获得的有价值的信息、资料进行较为系统、全面的陈述,为选题和研究设计服务。

4. 确定选题

选题就是选择和确定行动研究首先要解决的问题,这是行动研究进入实践环节的切入点。课题组成员对资料进行充分讨论、对话、解释、协商,先后经过发现问题、选定主题、明确范围、诊断原因等步骤,选好研究课题。在选题过程中,行动研究者需要将选题原则、选题线索、个人经验和多种有助于激发创造性思维的方法有机结合,灵活运用。

5. 运用假说

建立假说,既要运用观察方法、调查方法、文献方法以及人们在实践中积累的科学事实,又要综合运用各种具体思维方法。检验假说,通常包括理论检验和实践检验。由于行动研究以解决实际问题为首要目标,所以多运用假说的实践检验。

6. 制定计划

制定计划就是设计并形成解决问题、改变现状的行动蓝图。

(1) 行动研究背景,包括对解决问题的需要和初步设想的表述,实地调查、文献研究结果的归纳,对采取行动的大致范围和实际情境的描述。

(2) 计划方案,包括第一行动步骤或第二行动步骤。

(3) 观察措施。

(4) 安排进度表。

(二) 行动环节

首先,课题组成员对行动研究计划和每一行动步骤进行对话、协商、讨论,正确领会课题,目的明确、责任分明。

其次,课题组成员在共同分析背景和行动的信息基础上,对总体计划、行动步骤提出修改意见,对所需资料进行核实,对观察手段进行核对,保证人和物到位。

最后,对课题组成员进行培训,使研究者从研究专家那里学习并掌握基本理论和方法技术,同时使研究专家熟悉问题实际,获取必要的改进信息。

(三) 观察环节

观察不是一个独立的环节,而是对行动全过程、行动结果、背景以及行动者特点的观察。具体来讲,研究者主要观察以下几方面:行动背景因素以及影响行动的因素;行动过程,包括谁以什么方式参与了计划实施,用了什么材料,安排了什么活动,有无意外的变化,如何排除干扰;行动的结果,包括预期的与非预期的,积极的和消极的。要注意搜集以下三方面的资料:背景资料、过程资料、结果资料。其中,背景资料是分析计划设想有效性的基础资料;过程资料是判断行动效果是不是由方案带来和怎样带来的考察依据;结果资料是分析方案带来什么样的效果的直接依据。观察要灵活运用各种观察技术以及数据、资料的采集和分析技术,充分利用录像、录音等现代化手段。

观察是反思、调整计划及确定下一步行动的前提。观察既可以是行动研究者本人借助于各种有效手段对本人行动的记录观察,也可以是其他研究者的观察。多视角的观察更有利于全面而深刻地认识行动的过程。

(四) 反思环节

反思是第一个螺旋圈的终结,又是过渡到另一个螺旋圈的中介。在反思环节中,研究者在对观察到、感受到的与制定计划、实施计划有关的各种现象加以归纳整理的基础上,对行动的全过程和结果做出判断评价,并为下一阶段的计划提供修正意见。这一环节包括以下几项内容。

(1) 资料整理,对资料进行审核、分类、汇总。

(2) 资料分析,主要进行定量和定性分析。

(3) 解释评价,即对所整理、分析的数据和实施进行说明,对行动的结果做出判断评价,对有关现象和原因作出分析解释,找出计划与结果不一致之处,从而形成新的判断和新的构想。

(4) 撰写行动研究报告。

七、行动研究的优点及局限性

(一) 优点

1. 适应性和灵活性

行动研究简便易行,适合没有接受过严格测量和实验训练的人员采用。它允许研究者边行动边调整方案,不断修改,增加或取消子目标。它对实验条件的控制比较松缓,注重实际的环境,有利于在一些复杂的研究现象或领域内进行。

2. 评价的持续性和反馈的及时性

行动研究强调评价的持续性,即诊断性评价、形成性评价、总结性评价贯穿在整个研究过程中。反馈的及时性从两个方面来看:一是及时反馈总结,使实践与科学研究处于动态结合与反馈中;二是一旦发现较为肯定的结果,便立即反馈到实践中去。

3. 较强的实践性与参与性

在行动研究中,研究与实践紧密联系。行动研究紧紧围绕着实践问题进行分析、研究和行动。参与性主要体现在典型的行动研究中,研究者直接或间接参与方案的实施。

4. 多种研究方法的综合使用

理想的行动研究应是灵活合理地使用多种科学研究方法。

(二) 局限性

由于行动研究的环境是开放的、动态的，许多无关变量较难控制，且资料处理方法比较简单，这些都会对研究结果产生不利影响。在评价结果时，研究者的主观意见时常占有较重分量，以致形成主观认定研究结果符合假说，而实际上却可能无助于问题的解决。

第四节 园本研究

园本研究

幼儿教师的研究不只是做课题、做项目，更多的是把研究融入自己的教学实践过程之中，从解决自己身边的问题开始去将经验转化为知识。因此，园本研究常态化、教学研究习惯化是一个幼儿园应该具有的教育理念和状态。

一、园本研究的含义

园本研究是以幼儿园工作中所遇到的真实问题为研究对象，以本园教师为研究主体，运用科学的研究方法所开展的旨在解决幼儿园教育教学问题并促进教师专业发展的活动总称。园本研究分为园本课程研究、园本教学研究、园本管理研究、园本教师培训研究等，其中，园本教学研究是园本研究的主要内容。

在本书模块一中，我们讨论过"教研"和"科研"之间的关系。园本教研是园本研究的主要形式。通常情况下认为，教研是日常的一般性研究，计划性、组织性和系统性不是太强，给人一种"科学性"不足的感觉；而与"教学一般性研究"相对应的概念是"教育科学研究"，即"科研"。但随着教育研究的行动化与群体化，以前界限分明的"教研"与"科研"开始出现融合的趋势，有人称之为"教科研"，有的则谓之为"教育研究"。如此来看，园本研究与园本教研、园本科研、园本教科研是同义的。

为此，对园本研究可以理解如下：一是研究本园在实践中遇到的实际问题，而不是虚假的问题；二是研究的主体是一线教师，包括行政人员，但理想的园本研究模式最好有专家作纵向引领；三是研究的目的是以研究手段去解决实践中所遇到的问题，并有效解决问题进而促进幼儿园发展；四是园本研究所表达的是一种研究的价值取向，而非一种具体的研究方法。因而，评价园本研究的"成果"应以"实际问题的真实有效的解决"为标准。

二、园本研究的基本要素

园本研究与科研课题研究有着明显的区别，这就是园本研究一定存在于幼儿园中，存在于每一位教师的教育教学工作中,这是由教育的特点所决定的。因此,园本研究有自己的客观结构和组成要素:人、物和环境。人是园本研究的重要因素,主要包括幼儿园中的所有工作人员和幼儿,当然也包括幼儿及幼儿园的关系人。在人的因素中,幼儿是园本研究服务的目标,而教师是园本研究的主体。物的因素主要是存在于幼儿园中的各种客观事实,包括各种活动和物品。环境因素更多地强调幼儿园中的文化、价值观及研究理念,是一种氛围和精神。园本研究虽然不是一种研究方法,但其目的也是解决问题,特别是实践性问题,而解决问题的主体是幼儿教师,因此幼儿教师是园本研究的核心要素。

园本研究所具备的要素的多少,决定了园本研究水平的高低。根据园本研究中幼儿教师的独立性不同,以及学习共同体的密切程度,园本研究可分为初级水平(以个人反思为主)、基本水平(以同伴互助为主)和高效水平(以专业引领为主)三个层次(见图8-3)。

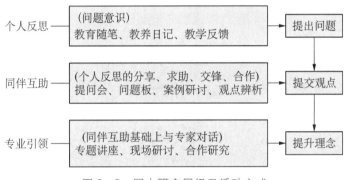

图8-3 园本研究层级及活动方式

初级水平是指在教研活动中出现了自我反思、同伴互助、专业引领研修要素中的至少两个要素,这样的园本研究具有随意性和表面性,可以为后续研究发现有价值的问题。如有些幼儿教师比较经常地进行自我反思,并能够经常参加骨干教师组、学科组、年级组等不同形式的集体教研活动。

基本水平是指在教研活动中出现了自我反思、同伴互助、专业引领研修要素,并能围绕着幼儿园教育教学实践中所遇到的问题开展各种研究活动,为后续研究积累经验和事实。

高效水平就是高质量的园本研究活动,不仅出现了自我反思、同伴互助、专业引领研修等要素,而且还形成了能有效运作的学习和研究共同体,为幼儿教育价值的体现、员工素养的提升、教育效率的提高提供了保障,使幼儿园获得了不断的自我发展和行为提高的能力。

三、园本研究的特征

园本研究所研究的问题来自教育实践。教育实践的多样性、复杂性决定了如下几项园本研究的基本特征。

(一) 园本性

园本研究的运作应以研究者所在幼儿园为本,即以幼儿园实践为本、以教师为本、以幼儿为本。以幼儿园实践为本,就是要求园本研究要以教学实践为核心。以教师为本,就是要求园本研究要针对教师成长不同阶段的特点分别进行。以幼儿为本,就是要求园本研究要以遵循幼儿的身心发展规律为前提,以促进本园幼儿的可持续发展为目的。

(二) 行动性

园本研究的操作技术概括起来就是"基于行动",即教育行动研究。这里的行动,主要包括发现问题、研讨(自我反思、同伴互助和专业引领)、教学行为跟进(计划调整与教学实践)、观察、记录、资料整理和分析等。

(三) 互动性

园本研究的过程也是学习的过程,所有参与者构成了一个学习共同体。在共同体里大家通过有效互动解决问题、共享成果、共同进步。园本研究的互动模式有以下三类。

1. 横向互动

采用圆桌会议的形式,要求每个人都要根据自己观点发言,不对别人观点发表意见。圆桌形式互动目的促使"人人都参与、个个有贡献",防止园本研究过程出现"南郭先生"。横向互动利于扩大研究视野,适用于研究开始阶段(论证选题、提出假设等)。

2. 纵向互动

讨论时,首先由一个人围绕主题发言,随后以其发言为基点,由坐在发言者旁边的人依次发言,后面谈话者讨论的内容要从对前面发言的评论开始,以此类推。纵向互动的目的是促使参研教师能围绕主题研讨,防止"跑题",加深对一个问题的探讨,使研究达到一定深度,同时也有利于帮助大家培养善于倾听别人发言的习惯与能力。

3. 交叉互动

在园本研究的互动过程中,有时会产生不同的意见,为了让更多的教师有发言的机会,可以先分小组讨论,再进行组际间交流,也就是既注重发散研讨也有纵向深入的交叉互动。交叉互动的研讨可以让问题解决的视角多维化、立体化和系统化。

四、园本研究之教学研究——教学型研究的组织

作为一种研究价值取向,园本研究技术具有多元化的特点,也就是说我们在前面学过的各种方法都可以运用到园本研究中。作为一种集学习、教学和研究于一体的幼儿园活动形式和教师工作行为,园本研究是一种基于教师教育教学实践,来自教师、服务于教师的专业发展活动,更是一种对教育教学经验的理论提升过程。园本研究的目的不同,园本研究的组织

方式就不同,据以园本研究可以划分为教学型研究和科学型研究。其中,教学型研究一般以教学为着眼点,以课例为载体,围绕如何上好一节课(活动)而开展,研究过程渗透或融入到教学活动过程,贯穿在备课(准备活动)、设计、上课(组织活动)、评课(评价活动)等教学环节之中;研究方式以同伴成员之间的沟通、交流、讨论为主;研究成果的主要呈现形式是文本的教案、案例式的课堂(活动)教学;组织形式有教育叙事、教学反思、临堂诊断、课例研讨、专题研讨、示范观摩、视频会诊与网络教研等。

下面以课例研究为例来进行阐述。

(一) 课例研究

课例研究是由两个以上的教师组成一个小组,基于对有效教学理念的追求,以真实课堂教学为载体而进行的一种教学行动研究。课例研究也称之为"磨课",即通过反复备课——上课——评课来研磨一节课或活动,使之精雕细琢、精益求精、迫近完美。实践证明,课例研究能有效促进教师成长,提升教学质量。

(二) 课例研究基本组织过程

课例研究一般在小组或全园开展,在组织实施过程中有以下基本环节。

(1) 选课,确定活动领域和内容。
(2) 备课,重点放在如何促进幼儿的身心发展。
(3) 上课与观课,小组的其他教师观课,最好要录像,以便事后分析。
(4) 评课和反思,听取其他同事的意见和建议。
(5) 修改教案,尤其是对那些幼儿不甚明了的部分。
(6) 用修改后的教案在另一个班授课,邀请广大教师前来观课。
(7) 进一步评价和反思,全体教师一起参与。
(8) 分享结果,把授课过程报告与本园教师乃至其他园所教师分享,如果有条件,还可以共同观摩下一次教学。

课例研究的一般过程(见图 8-4):

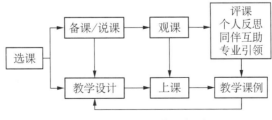

图 8-4 课例研究的一般过程

(三) 课例研究的开展方式

从课例研究小组成员的构成方式看,一般幼儿园都是按"活动领域"组织研究小组;但特殊情况下,也可以按"研究的问题及内容"来组成小组。比如都是研究教师有效教学策略这一内容的,教师既可以是来自同一年段,也可以是跨年段的。所组成的小组既可以是水平相当之切磋型的,也可以是新老搭配之帮扶型的。通常情况下,课例研究都是按运作方式来分类的,主要分为"一课多研"和"同课异构"。

1. "一课多研"

所谓"一课多研",指的是研究小组的几个教师连续上同一活动内容,但教学行为却不断地改进。其主要操作过程如下。

(1) 共同备课。研究小组共同备课,可以先商定好教学内容,确定好活动目标,然后由执教者根据商定好的教学内容拟订活动计划。

(2) 说课与修改。研究小组共同研讨执教者所拟订的活动计划,执教者要详细报告活动计划的思路与理由,参与者提出具体的意见与建议,执教者对所拟订活动计划进行修改。也可以通过搜集全国各地幼儿园的课例(教学活动视频),组织教师们观看并进行相应的讨论。如该教师的教学体现了什么教学理念?有何特点?存在什么不足?如何加以"园本化"或有何更好的设计思路?集中研讨结束后,请个别教师综合大家的意见再对该课例进行重新设计。

(3) 上课和观课。由执教者组织教学活动,其他教师到现场观课。

(4) 研讨反思。课后组织教师集中研讨,再次修正活动计划。

(5) 换人上课。用修正后的活动计划再次付诸于实践,由另一个教师在另一个班级实施,其他教师现场观摩(如果是同一个教师多次执教,那就属于"一人多次上")。

(6) 小组会谈。再次讨论观课的情形,视教学效果和研讨目的达成的具体情况决定该活动内容是否需要进行教学循环。

(7) 分享结果。可以采用录像重温的方式(全程播放或选择有意义的教学活动片段),也可以采用现场教学的方式,把课例研究过程报告给教师分享。

"多人上一课"或"一人多次上",主要围绕一个活动内容进行系列实践和反思活动,集多个视角来看待同一个问题,有助于参研的教师特别是执教者对某一问题获得较深入或多角度的认识,引导教师不断反思和改进教学实践,提升实践智慧和专业化水平。

2. "同课异构"

"同课异构"指的是同一活动内容由研究小组不同的教师来执教。其主要操作过程如下。

(1) 独立备课。共同选定一个教学内容,由研究小组两三位参与者各自独立设计活动计划。

(2) 上课和观课。在一个相对集中的时间段,让各参与者"同台献艺",小组成员共同观课。

(3) 说课评课。课后集中会谈，修正计划，可以是在综合各个计划的基础上整合为一份计划，也可以是各个计划再次各自修正。

(4) 异人上课。由另一个教师（或同一个教师）在另一个班级实施，其他教师观摩。其余环节同"多人上一课"。"一课多人上"更能直观地展示出不同的教师在处理问题及其执教风格的个性化差异，有助于大家在比较中相互学习、扬长避短、共同提高。

综上，就"一课多研"与"同课异构"两种形式而言，"同课异构"这一方式在教师选择上宜选用水平相当者，通过"同台献艺"，让大家直观地感受到彼此各有千秋、异彩纷呈，而并不是要让他们比个高低。相反如果在"同台献艺"的教师选择上明显存在水平的差异，则有可能会给水平较弱的教师造成不必要的心理负担，影响课例研究的质量。因而，对刚入职的新教师宜先采用"一课多研"的形式，等他们积累了一定的经验后，再尝试"同课异构"。

（四）开展课例研究的注意事项

在课例研究的过程中，要注意以下几个问题。

1. 用教育理论解释教学行为

不管是执教者的反思，还是参研者的互助，都应努力运用一定的理论来看待实践的问题，要克服过分依赖经验，简单地从经验到经验的做法。在研讨时，参研者既要指出问题的所在，又要说出问题的原因，提出解决问题的办法及这些办法的理论依据。

2. 分配观课任务，承担不同的研讨角色，运用科学研究的技术收集和分析资料

每个人都要明确在每次活动中的具体任务，要积极而主动地分担起参研者的责任。比如可以将观课者分成两大组，一组负责观察教师"教"的行为，另一组则观察幼儿"学"的情况，并且要求每组在观察前做好事前各项准备，如商定好观察的内容、观察的方法及具体的分工。

3. 重教不轻研，努力做到精课精研

传统的研讨课主要是示范课，在上课方面下了很多功夫，评课也多是优点多多。现代的教研要常态化，保证有充分的时间在"研"上下功夫，努力将有限的课例研深、研透，防止走过场。一个完整的课例研究主要包括备课、上课、说课、评议和研讨，一般需要的总时长为10—15小时。为此，要达到教研效果，必须要对课例研究有一个好的统筹安排。

4. 准备发言提纲，做好研讨的记录，撰写教研反思

除执教者要做好方案的说明与课后反思外，观课的教师也要做好听课记录，并尽可能将自己的发言形成文字。执教者要及时记录研讨现场中有价值的同伴发言，可以整理为课后补记。执教者还应克服发言的随意性，养成将研讨情况及时"记下来"的好习惯。

码8-3 教研活动示例

五、园本研究之课题研究——科学型研究的组织

园本科学型研究一般以"研"为着眼点，以"课题"为载体，是围绕一个园本教育问题而展

开的课题研究。该类型研究遵循科学研究的一般程序和基本规范,研究问题的解决及其所形成的研究报告是研究活动的主要路径,创新是研究过程的重要特征和产生研究成果的依据,活动方式以课题研究小组为主,研究成果的主要呈现方式为课题研究报告及科研论文。与教学型教研相比,科学型研究具有更深入、更规范、更科学、更具针对性等特点。

(一) 课题研究

课题研究的内容不局限在如何上好一节课的问题,它所涉及的面更广、更深。比如,可以是关于幼儿自信心的培养研究、家园合作策略及政策研究、幼儿园课程园本化的研究等,也可以包括课例研究。以课题研究为主线的园本研究模式的优点是:问题明确、重点突出、内容深刻、力量集中、便于管理和利于推广。

(二) 园本研究课题的选择策略

对于学前教育行动研究来说,所发现的"问题",往往只是表明研究的一种意图,或研究所涉及的"领域"。从"问题"的发现到"课题"的确定,还需要研究者掌握一些选题策略,主要是对问题层层分解、小中见大。做园本研究应该是"小题大做",需要"挖井"的精神,而不是"挖坑"的做法。"挖井"就是找准一个地方深挖下去,直至泉水出来;而"挖坑"就是这边挖一下,那边挖两下,看似很用功,但因为方法不对,没有一个地方挖到泉水。此外,适合做园本研究课题大多是"微型课题"。

码8-4 园本研究选题示例

(三) 园本课题研究的组织策略

园本课题是幼儿园在实践中遇到的需要解决的、能够自己解决的重点问题。所选定的园本研究课题应是适合全园教师共同研究的,当然具体落实到班级、落实到个人的子课题则带有一定的特殊性。园本课题来源的不同,决定了课题组织的策略也不同。

1. 自下而上策略

在全园内征集幼儿园急需解决的问题,以个人或班级为单位各自先拟出需要研究的课题,再汇总到园本研究负责人,由负责人召集有关人员对汇总过来的诸课题进行合理的筛选,形成幼儿园拟研究的课题,再交付全园教师进行讨论、交流,并在了解、学习相关文献的基础上达成共识,共同完成园本研究课题的选题工作。

2. 自上而下策略

由幼儿园行政领导根据幼儿园各时期的发展规划,特别是中、短期的规划,再紧密结合当前幼儿园的实际情况,初步拟定出园本研究的课题,再交给教师去讨论、交流,并在学习文献的基础上,完成园本研究课题的论证工作。

园本研究课题选定的自下而上策略与自上而下策略,这两个基本路径都有其相应的合理之处。通过自下而上所产生的课题,可能更符合教师教育教学实际;而自上而下选定的课题,可能在研究的问题上能与幼儿园的发展联系在一起,系统性比较强。

3. 学研并举策略

在研究中学习和发展是园本研究的重要目的之一。幼儿园在发展过程中会遇到许多问题,但并不是所有的问题都值得花时间去进行一番辛苦的探究,有的问题虽然是教师已有的经验、知识所不能轻而易举地解决的,但只要学习、借鉴别人的经验就能够解决的问题就不是有价值的研究课题。因此,从问题的发现到课题的确定,其中有一个很重要的环节便是查阅与学习相关的文献资料。而这一重要环节往往是教师所忽略的,这就极易出现教师没有将有限的精力用在了解突出的问题上。

因此,幼儿园教科研部门可以在遇到问题时,先组织大家以学为着眼点,以阅读为主线,通过学习来提高教师的教学水平和专业素质,为提高教学质量及研究效率提供保证,为促进教师专业发展奠定基础。这种学习不是去掌握一些理论术语或时髦词,而是理解和领会理论的内在实质,学习理论所蕴含的反思和研究精神。运用理论不仅仅是来解决研究者自己的实践问题,而是利用理论来对自己的实践加以批判。如果说读书和思考是研究的主线,观摩和交流是研究的途径,那么读书笔记、读后感、观后感都是研究成果的呈现方式。

园本研究的组织形式因园本研究类别不同而异,但其组织的基本路径,或者说园本研究的一般操作程序是一致的,这就是"实践——研讨——再实践——再研讨——再实践"的一个循环过程。在这个过程中,教师不断地更新观念、改善教学行为、提高教学效果。

 反思与评价

一、学习反思

结合课堂学习,查阅资料,对以下问题进行线上或线下讨论,将自己的体会在网络学习空间进行发布,便于交流。

1. 个案研究的特点是什么?请用个案研究的方法设计一份你的"自我介绍",用于求职推荐。
2. 教育叙事研究的过程是什么?如何撰写教育叙事?
3. 如何将行动研究和园本研究结合起来?
4. 教师组织幼儿活动有三种状态:一是随意组织;二是凭经验组织;三是有准备、有反思的组织。第三种状态是不是一个研究性过程?你认为哪一种方式效果更好?为什么?

二、学习评价

(一)单项选择题

1. 整理分析资料是教育叙事研究的重要环节,其中一项重要任务就是寻找出(   )。

A. 扎根理论　　　　B. 本土概念　　　　C. 访谈话题　　　　D. 研究问题

2. 按研究成员所起作用来分类,行动研究不可能包含的项目是(　　)。

A. 合作模式行动研究　　　　　　　B. 教育行动研究
C. 支持模式行动研究　　　　　　　D. 独立模式行动研究

(二) 多项选择题

个案研究有多种分类方法,根据研究手段可以分为(　　)。

A. 观察性个案研究　　　　　　　　B. 调查性个案研究
C. 实验性个案研究　　　　　　　　D. 测验性个案研究

(三) 正误判断题

1. 园本研究的选题不一定要以幼儿园工作中所遇到的真实问题为依据。(　　)
2. 园本研究与园本教研、园本科研、园本教科研可以同时进行。(　　)

实践探究

项目活动三 学前教科研方法的设计与实施

一、项目简介

该项目是在项目活动一和项目活动二的基础上进行的。本项目旨在让每个小组成员确定适合自己研究课题的最佳研究方法,通过充分论证设计可行的方案,如取样观察方案、问卷调查方案、访谈调查方案等,并能获得或设计相应的研究工具,如问卷、观察记录表、访谈提纲等,最后能在实习或见习活动、社会活动中实施方案,为项目活动四的开展打下基础。

二、项目目的

通过本项目的实施,让学生掌握课题研究方法的选择和设计,并达成以下目标。
1. 根据研究目的,选择合适的研究方法。
2. 能够设计具体的研究方案并实施。
3. 准备研究工具,评价研究信度和效度。
4. 能组织或协助其他研究小组成员完成具体任务。
5. 有效收集研究数据并整理数据,能及时补充必要数据。

三、项目所需学科知识

本项目所对应的基本知识来源于本书模块三的内容,关键知识点有:观察方法、观察研究、结构观察、非结构观察、取样观察、评定观察、叙事观察、观察信度、观察误差、调查研究、抽样、总体、样本、问卷调查、问卷、访谈调查、倾听、数据表、实验研究、变量、操作性定义、叙事研究、扎根理论、行动研究、个案研究、编码、研究信度、效度等。

四、实施步骤

本项目要求把研究方法能运用到实际研究工作中,这是一个实践性很强的过程,也是检验自己课题研究设计是否可行的过程。它要求学生既要坚守研究程序,同时还要根据实际研究环境做必要的调整。

(一) 团队成员分工

1. 组长根据小组课题研究申报方案,分配具体任务。
2. 小组讨论任务目标、完成时间和可行性。
3. 注意计划的可行性及冲突的规避措施。

(二) 制定计划

1. 根据小组规则制定每项任务完成计划。
2. 组长制作任务进度表发给大家,监督执行并及时反馈。

(三) 项目运作

1. 要及时召集大家研究出现的问题,克服困难,及时请教指导教师。
2. 专人、专本记录小组会议及研究中的关键事情。
3. 遇到问题和困难要互相帮助、互相鼓气、有效求助。
4. 组长要关注小组成员的进展,要及时、积极地参与交流并通报研究进展。
5. 要充分发挥即时通信手段,如微信、QQ、微博、网络学习空间等功能。

五、评价方式

1. 本项目评价主要在期末前进行,评价标准请参阅项目活动四。
2. 评价主要关注你的作业表格、汇报交流情况、发言的PPT、研究过程中产生的成果和有价值的资料,请你务必做好准备,不可掉以轻心。
3. 这个项目的成败和每项任务的完成情况关系很大,因此,大家要一起努力。

六、完成此项目的参考资料

1. 本书的第五章至第八章。
2. 本书依托的课程网站等资源(见项目活动一)。
3. 活动过程案例请见相关课程网站或由任课教师提供。

七、项目评价

请根据你们小组的研究活动,认真填写下表,并邀请指导教师及小组成员进行评价。

表 8-1 学前教科研方法的设计与实施活动总结表

课题名称	
研究假设	
验证假设可行的研究方法	
经论证确定的研究方法	
研究方案 (含要解决的问题、解决方法、操作步骤、研究对象、研究地点、实施时间、研究工具等)	
研究实施及结果分析	

模块四
教科研资料分析及成果表达

研究实施阶段主要是采取各种有效的手段,尽可能收集对研究假设有检验作用的资料。当按照研究设计完成资料收集后,整理、分析资料的方法和途径将直接影响研究结论的得出。本模块将介绍一些常用的资料分析方法,同时讨论教科研成果的类别和推广方式。

研学任务

任务情境

在某省农村幼儿园骨干教师培训班研究论文指导后期,张老师采用问卷调研了幼儿园早期阅读的状况,收取了家长及教师问卷共500多份,面对大量的数据她犯了难:这些数据该如何分析?分析什么?同样,王老师也对着几十张观察记录表和数十篇观察日记发愁。还有小丽,她以自身经历来研究新入职教师的困惑,可教育叙事也需要对资料进行分析,这可怎么办呢?到这个时候,大家才真正明白了:研究的三个阶段中,恐怕"整理分析资料得出结论"是最难的事情了。

任务分析

如果你是她们中的一位,按如下对任务的分解,就可以逐步完成研究的最后工作。

1. 了解研究资料的基本类别和特点。
2. 根据研究目的,整理、甄别有效的数据。
3. 能够根据研究假设和数据特点,选择检验假设的有效途径。
4. 掌握描述统计的基本方法,清晰、准确地描述教育事实。
5. 理解推断统计的基本意义,能完成对统计假设的检验并做出解释。
6. 对文字性、符号性资料,能通过阅读、编码整理等,结合理论思辨得出结论。
7. 能用文字、图画、符号、表格等多种形式,恰当而有效地表述研究结论和研究成果。
8. 能够有效地参与学术交流会议和研讨。

职业素养

1. 对研究资料进行甄别和分类的能力。
2. 掌握使用计算机进行数据统计分析的一般技术。

3. 根据数据特点设计数据分析方案的能力。
4. 用数据描述教育事实的能力。
5. 用数据解释教育事实的能力。
6. 用数据推断并预测教育趋势的能力。
7. 撰写研究报告及论文的基本技能。
8. 参加学术交流的一般能力。

理论研讨

第九章　学前教科研资料整理分析

■ 学习目标

认知目标	技能目标
1. 了解资料分析的主要途径 2. 领会定性分析和定量分析方法的基本特点 3. 把握描述统计和推断统计的内容及应用条件 4. 掌握统计量的计算与分析方法	1. 能够根据研究目的与要求对原始资料进行整理 2. 能够抓住资料的特征,运用适当的方法进行分析研究 3. 能够对分析结果做出合理的解释 4. 能够应用统计分析方法解决实际问题

■ 课程思政

思政元素	素质目标
培育"去粗取精,去伪存真,由表入里"的思维习惯,让研究走向真发现、真本质、真结论	1. 理解资料、数据在科学研究中的价值,形成"以事实为依据"的真研究观念 2. 对资料进行真分析,树立实践检验真理的"真研究"观念 3. 在真分析数据的基础上,体悟学做"真人"的方法和价值

■ 知识准备

关键概念	研究观念
研究数据—数据分类—数据整理—定性分析—定性分析方法—定性分析过程—定量分析—统计分析—描述统计—推断统计—计算机数据组织—数据录入—SPSS统计软件	1. 没有理性分析,研究数据就是一堆毫无疑义的符号 2. 所有的研究都需要定性分析;定量分析只能简化数据的分析过程,其运算结果还需要正确的解释,也就是定性分析

通过进入研究现场、感受研究情境、收集事实资料，研究者得到了研究所需的第一手资料，同时也获得了一些对研究对象的感性认识。研究者只有通过"去粗取精，去伪存真，由表入里"的理性思考，才能形成理性认识，也就是我们常言的"研究结论"。

第一节 学前教科研资料

研究数据的分类与整理

从广义上说，学前教科研资料是指在研究过程中产生的所有记录和事实，既包括研究的教育事实资料（如问卷、观察记录、课堂录像等），也包括研究者的研究情境与历程（如活动影像、会议记录等）。本章所说的学前教科研资料是指与研究内容有密切关系的教育事实资料，其主要表现形式为研究数据。

一、研究数据

研究数据是在科学研究过程中通过一定方法获取的载荷或记录信息按一定规则排列组合的物理符号，既可以是数字、文字、音像，也可以是计算机代码。

二、研究数据的类型

第一，根据数据质量的好坏，研究数据可分为好数据和坏数据。好数据是根据合理正确的统计原理收集到的数据。坏数据是无法用于解释研究现象或用来检验研究假设的数据。

第二，根据统计数据得到的途径（含状态），研究数据可分为观测数据和实验数据。

第三，按照数据的性质，研究数据可分为定性数据和定量数据。

第四，根据统计数据获得的不同来源，研究数据可分为原始数据和二手数据。原始数据是指研究者通过研究性实践活动直接得到的数据，如通过实验、调查、观察等方法收集到的数据。二手数据是指间接得到的（并非自己收集的）数据，如从报纸、电视、互联网、年鉴等方面得到的对自己有用的各种研究数据。

第五，根据数据的分布情况，研究数据可分为连续型数据和离散型数据。连续型数据是与某种标准比较所得到的数据，又被称为度量数据，一般呈正态分布，如考试成绩、经济收入。离散型数据是由记录不同类别个体的数目所得到的数据，又称为计数数据，一般用整数表示。数据分布的方式是选择其统计分析方式的依据，如计数数据是不能使用 T 检验的，只能用百分比等方式统计，采用卡方检验（χ^2 检验）方法。

三、研究数据的收集方法

研究方法分类依据之一就是研究数据的收集方法的不同。另外，研究目的、研究假设、研究情境、研究被试属性等都直接影响研究数据的收集方法。在研究设计中,研究者应对数据收集方法及途径做明确的说明。

> **学中做:课堂活动　　数据来源及数据类别分析**
>
> 请列举研究数据的类别、来源及收集途径。
>
> 表 9-1　研究数据的收集
>
> | 研究数据收集方法 | 数据类别 | 数据来源及收集途径 |
> | --- | --- | --- |
> | 观察研究 | 文字资料、数字、图像 | 观察对象 |
> | 问卷调查 | | |
> | 访谈调查 | | |
> | 测量研究 | | |
> | 实验研究 | | |
> | 教育叙事 | | |
> | 文献研究 | | |

四、研究数据的整理

当研究者将研究数据以一定的方法完成收集以后,要对其进行科学整理。数据的整理,主要包括数据检查、数据分类、用图表整理数据等步骤。

(一) 数据检查

对数据进行检查,重点是检查所收集数据的完整性和可靠性。所谓完整性就是要对照调查项目检查有关数据是否填写齐全,避免遗漏或重复。所谓可靠性则要检查资料来源是否真实可靠。研究数据的真实性直接关系着整个研究工作的成败,因此重视检查整理是十分必要的。

具体审核方法如下。

1. 对资料来源进行复查

这主要是针对一些十分重要的材料,如重要数据、事实、引文或可疑的材料,应重新考证其来源,核实其真实性、可靠性与准确性。

2. 对经过初步整理的资料进行印证

研究者可以借助成熟理论或其他有关方面的知识、规则、原理等，对粗加工后的文字资料进行甄别，判断其可信度与正确性，还应对可疑资料重新求证，如可再次进行小范围内的验证性调查、查阅、访谈等，无法确认的最好弃之不用或者在著述中加以解释说明。

> **• 相关链接 •**
>
> ### 三角互证法和测谎法
>
> 利用收集到的资料进行互相印证是判别资料效度的好途径。常用的方法有三角互证法和测谎法。
>
> 三角互证法的基本观念是"孤证不立"，也就是说研究的论点或结果要可进行重复验证。三角互证法有两个基本途径，一种途径是多种研究方法互证，如观察（看到了）、访谈（听到了）、文献研究（查到了资料）等；另一种途径是多对象或多事实共同指向，如张三说"他打人"、李四说"他骂人"、王五说"他抢东西"，那么"他"的同伴关系方面有问题就可以证实。
>
> 测谎法是问卷调查中常用的方法，也就是在问卷中设计一个能验证被调查者答题态度的问题，然后根据该问题的答案来判断该份问卷的真实有效程度。如在阅读状况调查的问卷中，设计一道题询问被调查者藏书数量、阅读书籍的来源，来验证他对阅读的态度和阅读状况。

3. 对资料获得的方法再审查

虽说取得资料的研究方法都是预先设计好的，但资料的收集、记录方法、研究环境的特殊性、参与人员的素质等，都可能产生对科学方法的误用，甚至使资料获得失败。例如在典型调查中，调查对象的选择受到严重的主观因素的干扰；在访谈中，被访谈者受到过多的"暗示"或者表述的逻辑性不强等。

4. 对文字资料说明的事实进行理性分析

即研究者判断其是否合乎常理和逻辑，有无自相矛盾或其他疑点等。当某些方面的资料由不同研究者分别获得时，用比较法对照其一致性和差异性，分析其原因，从而判断资料的可用性。

5. 评价资料有效性

我们通常可以从资料的来源及其本身两个方面评价数据的有效性。若资料虽然真实可靠，但是与研究目标的关联性很低的资料就应当剔除。评价要在对研究资料的可靠性进行分析的基础上进行，不可信的资料再有效也是假的，如一位老师编造幼儿告状次数，有经验的老师一眼就看出来了：小班幼儿哪有一小时告状50人次的？

(二) 数据分类

对研究资料进行审核与评价等检查之后,研究者应根据研究的目的和要求,按照一定的标准对资料进行分类、汇总,使其成为系统化、条理化的资料,以便发现其中的规律,这也就是对资料的编码过程。

数据分类即统计分类,又称统计归组,就是按照研究对象的本质特征,根据研究的目的、任务和分析的方法,将同质的数据进行分组归类。一般可分为品质分类和数量分类两种。

1. 品质分类

品质分类是按研究对象的性质或属性特征进行分类。品质分类的标志不能用数值来表现,因为这种分类并不表明研究对象之间的数量差异。如以性别为标志可分为男、女两类;学校类型可按教育层次分为高等学校、中等学校、小学等几类;再如按"理解能力""学习态度""品行等级"为标志,可分为好的、较好的、差的等几种水平,每种水平可看成一类,然后可通过各类所包含的数据再进行数量化的比较和分析。

2. 数量分类

数量分类具体表现为数值,是按数量的属性进行分类的,包括顺序排列法、等级排列法和次数分布法等。

(1) 顺序排列法,即将所有数据按从大到小或从小到大的顺序进行排列。

(2) 等级排列法,即根据顺序排列的结果划分等级。与顺序排列不同的是,等级是根据数据的含义予以确定,若是学习成绩分数,应以数据大的排为第一等级;若是反映时间,则将最小的数据排为第一等级,如竞赛成绩数据,反映比赛所用时间的数据越少越好。

(3) 次数分布法,在数据较多的情况下,若采用上述排序方法进行整理会过于烦琐,可通过数据归类,编制次数分布表。

• 相关链接 •

编制次数分布表的步骤

编制次数分布表的具体步骤如下。

1. 求全距。全距就是全部数据中的最大值减最小值。

2. 定组数。组数一般是根据数据资料的性质和数据的多少来确定。通常情况下,数据在100个以上可分为10—20组,数据在100个以下可分为5—10组。大多数统计专家建议,分组的数量应为5—20组,这样既可使计算方便,又不失其精确性。

3. 求组距。组距就是每一组的间距。

$$组距 = (全距 + 1) / 组数$$

4. 定组限。组限即为每一组的界限,该组中的起点数值(最小数值)称为下限,终点数值(最大数值)称为上限。组限的写法很多,如以"10"为组距,一般多用以下两种表示:

一种写法为:60—70,70—80,80—90

另一种写法为:60—69,70—79,80—89

5. 求组中值。组中值是居于一组中间的数值,其计算公式为:

$$组中值 = 精确下限 + 组距/2$$

6. 归类划记。当组距、组限及组中值确定以后,就可以将全部数据"对号入座",编制出次数分布表。

经过次数分布表的编制,我们就可以把收集到的排列无序的原始数据转化成分布在若干组的次数,进而反映出一列数据的分布情况。

(三) 用图表整理数据

经过初步整理后的数据资料,不仅在内容上应该是正确无误的,而且在表现形式上也应该明晰完美。适当的表现形式对于明确生动地体现研究资料的内容来说,是十分重要的。下面简要介绍一下统计数据资料的主要表现形式:统计表和统计图。

1. 统计表

统计表是用来表达统计指标与研究对象之间数量关系的表格。统计表的优点主要有:第一,可以避免文字的冗长叙述;第二,易于比较各个项目之间的相互关系;第三,便于检查计算错误和项目遗漏。

科研论文的统计表格普遍采用"三线表",其结构以顶、中、底三条横线为主。三线表以其形式简洁、功能分明、阅读方便而在科研论文中被推荐使用。

(1) 统计表的结构。

统计表一般由表序、表题、标目(横标目、纵标目和总标目)、数据、线条、表注等内容组成。其基本结构如图9-1所示。

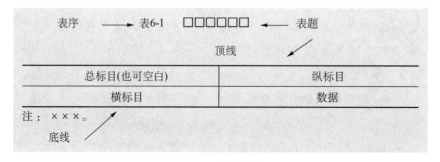

图9-1 统计表的基本结构

① 表序和表题。

表序位于表题的前面,按照表格在文章中出现的顺序用阿拉伯数字依次排列,如表1、表2等。每张统计表用一个标题说明表的主题,不可缺少。表题是统计表的名称,位于表的上方,应该简明扼要、清晰确切地反映出统计表的中心内容,以不超过15字为宜,不用标点符号。

② 标目。

标目是统计表的重要内容,根据其位置与作用分为横标目、纵标目和总标目。横标目位于表的左侧,向右说明各横行数字的含义。标目的安排要围绕主题,力求醒目、鲜明,层次清楚,文字简明,给读者留下深刻印象。标目的分组不仅要符合专业逻辑,还要符合统计表排列的逻辑性,避免标目之间混淆或交叉。

③ 数据。

表内数据一律使用阿拉伯数字,字迹清晰,填写完整,位数一致、对齐。表内不留空格,暂缺或没有记录的项目可以用"…"或"……"表示,无数字的用"—"表示。若数字为"0"则填写"0"。表内相邻的数字均应照写,不能用"同上"等文字表述。

④ 线条。

表内尽量少用线条。顶线和底线用粗线条;中线用细线条,不用纵线和斜线;两端不置竖线,采取开放式。

⑤ 表注。

表的"备注"及说明一般列于表的底线下用简短的小号字注明,且在表内以"﹡"标注,以免表内杂乱,但并非是表格的必要组成部分。若有多处需要说明,则以2个或2个以上的标示号区分,可在表下依次说明。"备注"不应与文字叙述重复,一般说明统计量值以及需要说明的问题。

⑥ 位置。

表格应紧随相应文字叙述之后,切忌先出现表格后出现提及表序语句的情况。美国学者艾伦伯格提出了编制数字表格的六个基本要求:

第一,把数字四舍五入为两位有效数字。

第二,可能的话,包括行与列的平均数。

第三,把最重要的数据放在列中。

第四,可能的话,把数据按从小到大或从大到小的顺序排列。

第五,使行与列的间隔较小。

第六,用表格表示重要的定量数据,用图形表示定性数据。

在编制统计表时,适当参考上述六个基本要求还是具有一定的必要性的。

(2) 统计表的种类。

根据所选分类标志的数目,统计表可分为简单表、分组表和复合表三种。

① 简单表。数据资料未进行任何分组,只列出统计对象的名称或只按地域分布、时序排

列的表格,称为简单表。

② 分组表。数据资料只按一个标志(品质或数量)进行分组列成的统计表称为分组表。分组表对于分析不同类型的研究对象的数量特征和相互关系具有重要的意义。表9-2是按品质标志分组的统计表。

表9-2 某园大三班幼儿区角活动人数分布统计表(单位:人)

	娃娃家	积木	图书角	科学角	故事角	合计
周一	6	9	9	7	3	34
周三	5	10	8	9	2	34

③ 复合表。数据资料按两个或两个以上标志分组列成的统计表称为复合表。复合表有助于研究人员比较和揭示研究现象中的重要联系、差别及其规律。表9-3是按班级、性别、就餐习惯评定等级三个标志进行分组的复合表。

表9-3 某园小班幼儿就餐习惯评定统计表(单位:人)

	优秀		良好		合格		须努力		合计
	男	女	男	女	男	女	男	女	
一班	3	6	7	5	6	4	1	0	32
二班	2	8	6	4	7	5	1	1	34
三班	4	7	6	5	5	5	1	1	34
四班	3	6	5	5	6	4	2	1	32
合计	12	27	24	19	24	18	5	3	132

2. 统计图

统计图是用几何图形或具体图像来表现统计分组或统计资料的一种方式。一般来说,它是根据统计表的资料绘制而成的,其特点是形象生动、鲜明直观、引人注目,包含丰富的信息。统计图是在统计表的基础上绘制的,因此,在使用统计图时,一般都附有统计表。绘制一张统计图,除正确绘制图形本身以外,还应注意标明图号、标题、计量单位、比例尺度和资料来源。

统计图的主要用途有:第一,比较同类指标的高低;第二,揭示研究现象的内部结构;第三,反映研究现象的发展趋势、各种现象之间的相互关系;第四,显示研究对象内部各单位的分布状况。需要注意的是,从统计图中通常很难获得确切的数字,因此它不能完全代替统计表。

常见的统计图主要围绕分类变量(定性变量)和度量变量(定量变量)作图。分类变量主要反映现象的分类情况,度量变量主要反映现象的数值大小。因此,对不同的变量采用的图形表示也不相同。

(1) 分类变量常用的图形有圆饼图和条形图。

① 圆饼图。以圆的全部面积作为100%,代表现象总体,用分划的扇形面积代表各组占总体的比例,形象地表现总体的内部结构。如图9-2是根据表9-1制作的周一该班幼儿区角活动人数分布圆形统计图。

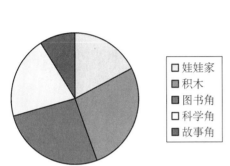
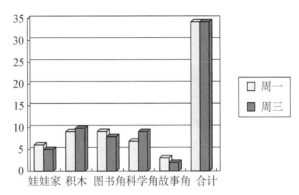

图9-2　大班幼儿区角活动人数分布(周一)　　图9-3　大班幼儿区角活动人数分布比较

② 条形图。在直角坐标系中分别以相等的距离代表不同的组或总体,各组或总体对比的同一指标的数值按相同的比例尺缩小或放大。用不同高度的柱形或不同的条形表示,是利用条形的长短比较各种统计指标的大小。条形图类型较多,如柱形图(纵排的条形图)、带形图(横排的条形图)、复合条形图(对研究现象进行复合比较时,以两个或两个以上条形为一组,同时并列若干组的条形在一个图上)。如图9-3是根据表9-1制作的该班幼儿区角活动人数分布,在周一、周三比较统计的复合条形图。

条形图的制作要注意以下事项:

a. 图形的尺度必须以0为起点,同时尺度上任何单位必须用相等距离表示。

b. 条形的长短表示数量的多少,条形不要过宽或过窄。

c. 各条形的宽度必须相等,条形之间的间隔应一致,一般为条形宽的一半至一倍比较合适。

d. 各条形排列应有一定顺序,一般按图示数据大小为序,或按时间顺序。

e. 复合条形图和条形结构图,应采用不同或线纹或颜色加以区别,并加以图例说明。

(2) 度量变量,又叫定量变量。

度量变量的值用数量来表示,可以进行算术运算。定量变量常用折线图、盒形图、直方图等图示表示。

① 折线图。以纵坐标表示次数,横坐标表示分组名称或时间,在 XOY 直角坐标系中绘出相应坐标点连成折线。如图9-4,表示在娃娃家和图书角活动的幼儿数分布一周走势。

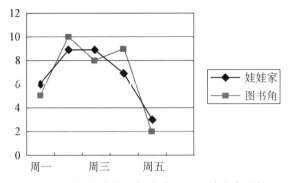

图9-4 大班幼儿区角活动一周人数分布比较

优点:轮廓明显,使人获得清楚的印象。折线图除了可以看数据的波动情况外,还可以分析数据的吻合情况。对于两个以上对象分布比较很清晰。

不足:不太精密。

② 盒形图:表明两端的值和中间的值的范围。盒子所占的数据数目占总观测数的1/2,两端各占有1/4。盒子中线又是盒子的1/2。

优点:含有丰富的信息,为数据提供简明有效的视图。盒子代表了最密集数据的区域。

不足:丢失了最初的数据。

③ 直方图:常用的次数分布图,又分为单峰、双峰直方图。横坐标表示各组组限,纵坐标表示次数、频率或次数密度,取一定距离代表组限大小和次数多少,矩形的面积代表观测的数目。纵轴常从0开始,横轴可以从任何合适数字开始。

优点:简化数据,可以表示大量数据。

不足:直方图丢失了信息。

除了以上常用的统计图外,时间序列图、散点图、点线图和茎叶图也常用来表示数据的特点。

最后,在作图过程中应注意以下事项:一是作图优秀的标准,应在最短的时间内用最少的笔墨在最小的空间里给读者最多的思考;二是根据所依据的任务及统计表,手工绘制或用计算机生成统计图。如比较统计指标时,用直线图、条形图、带形图;表示总体结构时,用条形图、圆饼图;表示现象的发展过程时,用线形图;表示现象间的依存关系时,用折线图;表示总体各单位的分配时,用次数分布图。

第二节 资料的定性分析

定性分析

对收集到的数据,我们需要进一步分析与处理,以期揭示数据背后的含义。通常把研究数据的分析分为两类,一类是定性分析(主要回答"为什么"),另一类是定量分析(告诉我们

"是什么")。若离开了定性分析,定量分析会失去深刻性,因此,定性分析是任何一个研究都必须面对的问题。

定性分析,也叫质性分析,是运用分析与综合、比较和分类、归纳和演绎等逻辑分析的方法,对研究所获得的资料进行整理与加工,从而认识研究对象的本质特征,揭示其内在规律的过程。定性分析目标就是寻找变量之间的关系(相关、因果或其他关系),解决"为什么"的问题。

一、定性分析的特征

(一) 定性分析是对自然情境下现象的研究

定性分析是研究者直接到他们所感兴趣的特定环境中进行观察并收集资料,然后根据这些资料,再按一定的理论模式和不同学科的特征进行分类、整理,从中发现一些重要的线索,进而尝试归纳出一些新的理论模式。

(二) 定性分析以描述性资料为主

定性分析中所依据的资料包括观察记录、访谈记录、照片、图片、视频、日记、评论、实物等,这些资料都是对有关研究现象实际情况的真实描述,通过描述来展示现象发生、发展的脉络。

(三) 定性分析既关注结果,也关注过程

研究者对于所研究现象为什么发生、如何发生及导致了什么结果等都非常关注。

(四) 定性分析具有归纳的取向

定性分析的方法论基础是以归纳为主的。研究者是在研究过程中根据所收集的资料来发展和归纳出相关的理论,而不是通过资料来评估验证理论假设。

(五) 定性分析具有整体的观点

定性分析把研究对象作为一个系统从整体上加以认识。任何现象都是由相互联系、相互影响的各个部分所组成的有机整体,把研究对象作为一个整体加以研究,从多个不同的角度、全方位地观察分析,有助于洞察对象的全貌。

二、常用的定性分析方法

常用的定性分析方法有因果分析法、比较分析法、归纳和演绎法、分析和综合法、扎根理论等。

（一）因果分析法

分析因果关系的方法就是因果分析法。研究中运用因果分析法要注意如下三个问题：第一，要善于发现构成因果关系的事物。凡是因果关系都必须具有两个或两个以上的因素（或变量）。第二，确定因果关系的性质。即何为因，何为果。若为多因，应分清内因和外因、主要原因和次要原因、主观原因和客观原因、直接原因和间接原因。第三，对因果关系的程度要做出适当的解释。定量分析分析因果关系的程度常用回归系数来表示，而定性分析则要做出理论上的解释。

因果分析的具体方法主要有契合法、差异法、契合差异并用法、共变法、剩余法。其中，契合法是指被研究的现象在不同场合出现，而在各个场合中只有一个情况是共同的，那么这个共同情况与被研究现象之间就有因果联系，其基本思路就是"异中求同，求同除异"。

（二）比较分析法

比较分析法就是把两个或两个以上的事物加以对比，从而确定事物之间的相同点和差异点的方法。

1. 纵向比较和横向比较

纵向比较是对同一事物在不同时间的状况进行比较，有助于人们从动态上对现象加以认识。横向比较是对同一时间、不同空间上的某些现象进行比较，强调研究事物的异同，找出其差距，分析其原因。

2. 定性比较和定量比较

定性比较是通过事物间本质属性的比较来确定事物的性质。定量比较是对事物属性进行量的分析以判断事物的发展变化。在实际工作中，研究者有时把二者结合起来运用，这样可以使比较的内容更加清晰、比较的结论更加准确。

3. 单项比较和综合比较

单项比较是对事物的某一个属性进行比较，而综合比较则是对事物的多个属性进行比较。单项比较只能使人们认识事物的局部特征，只有通过综合比较才能使研究者对事物有个整体的认识，才能真正把握事物的本质特征及其规律。

（三）归纳和演绎法

1. 归纳法

归纳法是指从个别的现象概括、抽象出一般性的规律，是从大量的个别事实形成一般性的理论认识的方法。

2. 演绎法

演绎法是指从一般的规律出发引出个别的特性，是从某个一般性的理论认识引出个别性结论的方法。演绎法也叫演绎推理,它有多种多样的模式,在研究中用得较为广泛的是假言推理。假言推理是前提中至少有一个假言判断,根据假言判断中前件和后件之间的关系推出结论的一种演绎推理。

归纳法和演绎法是两种既相互对立又相互联系的分析方法。在研究中,研究者应把二者有机地结合起来,加以有效利用。

(四) 分析和综合法

分析和综合法是两种互相关联的分析方法。

1. 分析法

分析法,就是在思维中把认识对象分解为各个方面、各个部分进行考察的方法。通过分析法,可使我们清楚地考察事物的各部分、方面、因素和层次在整体中的地位和作用,从而把握它们的特殊本质。

2. 综合法

综合法,就是在分析的基础上,把认识对象的各个方面、各个部分在思维中再组合成为一个整体来加以考察的方法。通过综合法,可使我们更好地把握对象的整体,从事物内在的相互关系中把握整体特征,揭示研究问题的实质。

分析和综合法辩证统一,二者在研究资料的分析中起着不同的作用,但却又相互依存、相互关联、相互补充、相互配合。

(五) 扎根理论

扎根理论又称根基理论,是一种以质性研究为手段,通过有系统地收集和分析资料的研究历程,从资料中衍生出理论的方法。研究者在研究开始之前一般没有理论假设,而是直接从实际观察入手,从原始资料中归纳出经验概括,然后上升到理论。扎根理论是一种从下往上建立实质理论的方法,即在系统收集资料的基础上寻找反映社会现象的核心概念,然后通过这些概念之间的联系建构相关的社会理论。

1. 扎根理论的基本特征

(1) 从资料中产生理论的思想。
(2) 理论敏感性。
(3) 不断比较的方法。
(4) 理论抽样的方法。
(5) 适度引用文献。
(6) 标准化的检视与评价。

2. 扎根理论的操作程序

(1) 从资料中产生概念,对资料进行逐级登录。

码9-1 扎根理论研究示例

（2）不断地对资料和概念进行比较,系统地询问与概念有关的生成性理论问题。
（3）发展理论性概念,建立概念和概念之间的联系。
（4）理论性抽样,系统地对资料进行编码。
（5）建构理论,力求获得理论概念的密度、变异度和高度的整合性。

三、定性分析的基本过程

定性分析有两种基本形态:生产性分析和无生产性分析。生产性分析是指资料的搜集和分析同时持续地进行;无生产性分析是指在收集完资料后再进行分析。生产性分析比较容易发现主题,提高研究效率;无生产性分析的研究步骤比较清楚,但研究过程中若发现研究资料缺失,有时比较难以弥补。研究者可根据研究目的和条件选择不同的分析方式。无论是哪种分析方式,定性分析的基本过程一般包括三个步骤。

(一) 评价

研究资料是定性分析的依据,研究资料质量的好坏将直接影响研究结论的科学性和合理性。当拿到一组定性资料之后,首先需要对资料进行审核与评价。对定性资料的质量审核包括两个方面的内容:一是从研究资料的总体看,应检查整个研究所要求的资料和数据是否收齐;二是对被试个体的资料、数据进行审核,检查每一个被试的资料、数据有无缺失或遗漏,有无前后矛盾之处等。所以,研究者必须对收集来的资料进行审核,确认其是否真实、准确、完整。

(二) 分类

在定性分析中,当我们面对通过观察、访谈或开放性的问卷所获得的研究资料时,最常用的编码方式就是对研究资料进行归类。归类的原则可以是研究者已有的理论背景、前人研究的结论等,但更重要的是这些定性资料自身内在的规律性。

资料的分类就是把收集来的资料按照某个特征分为不同的组成部分;汇总则是把相关资料归到它所属的类别中。分类既要保证各个类别之间不得有交叉,又要保证所有的个体都能被纳入不同的类别中,做到既不重复,也不遗漏。

研究者在对资料进行整理时,首先要认真阅读、熟悉原始资料,以全面了解资料的总体情况,准确地把握其内容构成与关系。研究者在阅读时要从资料本身出发,实事求是,不能带有个人的主观臆断、先入见解或看法。其次,根据资料的特征选择分类标准,研究者将其按照一定的系统进行编码。编码系统一般有以下一些类型:

（1）场景或情境。
（2）行为者(参与事件的人)。
（3）行为(有关人员的单一行为)。
（4）活动(有关人员从事的一系列相关行为)。

(5) 事件(有关人员从事的一系列相关活动)。

(6) 时间(事件发生的前后序列)。

(7) 实物(在场的物品)。

(8) 目标(有关人员希望完成的事情)。

(9) 感受(人们所感受到的和表现出来的情绪)。

(10) 被研究者看问题的方式、角度。

(11) 研究者使用的方法等。

编码系统是多种多样的,在研究过程中,研究者可根据需要,选择并建立不同的编码系统。

(三) 资料分析,探索规律

通过资料整理,研究者对所研究现象已有了一定的感性认识,为了进一步揭示现象的本质特征及其发展规律,还必须对整理后的资料进行深入的分析研究。资料分析就是运用科学的思维方法对整理好的研究资料进行深加工,以建构一定的理论、形成一定的观点的过程。

四、定性分析的局限性

定性分析只是判定研究对象实体是否存在、结构如何、各要素之间具有何种联结等,往往是认识事物的开始,具有相对性与局限性。第一,它缺乏定量化的严格的观察、测量、统计、计算和表述,不能对特定事件给出严谨的描述、说明、解释和阐述。所以,它仅仅是给出某种研究的大致方向或趋势,具有不确定性。第二,它不具有严格的操作规则或实践规则的约束。因此,研究结构具有很大的随意性,在主题、对象、时间、空间和条件等各个因素之间均具有很大的跳跃性,从而强化了研究者的背景知识对分析结果的影响,具有不精确性。第三,定性分析是以经验描述为基础、以归纳逻辑为核心的方法论系统,它的推理缺乏严格的公理化系统的逻辑约束。因而,在它的前提和结论之间可能不存在逻辑的必然性,即其结论往往具有或然性。因此,定性分析应该和定量分析结合运用,才能得出对现实世界本质的认识。

第三节 资料的定量分析

定量分析

定量分析是应用数理统计的一般原理和方法,对研究过程中收集来的数据资料进行整理、分析,并以此为依据,进行科学推断,从而揭示蕴含于其中的客观规律的一种研究方法。定量分析的本质就是运用统计模型来测试变量和变量之间存在的关系,从而检验研究者自己对该事物的某些理论假设是否正确以及以此来推断事物间的因果关系的研究方法。事实上,对某些现象的定性分析必然要求对其进行定量分析,定量分析的目的在于更精确地定性。需要说明的是,定性分析与定量分析应该是统一的、相互补充的。定性分析是定量分析的基本前提,没有定性的定量是一种盲目的、毫无价值的定量;定量分析能使定性分析更加科学、准确,可以促使定性分析得出广泛而深刻的结论。在各种定量分析方法中,统计分析应用最广泛。本节主要为大家介绍这种统计分析。

一、统计分析的基本概念

在进行统计分析时,常常会涉及一些统计学术语,如总体、样本、变量、研究指标、误差等,研究者只有搞清楚这些术语的内涵,才有助于理解、掌握统计分析方法。

(一) 总体、个体、样本、抽样

总体:研究的全部对象。

个体:总体中的每个成员。

样本:总体的一部分,样本必须有代表性,样本含量与可实施性之间要保持平衡。

抽样:从总体中获得样本的过程。抽样的目的就是从总体中获得一个有代表性的样本,以便通过样本推断总体。(1)随机抽样:总体中的每一个个体被抽中的机会都相同的一种抽样方法。(2)放回式抽样:从总体中抽出一个个体,记下其特征后,放回原总体中,再进行第二次抽样。(3)非放回式抽样:从总体中抽出个体后,不再放回,立即进行第二次抽样。

(二) 变量

变量是指在性质上、数量上可以变化的,可以测量或操纵的条件、事件或事物。变量的基本类型有以下几类。

1. 相关变量与因果变量

相关变量是指相互之间存在相关关系的变量,在发展变化的方面和大小方面存在一定的关联度,如血压和心率、湿度和下雨等。因果变量是指相互之间存在因果关系的变量,包括自变量和因变量。对于表现为因果关系的相关关系来说,自变量一般都是非随机变量,即可以控制的变量;而因变量则是随机变量。例如,学习的时间是自变量,学业成绩则是因变量。

对互为因果关系的相关关系来说,两个或多个变量都是随机变量,我们可以根据研究或实验目的来确定自变量和因变量,二者可以互为依据。例如,对于研究学习兴趣和学习成绩两个变量来说,我们既可以把学习兴趣作为自变量,去考查因变量学习成绩的变化;反过来,我们也可以把学业成绩作为自变量,分析因变量学习兴趣的相应变化。

2. 主体变量与客体变量

如果以研究对象为主体,可将变量分为主体变量和客体变量。主体变量指存在于研究对象主体属性内的各种变量；客体变量指存在研究对象主体以外的各种变量。

3. 直接测量变量和间接测量变量

根据是否可直接对变量进行测量，可将变量分为直接测量变量和间接测量变量。

4. 操作性变量与非操作性变量

从是否可由研究者主动加以操作角度划分，变量可分为操作性变量和非操作性变量。操作性变量指研究者可以主动加以操作的变量，如教学策略、实验条件；非操作性变量指在研究前已存在或研究时无法主动加以操作的变量，如年龄、家庭结构等。

5. 研究变量和非研究变量

根据是否成为特定研究所要操作的对象，变量可分为研究变量和非研究变量。研究变量指某特定的研究所要操作的变量；非研究变量指操作变量以外的其他变量。

6. 分类变量和度量变量（定性变量和定量变量）

分类变量是指它的任两个观测值或者相同或者不同。其中，观测值不能够被排序，不能够比较大小。如天气类别、出生地、工作种类等。

度量变量是可以被测量的变量，又叫定量变量。如身高、体重、耐磨次数等。

7. 随机变量

在客观世界中，存在大量的随机现象，随机现象产生的结果便构成了随机事件。例如，在相同条件下抛一枚硬币，其结果可能是正面向上，也可能是反面向上，每次抛掷之前无法确定其结果，这类现象就是随机现象。如果用变量来描述随机现象的各个结果，就叫作随机变量。这种变量尽管有其偶然性的特征，但也具有一定的规律性，通过进行大量的观察和实验，就能够发现这种随机现象的变化规律。

（三）研究指标

研究指标就是用来具体测量研究变量的类别、状态、水平、速度等特性的项目。同一研究变量常常可以用多个研究指标共同代表。研究变量的测量水平实质上就是研究指标的测量水平。根据研究指标的数字特性的不同，可分为定类指标、定序指标、定距指标和定比指标。

定类指标是反映研究变量的性质和类别的指标。它给研究对象以定性标志，以识别分类变量为目的，如性别、职业等。如用1表示男，用2表示女。这里的1与2仅表示性别的差别，并不说明性别的量有多大差异。定类指标不能做加、减、乘、除等运算，一般只能计算频率和比例。

定序指标是反映研究变量所具有的不同等级或顺序程度的指标。定序指标虽没有相等的单位，也没有绝对零点，但可以衡量研究变量在高低、先后、大小、强弱等程度上的区别。如学生百米赛跑排名次，速度最快的定为第1名，次快的定为第2名，以此类推，其数字特性比定类指标高一个水平。定序指标可进行频率、比例运算。

定距指标是反映研究变量在数量上的差别和间隔距离的指标。除具有定类指标、定序指标的性质外,它各部分的系统是相等的,因而可反映变量在具体数量上的距离差异,其数字特性比定序指标高。但它没有绝对零点,只能进行加减法运算,不能做乘除法运算。例如在能力测验中,甲得 90 分,乙得 45 分,比较时,即甲比乙高 45 分,而不能说甲的能力是乙的能力的 2 倍,因为能力没有绝对零点,若某人在这个能力测验中得 0 分,只能说明此人不具备这个测验所测量的能力。定距指标可采用平均数、标准差、积差相关、T 检验、Z 检验等统计检验方法。

定比指标是反映变量的比例或比率关系的指标。它具有绝对零点,不仅能进行加减运算,而且还能进行乘除运算,作各种统计分析,是数字特征最高的指标。例如体重的比较,甲的体重为 90 公斤,乙的体重为 60 公斤,比较两人的体重时可用减法,即甲的体重比乙的体重多 30 公斤;也可用除法,得知甲的体重是乙的体重的 1.5 倍。

(四) 参数和统计量

参数又称总体参数,指的是通过各种方式所得到的一个总体指标,它反映了总体的某种数量特征。在研究中经常涉及一些参数的计算。例如,体现总体集中趋势的重要指标是总体平均数,用符号 μ 表示;体现总体离散趋势的重要指标为总体标准差,用符号 δ 表示;体现某一研究对象两种性质在总体内部关系变化状况的重要指标是总体相关系数,用符号 ρ 表示;等等。统计量又称统计特征数,它是直接从样本计算出来的反映样本的某种数量特征的指标。

参数是描述某个总体状况的统计指标,而统计量则是描述某一组样本数据情况的统计指标,二者所代表的研究对象存在范围大小的差异。当已知总体的大小与实际观测的总次数相同时,参数与统计量同为一个统计指标;当总体无限时,参数与统计量各不相同,则需要利用样本统计量去估计推断总体参数。

(五) 次数

为完成某项研究,我们经常要对一些随机现象进行随机的观察或实验。对于随机实验中的那些无法确定能否发生的事件,我们称其为随机事件,简称事件。次数是指某一事件在某一类别中所出现的数量,也称频数,常用符号 f 代表。例如,某班学生参加一次数学考试,成绩为 90 分的学生共有 9 人,数值 9 就是 90 分这个事件出现的次数。

(六) 误差

样本是总体的一部分代表,因观察或实验条件的不同、测试者与被试者的情况不同以及抽取的样本不同,当利用样本的各种统计量去推断总体的状况时,必然会产生误差。统计学中所说的误差,一般是指实际观察值与客观真值之差,样本指标与总体指标之差。误差主要可分为以下三类。

1. 系统误差

在实际观测过程中,由于仪器未校正或主试对实验要求与标准不够明确,实验时技术掌控偏高或偏低等原因,使观察值出现有倾向性的偏大或偏小;或用不同的数学方法、不同的被试等,由此取得的数据出现服从确定规律误差,这些都称作系统误差。例如,在全国高考中,尽管各科都有统一的评分标准,但由于各地在掌握评分标准方面存在着一定的差异,使得评分标准掌握较宽的地区考生的得分普遍偏高,而标准掌握较严的地区考生的得分普遍偏低,这种误差就是系统误差。系统误差具有一定的倾向性,严重影响原始数据的准确性,应注意防止和消除。由于系统误差很难从原始数据中分析出来,不易发现和消除,因此研究者需要认真仔细地分析测试方法、量表和仪器,如已发生误差便要尽力查明原因,创造条件,加以排除。

2. 随机误差

随机误差也称偶然误差,是指排除了系统误差后尚存的误差。它受各种不易发现或无法控制的偶然因素的影响,致使对同一对象用同一方式测试多次,其结果都不一样,观察值不按方向性和系统性而随机地变化。随机误差可以用概率统计方法处理,它不影响对研究总体情况做估计或推断的可信程度。研究者对随机误差的统计规律性需要进行认真研究,以达到提高用样本统计量去推断总体的有效程度。

3. 抽样误差

在随机误差中,最重要的是抽样误差。我们从同一总体中随机抽取若干个大小相同的样本,各样本平均数之间会有所不同。这些样本间的差异,同时反映了样本与总体间的差异。由于它是从总体中抽取样本才出现的误差,统计上称为抽样误差(或抽样波动)。由抽样误差定义可知,抽样误差小,样本对总体的代表性强;反之,样本对总体的代表性弱。所以说,抽样误差是测量样本代表性的指标。

影响抽样误差大小的原因主要有三种:一是样本容量,在控制其他条件的情况下,样本容量与抽样误差的大小成反比;二是总体变异程度,总体变异程度与抽样误差大小成正比;三是抽样方法,在样本容量相同的情况下,非重复抽样比重复抽样所产生的抽样误差小,分层抽样和等距抽样要比随机抽样和整群抽样所产生的抽样误差小。

二、统计分析的分类

科学研究中的统计分析,可以根据不同的分类标准分为不同的类别。其中,最常见的是按统计分析方法的功能进行分类,主要包括描述统计、推论统计和实验设计辅助统计。

(一) 描述统计

描述统计是指用数学方法来整理和概括,用以反映现象分布特征的一种统计分析方法,是一系列数字数据的统计方法。它主要包括数据的初步整理、数据集中趋势和离散均势的度量以及相关关系的度量等几个方面,其目的在于使纷繁的数据清晰直观地显示研究对象的特征,以利于进一步地分析。例如,计算集中量数指标(算术平均数、中位数、众数等)来反映数据分布的集中趋势;计算差异量数指标(如标准差、百分位距)来反映数据分布的离散程度;计算相关量数指标(如相关系数)来反映数据之间的相关程度。一般情况下,集中量数、差异量数、相关量数均可借助计算机等辅助工具进行运算。如遇特殊情况,可参考表9-4相关公式进行人工计算。

表9-4 主要统计计算公式

公式名称	数学公式	说明	字母含义
算术平均数	$\bar{x} = \dfrac{\sum x}{n}$ (公式1)	简单	$\bar{x}$:平均数 x:各变量值 n:总体单位数 f_i:该观测值次数(频数) W:该观测值权重
	$\bar{X} = \dfrac{\sum_{i=1}^{n} f_i X_i}{\sum_{i=1}^{n} f_i}$ (公式2)	频数	
	$\bar{X}_w = \dfrac{\sum XW}{\sum W} = \dfrac{X_1 W_1 + X_2 W_2 + \cdots + X_n W_n}{W_1 + W_2 + \cdots + W_n}$ (公式3)	加权	
中位数	$M_e = L + \dfrac{\dfrac{\sum f}{2} - s_{m-1}}{f_m} d$ (公式4)	下限公式	M_e:中位数 L:中位数所在的下限 U:中位数所在的上限 s_{m-1}:中位数所在组前各组累计数 s_{m+1}:中位数所在组后各组累计数 f_m:中位数所在组的次数 d:中位数所在组的组距
	$M_e = U - \dfrac{\dfrac{\sum f}{2} - s_{m+1}}{f_m} d$ (公式5)	上限公式	
众数	$M_o = L + \dfrac{\Delta_1}{\Delta_1 + \Delta_2} d$ (公式6)	下限公式	M_o:众数 L:中位数所在的下限 U:中位数所在的上限 Δ_1:众数所在组的次数与前一组次数之差 Δ_2:众数所在组的次数与后一组次数之差
	$M_o = U - \dfrac{\Delta_2}{\Delta_1 + \Delta_2} d$ (公式7)	上限公式	

(续表)

公式名称	数学公式	说明	字母含义
方差	$\sigma^2 = \dfrac{\sum(x-\bar{x})^2}{n}$ (公式8)	总体	σ^2:总体方差
	$S^2 = \dfrac{\sum(x-\bar{x})^2}{n}$ (公式9)	样本	S^2:样本方差
标准差	$\sigma = \sqrt{\dfrac{\sum(x-\bar{x})^2 f}{\sum f}}$ (公式10)	总体	σ:总体标准差
	$S = \sqrt{\dfrac{\sum(x-\bar{x})^2 f}{\sum f - 1}}$ (公式11)	样本	S:样本标准差
变异系数	$CV_\sigma = \dfrac{\sigma}{\bar{X}} \cdot 100\%$　$CV_S = \dfrac{S}{\bar{x}} \cdot 100\%$ (公式12)		$\bar{x}$:平均数 σ:总体标准差 S:样本标准差 CV_σ:总体标准差系数 CV_S:样本标准差系数
标准分	$Z = \dfrac{X - \bar{X}}{S}$ (公式13)		x:各变量值 S:标准差 $\bar{x}$:平均数
相关系数	$r = \dfrac{\dfrac{1}{n}\sum(X-\bar{X})(Y-\bar{Y})}{\sqrt{\dfrac{1}{n}\sum(X-\bar{X})^2}\sqrt{\dfrac{1}{n}\sum(Y-\bar{Y})^2}}$ (公式14)	皮尔逊积差相关	r:样本相关系数 n:成对数据的对数 x、y:变量x和y值 $\bar{x}$:变量x平均数 $\bar{y}$:变量y平均数
标准误	$SE_{\bar{x}} = \dfrac{\sigma}{\sqrt{n}}$ (公式15)		σ:总体标准差 n:总体单位数 $\bar{x}$:变量x平均数

1. 集中量数(集中变量)

在将数据资料初步整理到所编制的次数分布表或图上时,我们可以看出各组数据分布的次数虽然各有不同,但大部分数据都趋向于某点,这种向某点集中的现象,称为集中趋势。而代表数据集中趋势的统计量被称为集中量数,也叫集中变量。集中量数是用来反映一系列数据整体平均水平的数值。

常用的集中量数有算术平均数、中位数、众数等。

(1) 算术平均数。

算术平均数通常称为平均数、均值或均数,常用符号是 $\bar{x}$,是统计学中最常用的一种集中量数,也是使用最广泛的集中量数,其最大优点就是稳定性好。它是各变量值的总和除以变量总次数所得之商。根据不同情况可分别采取简单算术平均数、频数算术平均数、加权算术平均数的计算方法。算术平均数的人工计算,可参考表 9-4 中的公式 1、公式 2、公式 3。

(2) 中位数。

中位数是一组按大小顺序排列的数据中位置居中的数值,简称中数,用符号 M_e 表示。中位数是居中间位置的数,代表一组数据的平均水平,所以它是集中量数的一种。中位数的人工计算,可参考表 9-4 中的公式 4、公式 5。

(3) 众数。

众数也称范数或密集数,它通常是指在一组数据中出现次数最多的那个数值,代表符号为 M_0。在一组数据中,如果某个数据是众数,那就意味着这个数值至少应当出现两次。如果同时出现两个数值都具有最高的并且相同的次数,那么,这组数据就有两个众数;如果三个或更多的数据具有相同的最高次数,那么就是有多个众数。众数的人工计算,可参考表 9-4 中的公式 6、公式 7。

上述三种集中量数在表示一组观测数据的集中趋势时各有其优点与不足,详见表 9-5。

表 9-5 算术平均数、中位数、众数特征比较

算术平均数	中位数	众数
适用于定距或定比变量	主要适用于定序变量	主要适用于定类变量
最稳定	较平均数的稳定性差	最不稳定
计算时要用到全部数据,数据信息提取得最充分	只需中间的数据	容易计算,但不是永远存在,最不适合作为集中趋势代表值
受极端值的影响	对极端值不敏感	有时候对个别值的变动也很敏感
分组变化时影响不大	分组变化时有些影响	分组变化时影响较大

2. 差异量数(差异变量)

差异量数是代表一组数据相对于平均值或其他集中量变异程度或离散程度的量数。它反映了数据分布的离中趋势,即分化的程度。一般来讲,数据分布越分散,差异量数愈大,则集中量数的代表性愈小;数据分布越集中,差异量数愈小,则集中量数的代表性愈大。集中量数在量尺上反映为一个点;差异量数在量尺上则反映为一段距离。只有很好地发挥二者的功能,才能对数据分布的全貌有一个比较明晰的了解。

差异量数一般可分为绝对差异量数、相对差异量数和相对位置量数三类。绝对差异量数是反映一组数据离中趋势并以数据单位为单位的统计量,包括全距、平均差和标准差、方

差等。相对差异量数是一个比率值,不以数据单位为单位,通常被用于比较两种测量单位不同的数据资料的差异情况,具体有变异系数等。相对位置量数主要反映一个量数在其总体中所处的位置,从而便于比较不同量数在不同总体中所处的位置,主要包括百分等级和标准分等。在此仅介绍统计分析中最常用的方差和标准差、变异系数、标准分。

(1) 方差和标准差。

方差和标准差是测度数据变异程度的最重要、最常用的指标。方差是各个数据与其算术平均数的离差平方的平均数,通常总体方差以 σ^2 表示,样本方差以 S^2 表示。标准差又称均方差,是方差的正平方根,总体标准差用 σ 表示,样本标准差用 S 表示。标准差是最常用的差异量数。由于计算标准差需要全部数据都参加运算,所以标准差能够反映数据分布中全部数据的差异情况。标准差数值稳定,适合代数方法运算,是最重要、最可靠的差异量数指标。

由于方差和标准差的计算较为复杂,可用袖珍电子计算器,这样计算就比较方便。方差和标准差的人工计算方法,可参考表 9-4 中的公式 8、公式 9、公式 10、公式 11。

(2) 变异系数。

变异系数又称标准差系数,它是一组数据的标准差与其相应的均值之比,是测度数据离散程度的相对指标,不具有实际测量单位。常用符号 CV 表示。其人工计算方法,可参考表 9-4 中的公式 12。

从公式可看出,差异系数的大小与平均数的大小成反比。标准差系数主要用于对不同组别数据的平均数代表性的比较。标准差系数大的说明该组数据平均指标代表性就小,说明数据分布的离散程度大,即越偏离平均位置;标准差系数小的说明该组数据平均指标代表性就大,说明数据分布的离散程度小。

(3) 标准分。

为了把不同测验或不同学科的成绩进行相对比较,常采用标准分数量表。标准分数也称 Z 分数,通常用符号 Z 来表示。标准分数是某一原始分数与平均数之差除以标准差所得之商。其人工计算方法,可参考表 9-4 中的公式 13。

从公式中可看出,标准分数不以原始数据的单位为单位,它是用标准差为单位来衡量某一原始分数与其平均数之差的,由此体现原始分数在平均数以上或以下几个标准差的位置上,进而描述了该原始分数的相对位置。标准分数是一个抽象数值,没有实际测量单位。它可接受代数方法的处理,可以加减或平均,所以在研究中具有很大的实用价值。标准分表示一个数据在团体中所处的相对位置,便于团体成员间的比较。

3. 相关系数

所谓相关,指变量之间的相互关系。在统计学中,一般将描述和分析两个或两个以上变量之间相关的性质及其相关程度的过程,称之为相关分析。相关分析的目的主要是力求通过具体的数量描述,呈现研究变量之间的相互关系的密切程度及其变化规律,探求相互关系的研究模式,以利于统计预测和推断,为做出正确决策提供参考依据。

相关关系,根据不同的分类依据有多种类型。根据相关程度的不同,相关关系可分为完全相关、不完全相关和无相关。根据变量值变动方向的趋势,相关关系可分为正相关和负相关。根据变量关系的形态,相关关系可分为直线相关和曲线相关。根据研究变量的多少,相关关系可分为单相关和复相关。

计算相关的方法很多,主要有积差相关法、等级相关法、点二列相关法。积差相关是20世纪初英国统计学家卡尔·皮尔逊提出的一种计算相关的方法,故又称为皮尔逊积差相关,它是最常用的计算直线相关的方法。其人工计算方法,可参考表9-4中的公式14。

在统计学中成对的两列变量之间的相关度的数字表征叫作相关系数。作为样本相关系数,常用字母r表示;作为总体相关系数,常用字母ρ表示。相关系数描述了两列变量之间联系的强度和方向。相关系数的数值范围是介于-1与$+1$之间(即$-1 \leqslant r \leqslant 1$),常用小数形式表示,一般要取小数点后两位数字来表示,以便比较精确地描述其相关程度。

两个变量之间的相关程度用相关系数r的绝对值表示,其绝对值越接近1,表明两个变量的相关程度越高;其绝对值越接近于0,表明两个变量相关程度越低。如果其绝对值等于1,则表示两个变量完全直线相关;如果其绝对值为零,则表示两个变量完全不相关(不是直线相关)。

变量相关的方向通过相关系数r所具有的符号来表示,"+"号表示正相关,即$0 \leqslant r \leqslant 1$。"-"表示负相关,即$0 \geqslant r \geqslant -1$。

由于各统计专家对高、中、低相关的界限划分存在较大的分歧,因此有人提出了一种折中的判断标准,如表9-6所示。

表9-6 相关系数的判断标准

相关系数	判断标准	相关系数	判断标准
0.00—0.30	可忽略到低相关	0.60—0.90	实质性(较高)相关
0.20—0.50	低相关到中等相关	0.80—1.00	高相关到极高相关
0.40—0.70	中等相关		

该方法的适用条件是:积差相关适用于正态分布或近似正态分布的双列变量,即用等距和等比量表测量获得的数据;两个变量之间具有线性关系,并且样本容量应大于30。

相关分析除了计算相关系数外,还可用相关散点图表示两个变量之间的关系。

• 相关链接 •

利用 Excel 绘制散点图

利用 Excel 绘制出相关散点图的具体步骤:
1. 将研究的原始数据制成 Excel 工作表。

2. 选定工作表中要绘制相关散点图的两列数据。

3. 在 Excel 主菜单上,选择"插入",再找到"图表"选择"查看所有图表"即出现"图表向导"栏。

4. 出现"图表向导—4 步骤 1—图表类型"框图,在其中选择"XY 散点图"项。

5. 进入"图表向导—4 步骤 3—图表选项"框图,在"标题""坐标轴""网络线""图例""数据标志"等栏目中选定适当的选项。

6. 进入"图表向导—4 步骤 4—图表位置"框图,点击"完成"按钮,Excel 便生成所需的相关散点图。

(二) 推论统计

推论统计,也叫推断统计,是在描述统计的基础上发展起来的,是根据来自样本的数据推断总体的性质,并标明可能发生的误差,以对随机现象作出估计、推断的统计方法。它主要讨论通过局部(样本)数据推论全局(总体)的情况。推断统计的具体内容包括参数估计、假设检验等统计方法。

1. 参数估计

所谓参数估计就是用样本统计量去估计总体相应的参数。如我们可以根据样本平均数($\bar{x}$)去估计总体平均数(μ),根据样本方差(S^2)去估计总体方差(σ^2)。参数估计有点估计和区间估计两种方法,在此主要介绍区间估计。

区间估计是指用一个置信区间估计总体参数。它可以指出估计时的误差大小以及估计的可靠性程度。这个置信区间是在一定的置信度(显著性水平)下建立的,总体参数落在这个区间内可能犯错误的概率等于置信度。标准误越小,置信区间越短,估计正确概率也较高。一般来说,样本容量越大,标准误越小。

置信度是指估计总体参数落在某一区间的可能性或概率。它是用来说明置信区间可靠程度的概率,也是进行正确估计的概率,同时也反映了在作出一个估计时所犯错误的小概率(显著性水平 α),即可靠性为 95% 时,意味着犯错误的概率为 5%。在研究中,常常取置信度为 0.95 和 0.99。

置信区间是指在特定的可靠程度(即置信度)要求下,估计总体参数所落的区间范围。当总体标准差已知,且总体呈现正态分布时,无论样本容量 n 的大小,平均数的分布皆为正态分布,此时标准误的计算方法可参考表 9-4 中的公式 15。

置信区间为:

置信度为 0.95(t 取值 1.96)时,$\bar{x} - 1.96 \cdot SE_{\bar{x}} \leqslant \mu \leqslant \bar{x} + 1.96 \cdot SE_{\bar{x}}$

置信度为 0.99(t 取值 2.58)时,$\bar{x} - 2.58 \cdot SE_{\bar{x}} \leqslant \mu \leqslant \bar{x} + 2.58 \cdot SE_{\bar{x}}$

当总体标准差未知,总体呈现正态分布,且样本容量 $n > 30$ 时,样本平均数的抽样分布接近正态分布,可以用样本标准差替代总体标准差计算。

2. 假设检验

假设检验是推断统计中应用最普遍、最重要的统计方法。所谓假设检验,就是事先对总体参数或总体分布形式作出一个假设,然后利用样本信息,根据一定的概率来判断原假设是否合理,即判断样本信息和原假设是否有显著性差异,从而决定应接受还是应否定原假设。所以,假设检验又称为显著性检验。

(1) 原假设(零假设)和备择假设。

假设检验一般有两个相互对立的假设,即原假设和备择假设。在科学研究中,根据已有的理论和经验或对样本的总体的初步了解而对研究结果作出的假设称为研究假设 H_1,也叫备择假设。而与之相对立的假设称为虚无假设,也称零假设或原假设。研究者通过对 H_0 进行检验,从而接受或拒绝 H_1 的过程便是假设检验。

(2) 显著性水平。

假设检验是建立在概率理论原理(概率事件在一次抽样中不可能发生)的基础上的,通过检验拒绝那种在一次抽样的研究中出现小概率事件的不可能的虚无错误。通常把概率小于 0.05 或 0.01 的事件称为"小概率事件",这个概率也称为显著性水平。显著性水平是指统计假设检验中拒绝原假设的小概率值,用符号 α 表示。如果以 0.05 的显著性水平进行假设检验,则概率值等于或小于 0.05 时说明差异显著,就拒绝原假设;若概率值大于 0.05,说明差异不显著,则接受原假设。显著性水平也说明统计推断时可能犯错误的概率。若 α 为 0.05 或 0.01,表明统计推断犯错误的概率为 5% 或 1%。

(3) 假设检验的基本步骤。

假设检验一般有以下几个步骤:

第一步:建立虚无假设 H_0 和备择假设 H_1。

第二步:确定检验形式(双侧检验和单侧检验)。

第三步:选择适当的显著性水平 α,并根据检验类型查出临界值。

第四步:根据样本数据计算统计检验值。

第五步:比较临界值与统计检验值。

第六步:根据比较结果进行决策。一般在显著性水平 α 下,临界值大于统计值,差异不显著,则接受虚无假设 H_0,拒绝备择假设 H_1;若临界值小于统计值,则拒绝虚无假设 H_0,接受备择假设 H_1。

值得提醒的是,研究者即使得到的显著性水平很高,也应小心谨慎。这是因为研究者很难给出对研究结果所有可能的解释,另外研究设计和运行中的失误也在所难免。这样一来,许多研究者不会在对单独一次研究的显著性检验基础上就作出最后的结论,往往会多次重复研究,从而进一步检验它的效度。若新的研究得到相似的结果,或当前研究重复了以往研究的发现,这都表明研究结果更加显著——即增强了它可代表总体中真正的差异、相关或影响的置信度。因此,作为一名新研究人员,应该认真考虑重复或发展以往的研究,使研究向纵深处发展，而不是试图涉及一些尚未开拓的领域的研究。

（4）常用检验方法。

在科学研究中，常遇到总体平均数和平均数差异的显著性检验，相关系数的显著性检验等。其中运用较多的是 Z 检验和 T 检验。

总体平均数的显著性检验是指对样本平均数和总体平均数之间的差异进行检验。这是一个样本与总体的比较。在这里，样本是从假设均值为 μ 的某总体中随机抽取的。样本平均数 $\bar{x}$ 是该总体平均数 μ 的代表值。检验的目的是确定样本平均数与已知总体平均数之间的差异是否由抽样误差造成，或者说样本是否来自已知总体。根据总体分布形态、总体方差是否已知及样本容量大小等因素，总体平均数的显著性检验需采用不同的方法。

上面所讲的总体平均数的显著性检验是对一个样本平均数与总体平均数的差异进行显著性检验。而平均数差异的显著性检验则讨论的是两个样本平均数差异的假设检验问题。这种检验的目的在于由样本平均数之间的差异 $\bar{x}_1 - \bar{x}_2$ 来检验各自代表的两个总体之间的差异 $\mu_1 - \mu_2$。在进行平均数差异显著性检验时，要考虑到总体分布状态、总体标准差是否已知、样本之间是相关还是独立、样本容量的大小等问题，在不同的条件下需采用不同的检验方法。

• 相关链接 •

例如，某市进行幼儿教师歌手基本功大赛，平均成绩为 80 分，现从中抽取 16 位表演者，他们的平均成绩为 84 分，标准差为 8 分，问这 16 位参赛者的成绩是否高于全市平均成绩？

解：根据题意判断，应该采用单侧检验。

（1）建立假设。

$H_0: \mu \leqslant \mu_0 \quad H_1: \mu > \mu_0$

（2）计算检验统计量。

由于总体标准差未知，且样本容量 $n < 30$，故采用 T 检验。

已知 $\mu_0 = 80$，$n = 16$，$\bar{x} = 84$，$s = 8$，代入公式计算出 $t = 1.93$

（3）确定显著性水平及临界值。

取 $\alpha = 0.05$，$df = 16 - 1 = 15$，查 t 分布表。由 t 分布表下端找到 0.05，它与 $df = 15$ 交叉处的值即是 0.05 单尾界限值。查得 $t_{0.05(15)} = 1.753$。

（4）判断并解释结果。

由于计算的 $t = 1.93 > 1.753$，$P < 0.05$，所以，在 0.05 的显著性水平拒绝原假设 H_0，接受备择假设 H_1，可以认为这 16 位参赛人员的成绩有 95% 的可能性高于全市的平均成绩。

表9-7　t 检验统计决断规则

$|t|$ 与临界值的比较	P 值	检验结果	显著性
$|t| < t_{(df)0.05}$	$P > 0.05$	接受 H_0，拒绝 H_1	不显著
$t_{(df)0.05} \leq |t| < t_{(df)0.01}$	$0.01 < P \leq 0.05$	在 0.05 显著性水平上拒绝 H_0，接受 H_1	显著(*)
$|t| \geq t_{(df)0.01}$	$P \leq 0.01$	在 0.01 显著性水平上拒绝 H_0，接受 H_1	极显著(**)

（三）实验设计辅助统计

实验设计辅助统计主要包括被试的取样方法和样本容量的确定、实验条件的控制，以及结果统计方法的选择和设计等内容。它一般是在实际研究开始之前进行的，主要目的在于使研究者能科学地、经济地以及更有效地进行实验。

由此可见，上述三方面之间是密切联系的。描述统计是推论统计的基础，推论统计是带有预测性质的统计分析方法。描述统计只对数据进行一般特征的描述分析，若不进行进一步的推论统计分析，就不能深刻地揭示统计结果的意义。描述与推论统计是在良好的实验设计下获得的数据基础上进行的。因此，实验设计的优劣是决定统计分析成功与否的关键。

三、统计分析注意事项

研究者在统计分析时易犯如下错误，应多加注意。
（1）选择的统计方法不适合所要进行分析的数据。
（2）在没有确定最适合的统计方法前就收集研究数据。
（3）当存在多种统计方法描述数据的不同方面时，坚持采用其中的一种。
（4）当数据不符合所需假设时，采用参数统计方法。
（5）对求得的 P 值解释错误。
（6）夸大实际较小的统计量显著性差异。
（7）未仔细检查研究所收集的原始数据就进行统计分析。
（8）未根据缺失数据的原因而调整统计分析。
（9）在应该以群体作为分析单位时，以个体为分析单位。

第四节 计算机在统计分析中的应用

一般的计算机中都有许多备用统计程序,可以简便地进行各种统计运算。如平均数、标准差、相关系数、T检验、方差分析、多元回归分析和各种非参数分析等,都是计算机中心系统常备的一些程序。

运用计算机进行统计分析有很多优点:运算速度极快、运算量很大、精确性很高。统计软件包的功能齐全,容易掌握和操作,使用十分方便。研究者应当熟练地掌握计算机及统计软件包的使用方法。

计算机统计的局限性也很明显,一方面计算机统计分析对数据输入和程序编制的正确性要求很高;另一方面,计算机并不能判断输入数据的质量的好坏和统计分析的结果是否有效,不能解释运算结果,也不能知道研究设计是否正确,这些问题只能由研究者解决。因此,研究者的理论素养、研究方法知识及研究的设计、数据的审核都是至关重要的。

一、计算机统计分析的基本步骤

计算机统计分析的基本过程可用图9-5表示。

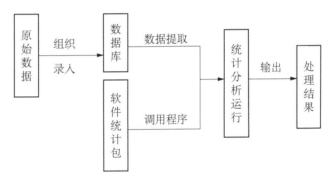

图9-5 计算机统计分析过程示意图

(一)数据的组织

在数据输入计算机之前必须对数据进行组织。若数据没有得到很好的组织,将很难进行分析。数据的组织实际上就是数据库结构的建立。

1. 数据组织的步骤

(1)数据组织的第一步是编码,即用数字代表分类数据,如被试性别1=男性,2=女性。区间数据和比率数据有时也需转换成类别数据并进行编码,如家庭人均收入状况分组、不同的智商水平分组都要进行编码。

编码完毕后,一般应复核一遍,改正编码误差。编码误差主要有以下几种:

① 漏编:编码遗漏某一码值的现象。

② 错编:编码发生错误,包括错号和错码两种情况。
③ 误编:在编码过程中看错行列、书写不规范或字迹潦草而产生错误码值的现象。

(2) 数据组织的第二步是给变量赋值,即设置变量并将根据研究给予其数字代码。一般的计算机系统每行的最大容量为80个字位,需要给予每个变量以足够的编码宽度。一般编码宽度以可能的最大长度而定。如被试数目小于100,则需要从01开始用两个字位的空间表示被试编号。被试变量最开始的几个字位通常是被试识别码,一般包括被试编号、性别、专业等。总之,在进行统计分析之前,研究者要对数据进行组织。研究者需要一份变量表,以说明变量及其相应代码所在的字位位置。

表9-8 变量表例举

字位	变量名	数据类型	字位	变量名	数据类型
1—4	NO(被试编号)	数字	8	L(是否团员)	逻辑
5	SEX(被试性别)	字符	9—11	IQ(智商)	数字
6—7	AGE(被试年龄)	数字	12—13	MS(数学成绩)	数字

2. 数据组织的注意事项

为了便于数据的组织,研究者在研究设计的问卷编制时就应考虑使其便于认读和输入计算机。

具体注意事项如下:

(1) 按研究资料顺序逐一进行编码。

(2) 码值和记号必须填在规定的位置上,切勿粗心大意。

(3) 在赋予码值的编码表中不允许出现空格,如因资料缺乏,可用"0"代替。

(4) 编码过程中出现的问题随时记录下来,与研究者或有关专家讨论解决,不应凭主观臆测实施编码。

(5) 编码完毕后应复核一次,以免遗漏。

(6) 编码时最好用铅笔书写,以免因涂改造成码值无法辨认。

(二) 数据的录入

数据的录入就是将编码数据输入计算机,也就是输入已经建立的数据库结构中,形成数据库。由于目前数据的录入大多是通过计算机键盘进行的,又称为数据的键入或输入。

数据录入最关键的是要保证录入的正确性。但由于数据是由操作者录入的,难免会出现错误。数据录入是一项比较单调、机械的工作,但它又是正确统计分析的前提。为避免录入错误,录入者必须具有高度的责任心、细致耐心的工作态度和熟练的键盘操作技能,因此对录入者最好先进行专门的培训。

在数据完全录入后,还应对其进行检验。录入检验的方法主要有两种:计算机核对和人工校对。计算机核对可以是请两位或两位以上的录入者分别录入同一批数据,然后由计算机进行比较核对;还可以通过对数值属性定义和设置,让计算机自动检错。人工核对是将已录入的数据显示出来,由校对者对照数据编码表进行核对。人工核对时可打印出来校对,也可对照电脑直接校对;或者一人读数据编码表,一人对已录入数据进行相应的校对。在研究人员比较少的情况下,人工核对常被采用。

对录入的数据进行检验后,研究者就可以对数据进行统计分析。

(三) 统计分析

数据库建立起来后,就可对其进行统计分析。研究者首先必须根据研究目的和需要确定统计方法(如描述统计还是推论统计),然后还要确定与选定的统计方法相应的程序。这往往根据研究者个人的偏好及掌握计算机统计分析技术的程度决定,既可以用计算机存储的统计分析程序,也可用其他的统计软件包中的程序。

统计软件包由一系列统计分析程序组成,并有一定的操作规程。每一种软件包中程序的调用、运行及退出都有专门的指令。统计软件包的使用一般包括建立数据库和写出并运用程序两个步骤。统计软件包都具有数据的修正和选择及多种统计分析功能,但具体的功能又视软件包的不同而有所不同,应注意各自不同的使用和操作方式。

研究中最常用到的计算机软件是 SPSS,它是社会科学用统计软件包(Statistical Package for the Social Sciences)的缩写。SPSS 的基本功能包括数据管理、统计分析、图表分析、输出管理等。经近几十年的发展,在全球已拥有大量的用户,SPSS 主要应用于农业、工业、商业、医学、交通运输、公检法、社会学、市场分析、股市行情、军事地理、旅游业等多个领域和行业,是世界上应用最广泛的专业统计软件。SPSS 的统计分析过程包括描述性统计、均值比较、一般线性模型、因素分析、回归分析、聚类分析等几大类。

另一种应用广泛的全套统计程序是 SAS。它的操作比 SPSS 复杂,但是拥有更多的统计功能。SAS 系统具有完备的数据存取、数据管理、数据分析和数据展现功能。由于 SAS 系统具有强大的数据分析能力,在数据处理和统计分析领域,被誉为国际上的标准软件和最权威的优秀统计软件,广泛应用于政府行政管理、科研、教育、生产和金融等不同领域,发挥着重要作用。SAS 系统提供的主要分析功能包括统计分析、经济计量分析、时间序列分析、决策分析、财务分析和全面质量管理工具等等。

下面主要就 SPSS 软件包的运用做一简单介绍。

SPSS 主界面主要有两个,一个是数据编辑窗口,另一个是结果输出窗口。

1. SPSS 数据编辑窗口

数据编辑窗口由菜单栏、标题栏、编辑栏、变量名栏、工具栏、内容区、窗口切换标签和状态栏组成,见图 9-6。

File:"文件"菜单用于新建 SPSS 各种类型文件,打开一个已存在的文件,从文本文件或

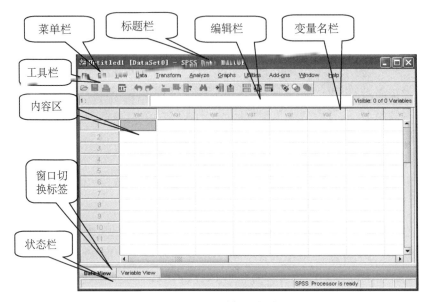

图 9-6 SPSS 数据编辑窗口

其他数据源导入数据。

Edit:"编辑"菜单用于撤消操作、剪切、复制、粘贴、查找、改变 SPSS 默认设置等。

View:运用"视图"菜单显示或隐藏状态行、工具栏、网络线、值标签和改变字体。

Data:运用"数据"菜单对 SPSS 数据文件进行全局变化,例如定义变量、合并文件、转置变量和记录或产生分析的观测值子集等。

Transform:"转换"菜单在数据文件中对所选择的变量进行变换,并在已有变量值的基础上计算新的变量。

Analyze:"分析"菜单在以前版本中为"统计(Statistics)",可进行各种统计分析,包括各种统计过程,如方差分析、回归分析、相关分析、因子分析等等。

Graphs:"图表"菜单产生条形图、饼图、直方图、散点图和其他全颜色、高分辨率的图形,以及动态的交互式图形。有些统计过程也产生图形,所有的图形都可以编辑。

Utilities:"工具"菜单可以显示数据文件和变量的信息、定义子集、运行脚本程序、自定义 SPSS 菜单等。

Add-ons:"附加程序"菜单主要是扩充 SPSS 功能,有添加其他服务应用程序、服务帮助、可编程延续和统计向导服务等扩展应用。

Window:"窗口"菜单用于选择不同窗口和最小化所有窗口。

Help:"帮助"菜单包含 SPSS 帮助主题、SPSS 教程、SPSS 公司主页、统计教练等菜单项。

该窗口下方有两个标签:"Data View"(数据视图)和"Variable View"(变量视图)。

一个列对应一个变量,即每一列代表一个变量(Variable)或一个被观测量的特征。例如问卷上的每一项就是一个变量。

行是观测值,即每一行代表一个个体、一个观测、一个样品,在 SPSS 中称为事件(Case)。例如,问卷上的每一个人就是一个观测。

2. SPSS 结果输出窗口

SPSS 结果输出窗口名为 Viewer,它是显示和管理 SPSS 统计分析结果、报表及图形的窗口。

码 9-2 SPSS 软件使用示例

做中学:实训活动　　**数据的统计描述与分析**

活动目标

1. 了解数据的类型及统计方法。
2. 能够根据需求分析数据并补充数据。
3. 能对数据进行一般分析。

活动步骤

1. 了解如下一组数据:

从 6 岁幼儿中随机抽取 8 名进行体质健康测试,测得他们的身高(单位:厘米)分别是:117,124,123,117,111,116,115,118。

2. 对幼儿身高进行描述统计。回答以下问题:这 8 名幼儿的身高分布情况如何?他们的平均身高是多少?你用什么统计量来进行描述?

3. 该地区 6 岁幼儿的平均身高大概是多少?(用参数估计的方法)

4. 幼儿的身高和父母身高的关系是怎样的?如果要解决这个问题,需要补充数据吗?

5. 他们的身高和体质健康测试标准中的身高是否存在差异?

 反思与评价

一、学习反思

结合课堂学习,查阅资料,对以下问题进行线上或线下讨论,将自己的体会在网络学习空间进行发布,便于交流。

1. 数据类型有哪些?来源如何?
2. 如何检验数据的真伪或有效性?
3. 定性分析有哪些方法?基本过程是什么?
4. 定量分析中如何编写变量表?分析工具有哪些?
5. 参数和统计量之间的关系是什么?

6. 假设的种类有哪些？假设检验的基本步骤是什么？

二、学习评价

（一）单项选择题

1. 根据统计数据获得来源不同，分为原始数据和二手数据，下列不是原始数据的是（　　）。

   A. 通过实验研究收集到的数据

   B. 通过问卷调查收集到的数据

   C. 通过叙事观察等观察方法收集到的数据

   D. 从报纸、互联网、年鉴等方面得到的研究数据

2. 统计表的结构不包括（　　）。

   A. 表序　　　　B. 标目　　　　C. 比例尺　　　　D. 表题

（二）多项选择题

研究数据常用的定性分析方法有（　　）。

A. 因果分析法　　B. 比较分析法　　C. 矛盾分析法　　D. 扎根理论

（三）正误判断题

1. 扎根理论是一种从上往下建立实质理论的方法。（　　）

2. 定性分析是定量分析的基本前提，没有定性的定量是一种盲目的、毫无价值的定量。（　　）

理论研讨

第十章　学前教科研成果表达

■ 学习目标

认知目标	技能目标
1. 了解教科研成果的基本类别 2. 理解研究报告的基本构成要素 3. 掌握教科研论文写作及发表流程 4. 了解学术交流基本方式	1. 参与写作提纲拟订的能力 2. 能根据写作提纲收集研究资料 3. 具备参与学术交流的基本能力

■ 课程思政

思政元素	素质目标
培养学生的成果意识、反思意识,树立科研成果推广意识,形成科学评判、辩证思维的科学评价观	1. 深刻领悟科研成果的价值,理性对待"以成果为导向,以体验为过程"的研究性学习观 2. 树立科研成果管理意识,认定、应用和推广科研成果 3. 科研成果在于"真结论",认同"科研即做人,研究为发展"的基本理念

■ 知识准备

关键概念	研究观念
科研论文—研究报告—期刊论文—投稿发表—专利—学术交流—成果推广	1. 科研成果的所有权是研究者的,但使用权是全人类的 2. 学术交流是分享的过程,也是学习的过程 3. 推广科研成果就是发挥知识的价值

第一节　学前教科研成果形式

一、科研论文

科研论文主要有以下几种基本特征。

（一）科学性和准确性

科学性是科研论文的生命，主要是指要正确地说明研究对象所具有的特殊性，并且要尊重事实、尊重科学。科学性具体包括：论点正确、论据充分、论证严密、符合逻辑、数据可靠、处理科学、计算精确、结论客观等。

准确性是指对客观事物即研究对象的运动规律和性质的主观表述接近客观实际的程度。准确性主要包括：概念、定义、判断、分析和结论要准确，对自己研究成果的价值估计要确切、恰当，对他人研究成果的评价要实事求是等。

（二）创新性和学术性

创新性是科研论文的灵魂，是衡量科研论文质量的重要标志。创新性可体现在新规律、新见解、新理论、新方法等方面，也可体现在实践应用方面。

学术性是指一篇科研论文应具有一定的学术价值。学术性主要体现在以下三方面：一是研究的科学性，"无科学性即无学术性"，科研论文报道的研究结果真实可靠，且具有可重复性；二是内容的专业性，科研论文内容应具有很强的专业属性，不能是日常经验、事实的堆砌；三是读者的专业性，科研论文的读者群绝大多数是具有一定学术水平和专业知识的行业人员。

（三）规范性和可读性

规范性体现了科研论文的价值。具体而言，在文字表达上，规范性要求语言准确、简明、通顺，条理清楚，层次分明，论述严谨；在技术表达方面，规范性体现在名词术语、数字、符号的使用，图表的设计，计量单位的使用，文献的著录等都应符合规范化要求。

可读性是指文章文字通顺、语法正确、概念准确、表达清晰、论点鲜明、论据充分等。凡可读性很差的稿件一般不会被录用，其学术价值也会大打折扣。

（四）逻辑性和再现性

逻辑性是科研论文的结构特点，主要体现为脉络清晰、演算正确、推断合理，阐述研究结果要简单明了，语言描述切忌晦涩难懂，否则会让读者失去进一步阅读的兴趣。

再现性是指根据科研论文中所包含的实验方法、实验条件、实验设备,在重复研究者的实验时,应能得到与研究者相同的结果。

二、研究报告

(一) 研究报告的类型

根据研究课题的性质及方法,研究报告可分为实证性研究报告、文献性研究报告、理论性研究报告。

1. 实证性研究报告

实证性研究报告主要以接触性研究方法为主,用事实说明问题,材料力求具体典型、翔实可靠,并要注意书写格式规范。这类报告要求通过有关资料、数据及典型事例的介绍和分析,总结经验,找出规律,指出问题,提出建议。它是在科学研究过程中最常用的研究报告。依据具体的研究方法,实证性研究报告又可分为:实验研究报告、行动研究报告、调查研究报告等。

2. 文献性研究报告

文献性研究报告主要以非接触性研究方法为主,以文献情报资料作为研究材料,以文献的考证、分析、比较、综合为主要内容,着重研究某个领域某一方面的信息、进展、动态,以述评、综述类文章为主要表达形式。它一般在教育史学、文献评论研究中使用得较多。

3. 理论性研究报告

理论性研究报告以阐述对某一事物、某一问题的理论认识为主要内容,重在研究对象本质及规律性认识。理论性研究报告对研究者的专业理论素养、逻辑分析能力和思维水平有较高的要求。独特的看法、创新的见解、深刻的哲理、严密的逻辑和个性化的语言风格是其内在特点。

(二) 研究报告的结构

1. 研究报告的一般结构

(1) 标题:言简意赅,重点突出,一般为 20 字左右。
(2) 署名:单位名称、真实姓名。
(3) 摘要:一般为 200 至 300 字,概括文章的主要内容、中心思想。
(4) 关键词:标志性词语 3 至 5 个,不超过 8 个。
(5) 前言:研究背景、文献综述、研究目的意义、概念的界定。
(6) 正文:研究方法与材料、研究过程、研究结果、分析讨论。
(7) 结论与建议:可以单独提出,也可以隐含于正文中。
(8) 参考文献和注释。

(9) 附录：调查问卷、统计结果、访谈提纲、访谈记录、研究日记等（必要时）。

2. 常见的实证性研究报告的特定结构

不同类型的研究报告由于其结构和研究主体的不同，也表现出不同风格和特色的要求。因此，撰写时要注重把握各类报告的特定结构。以下主要介绍实验研究报告、行动研究报告和调查研究报告的结构。

(1) 实验研究报告的结构。

① 题名。

② 署名(单位、课题组成员)。

③ 摘要。

④ 关键词。

⑤ 课题的提出。

主要阐述研究的背景及研究的意义。其中，研究的意义可以从理论价值和实践价值两方面进行阐述。

⑥ 文献综述。

主要阐述国内外学者对相关课题已有的研究结果和结论，寻找出已有研究的不足，为自己的课题研究找出创新点。

⑦ 研究的整体设计。

列出研究的主要内容，对本研究中的相关概念的界定，研究的理论基础，本研究的假设及其依据，实验设计的大体思路。

⑧ 研究的过程与方法。

主要列出本研究对象，采取的研究方法，过程中用到的相关实验材料，实验程序的设计，实验中收集的数据及处理方式，对哪些数据进行统计分析。

⑨ 研究结果的分析与讨论。

研究结果的分析与讨论是研究报告的重点部分。分析时主要是用定量分析，要与研究结果、导言、研究方法相联系，指出尚待解决的问题、应用价值和推广的可能性。

⑩ 研究的结论与反思。

主要撰写整篇报告的中心论题和评价。结论必须指出解决了哪些问题，尚有哪些没有解决，今后研究的展望，研究启示、对策或意见等。结论要求简洁中肯，针对研究假设而提出。结论应具有一定的概括力和普遍性，这样可以总结全文、深化主题、揭示规律，为后人进一步研究此课题指明方向。

⑪ 其他部分。

注释：可采用脚注或尾注的方式，要求格式规范、完整注明出处。

参考文献：列出本研究的参考文献，如书籍、期刊、报纸、网络资源等。

附录：问卷、量表、研究材料、统计数据、方案、计划等。

致谢：向有关单位和个人表示感谢的话语。

(2) 行动研究报告的结构。

① 题名。

② 署名(单位、课题组成员)。

③ 摘要。

④ 关键词。

⑤ 研究的背景(问题的提出及界定)。

⑥ 研究的依据(研究的理论、实践、政策依据)。

⑦ 研究的过程与方法。

⑧ 研究结果与讨论。

⑨ 研究结论与反思。

⑩ 其他部分:注释、参考文献、附录、致谢等。

(3) 调查研究报告的结构。

① 题名。

② 署名。

③ 摘要。

④ 关键词。

⑤ 调查目的。

⑥ 调查时间、地点、样本。

⑦ 调查过程与方法。

此部分要解释怎样调查问题以及运用的特殊方法和技术。调查的步骤、取样方法、样本的大小、测量的方式、数据的分析等都需要列出。

⑧ 调查分析与讨论。

在讨论调查结论怎样影响现有的状况之前,最好再把问题重新陈述一遍。假如你的调查是要验证某种假设,那么此部分就要说明你调查收集的数据是否能够证明这个假设。在调查分析中,不仅应把调查设计中的不足提出来,还要对调查的信度和效度进行分析。

⑨ 调查结果与结论。

调查结果是报告的核心部分,包括图表、数字和正文。图表或数字都应当是为了解释和佐证文字部分的。这部分的文字应是对调查发现的高度概括,而不是对图表或数字简单的文字复制。这里的调查结果应把所有重要的事实以一种吸引读者注意的方式呈现出来,达到文字与图表或数字的平衡。这一部分所有的图表和数字应当按一定的顺序标上序号,如"图2""表2-1"等,给出一定的标题,并且在最终写好报告的时候仔细检查。

结论是指列出在调查中得出的结果和观点。这部分要让读者能够获取足够的信息,让他们非常清楚调查者做的事情和从调查中所得出的结论。

⑩ 其他部分:注释、参考文献、附录、致谢。

在调查中用到的工具都应在附录中列出,如调查问卷、统计结果、访谈提纲、访谈记录等。

三、其他

(一) 学术著作

学术著作也是科研成果交流的重要形式之一。学术著作是为了积累和交流人类从事自然科学与社会科学实践所获得的知识而创作的,具有专门性、理论性和系统性的文字(图表)作品。学术著作是科研人员研究成果的集中体现,是关于某个课题或论题的观点、理论、实验或调查的系统性研究成果,也是评价科研质量、体现学术水平的重要内容。

(二) 教科研成果

在研究过程中,我们会创造出许多有使用价值的物质产品和精神产品,最常见的有:教学模式、教材、课例、教案、课件、软件、教具、玩具等,还有的会研制出一些标准、量表、新颖设计等。这些成果经鉴定后如果能推广,就会直接产生经济效益或社会效益,有的还会转化成商品大量生产,以满足社会发展的需要。

第二节 学前教科研报告写作流程

在前期各项工作完成的基础上,可以按照以下七个步骤撰写研究报告。

一、确定类型,准确定位

依据自己的课题性质来确定研究报告的类型,是实验研究报告,还是调查研究报告等。在确定类型的基础上,按照相应的结构着手准备素材。

二、理清思路,列出提纲

在开始撰写之前,先在头脑中理清思路。然后从系统科学的角度去全面分析研究内容,形成尽可能完整的内容框架体系。列出三级标题,最好以图示方式呈现出研究报告的提纲。

三、选取"三特",突出重点

根据课题研究,结合研究者实际,选取"三特"(特长、特色、特点)进行创造性构思,明确突出本研究的重点,据此整理研究中的各项材料。

四、精选材料,系统加工

在框架和重点确定之后,将整理好的相关材料放置在相应标题之中,然后围绕中心论点进行系统梳理加工,开始写作。

五、紧扣主题,形成初稿

写作中要紧扣研究主题,中心突出,详略得当,层次分明。写作初步完成后,要考虑文章结构比例的匀称性,对内容做适当的调整,有机地进行删减和补充完善,形成自己较为满意的初稿。

六、精雕细琢,修改定稿

写作肯定有一个修改的过程,好文章都是反复修改出来的。发表研究报告之前,需要数次修改。修改时需要注意用词的准确性、行文的逻辑性和表达的严密性。

修改时要重点关注三类问题:全局性问题、局部性问题、细节性问题。其中,全局性问题主要关注研究报告的整体框架,逻辑是否合理,结论是否科学,重点是否突出等。局部性问题主要关注局部详略是否得当,分析与讨论是否充分等。细节性问题主要关注文字、引用、标点符号、参考文献的规范性,图表的运用是否恰当等。

修改时可以灵活采取下列方法。

(一)存放——"冷却"——修正完善

初稿写完之后先存放一段时间,"冷却"后再拿出来读。此时可以换一个角色,如作为一名读者去读这个研究报告,看看会有什么样的感受,继而在反思的基础上再次补充修正完善。这种方法是以个人换位思考、开展反思为特点进行的修改。

(二)边写边改——一气呵成

这种方法是在写的过程中就不断修改,写的过程中思考到哪些问题就及时查阅资料修改完善,边写边改,一气呵成,形成完整的研究报告初稿。

(三)同行交流——专家点评——自我修改

这种方法以正式的或非正式的研究活动为载体,由自己展示研究报告作品、同行交流评议、专家点评的方式来进行自我完善。俗话说,"三人行必有我师"。个人写出的作品囿于自己的思维定势、写作水平、科研素养等因素,有时会出现"自家的孩子都是好的"的局限性,此时可将自己较为满意的研究报告作品提交同行研读,请他们提出意见,也可专门找相应领域的专家参与交流点评,为自己修改指明方向。在研究交流的基础上,静下心来进一步思考,去伪存真、去粗取精,选择性地吸取意见和建议,形成高质量的研究报告。

七、自我评估,发表交流

在正式递交研究报告之前,研究者应对报告再做一次检查。研究者可通过问题列表法进行自我评估。

问题一:报告表述清楚吗?有没有晦涩的地方?有没有让人难懂的术语?

问题二:报告逻辑正确吗?里面是否有重复或矛盾的地方?

问题三:参考文献和注释的格式规范吗?附录里的内容合适吗?

问题四:摘要是否清楚地告诉读者本研究的核心内容了?关键词定得合适吗?

问题五:标题拟定得合适吗?有没有更好的标题?

问题六:研究目标清楚吗?目标完成了没有?

问题七:有没有带倾向性的论点?有没有个人情绪化、过激的语言?

问题八:收集的数据可靠吗?数据分析了吗?用到的统计技术合适吗?

问题九:结果表述准确吗?结论是否建立在论据的基础上?有没有论点是不能被证实的?

问题十:研究的局限性和问题列出来了吗?

……

如果研究者对上述问题都有一个令自己满意的回答,就可以形成最终的定稿,准备发表交流的环节了;如果没有,可针对相应的问题再作修改,直至形成一份高质量的作品,然后把最终的研究报告呈交给上级部门或者再加工后公开发表。

第三节 学前教科研学术交流

学术交流是科学研究成果推广的重要途径,一般有期刊发表、媒体发表、成果申报、专利申请、学术会议等多种形式。发表科研论文是科研成果交流的最佳方式之一。公开发表科研论文有两种基本途径,一种是参加学术会议现场发言交流,另一种是通过期刊出版物发表文章进行交流。其中,后者是最基本、最有价值的方式。科学研究成果除了通过论文发表交流以外,还可以通过成果鉴定、成果奖励申报、申请专利等方式进行推广和进行所有权保护,譬如我国全国教育科学研究优秀成果评奖每四年举行一次,设特等奖、一等奖和二等奖,获奖成果会在全国范围内推广,为我国教育高质量发展起到了很好的引领作用。

一、期刊论文的写作与发表

期刊论文与研究报告既有密切的联系,又有一定的区别。由于期刊版面的限制,期刊论文更加追求简洁性、实用性、逻辑性等。在课题报告基础上写成期刊论文的方法有:浓缩(保留原有的体系去"水分")、重构(推倒原有的框架进行"异构化")、分离(选择其中的分论点,重组素材,独立成文)。

二者的区别与联系,详见表10-1。

表10-1 期刊论文与研究报告的异同

项目		期刊论文	研究报告
区别	理念	强调结果、求精,是对已知的整合	强调过程、求全,是对未知的探索
	历程	选论点→找论据→作论证	提出问题→分析问题→解决问题
	表征	追求特色,主要表达最主要、最精彩和最具创新性的内容	追求完整,包括研究的整个过程、具体的方法和措施以及成效等
联系		二者异曲同工,既有区别,又不能截然分开;在课题成果形成过程中可能有局部性的文章发表;通过课题系统探究而形成的期刊论文,其认识可能更深刻	

(一) 投稿准备

1. 确定选题

确定选题是写作的第一步,可以结合教学实践、追踪热点问题、承袭前人研究、参与学术争鸣、寻找学术空白、利用灵感思维等选题。选题时应密切结合自身的专业特长,选择自己比较熟悉、有把握的领域,选题大小要适当。要想实现选题的新意,研究者必须查阅大量的文献资料,读书——观察——思考——写作是新手发表文章的必由之路。

2. 创新查新

成果创新查新是科研论文投稿前应当进行的首要工作,不可轻视。在实践中,许多新手因未进行成果查新就贸然投稿而导致拒稿的情况时有发生。

在成果创新查新时,可采用委托查新的方式进行。现在许多省级以上立项课题结果成就经常采用课题负责人出具经费,省科研部门委托专业机构进行查新的方式。查新员会根据作者提供的详细材料,通过关键检索词的检索,采取一定的检索策略和必需的数据库完成查新报告初稿。在查新报告初稿的基础上,再聘请相关领域的专家团队帮助审阅,最后形成查新报告。

3. 制定方案

在制定写作方案时主要考虑以下问题:本文主要研究问题及其缘由,创新之处及其写作价值,需要参阅哪些文献,如何开展研究,拟用哪些材料与工具处理数据。

4. 搜集材料

搜集材料的方法主要有查阅相关文献,结合工作实践搜集对相关研究的实验数据、图表进行整理加工等。查阅文献可以了解本学科的研究历史与现状。阅读相关文献时,最好精读几篇技术、方法上接近的文献,了解专业术语的正确表达,为规范写作与发表奠定良好的基础。

5. 列出提纲

写提纲是写好论文的重要一步,可以帮助自己理清思路,将自己想要表达的观点通过写提纲理出头绪。最好用图示的方式将对论文的框架结构的思维结果显现出来,然后将相应的材料组织起来。

6. 研究期刊

撰写科研论文的目的,是将研究成果及时发表在相应水平的学术期刊上。论文是为哪一家期刊而写,最好在论文写作之前就明确。新手写作前对相关学术期刊的办刊宗旨、栏目设置、年度重点方向、周期长短进行充分了解,可以有效地提高投稿命中率。每种期刊都会有投稿须知,对论文的格式有详细的要求。在向相应期刊投稿之前要多阅读其刊登文章的风格和水平供自己参考。新手可以先在一般正规刊物上投稿,随着科研水平的提升,逐步尝试向更高级、更权威的核心期刊投稿。

(二) 撰写初稿

在阅读投稿须知后,进入撰写初稿阶段。从第一稿开始就按相应要求写作,会大大增加发表的概率。许多论文被拒绝仅仅是因为这些文章不符合刊物的基本要求。撰写初稿最好一气呵成,不必拘泥细节,应集中表达思想,按规范的格式或拟订的提纲撰写,牢记论文中心,围绕主题展开,以中心论点决定材料的取舍,各部分之间要有逻辑联系。

(三) 推敲修改

在修改阶段,研究者要考虑整体篇幅,如对论点再次审视、对部分结构进行调整、对一些材料适当增删、对语言表达反复斟酌推敲等,也可以再次对照投稿须知进行修改,检查细节的地方,如图表、文献、注释的要求是否符合规范等。

研究者在修改时要主动听取别人的意见,再查阅,再研究;也可先"冷处理",过若干天后再浏览、修改。这样往往容易突破原来的框架,发现问题,产生新的看法,使论文质量明显提高。

(四) 审定投递

许多期刊都建立了自己的微信公众号,为我们了解期刊风格创造了便利条件。在准备投稿之前,先要弄清该期刊的投稿要求,如投稿形式(纸质、E-mail、线上投稿系统)。现在许多期刊已开通了网上投稿,大大提高了投稿的效率。同时,还要考虑期刊的读者群、影响力以及是否收取相关费用的问题。若上述问题考虑清楚,论文投递按期刊要求方式进行。若所投期刊觉得不太合适,可再查询其他类似期刊按其要求修改投递。

投稿策略:可从高到低,也可从低到高。如果有信心,时间又不是很紧的话,可以从高投起。让高水平期刊的审阅人提提意见,对自己的成长极有好处。

(五) 编著沟通

期刊编辑部收到论文之后,一般会采取如下程序进行审稿。

第一步:编辑初审。主要是看选题与格式、基本内容。选题不佳、格式不规范的就可能被淘汰。

第二步:同行评审。相关领域的专家评审,匿名评审,要写出可用或修改或不用的意见。

第三步:修改补充。责任编辑联系作者,反馈评审意见、修改事宜或发表顺序。

第四步:主编确认。召集编委会讨论,确定发排。也可能因某种原因被主编退稿。

作者投递稿件之后,等候即可。有的期刊在收到稿件审阅完毕后会回复电子邮件,告诉录用与否;作者也可以打电话进行查询。一般在三个月内无消息者,作者可另投他刊。若编辑与你联系决定采用,会告知你将在何时发表或需在修改后发表。要求修改论文是一个好消息,一般来说,要求严格的期刊刊发的论文至少都要修改一次。编辑会提出具体的修改意见,给出修改最后的期限。遇到此种情况,首先应该感谢编辑,对评审专家提出的所有问题必须逐条回答;尽量满足意见中需要补充的实验、数据等;满足不了的不要回避,说明理由;审稿人推荐的文献一定要引用,并讨论透彻;审稿人提出要补充的数据,若非必要,条件又不允许收采的可以进行合理解释。作者按要求完成即可,能否刊登由编辑部再次审定。

> **• 相关链接 •**
>
> **投稿注意事项**
>
> 1. 辨别真伪期刊
>
> 国内期刊分为正式期刊和非正式期刊。正式期刊指由国家新闻出版机构审批备案的公开发行的期刊。非正式期刊一般只限行业内交流不公开发行,但也是合法期刊的一种。
>
> 非法期刊系没有通过国家新闻出版机构和国家科委批准,也没有注册为"内部刊物"的非法出版物,以营利为首要目的,收取高额的版面费。
>
> 因此,必要时,可在新闻出版机构进行查询,在中国知网进行查询,可向期刊上署名的出版单位(或主办单位、编辑单位)所在地的政府行政部门咨询,确保期刊的合法性,以免上当受骗。
>
> 2. 更改署名次序
>
> 一般情况下,稿子一旦寄出,期刊不允许更改作者人数和次序。因此投稿之前一定斟酌好作者署名的问题。若确需更改,编辑部会让第一作者发函(一般须纸质)寄往杂志社责任编辑处作为凭证,责任由作者自负。

3. 遵守保密规则

科研论文的投稿、审稿、修改及发表需要经历一定的时间,发表周期因期刊的性质不同而各异。所有作者、审稿人及编辑均应遵守保密规则,使知识产权得到切实的保护。

4. 先专利后发表

对于一些新技术、新工艺,在投稿之前最好先申请发明专利,不可拖延,否则有可能导致专利知识产权的丧失。

5. 勿一稿多投

这是所有期刊在投稿须知中的必有内容。许多新手实际上并未真正遵守,只想多投几个期刊,以求发表率更高一些。这其实是缺乏学术道德的一种体现。现在网络的普及与检索会让这种不良习俗更加公开化,有关部门也会因此加大监督的力度。对于一稿多投者,多家期刊一经查实都有严厉的惩戒措施。

6. 联系方式准确

对网上出现的一些期刊编辑部的地址、联系方式、电子邮箱,作为新手不要轻易相信,要以正规期刊官方网站公布的相应信息为准。投寄时要根据期刊的具体要求,寄给(或发给)编辑部或相应栏目负责人。投稿时应把这些信息弄准确,以免耽误时间。另外,应确保自己的联系方式准确无误。

7. 投稿状态跟踪

有的期刊投稿须知中会注明自投稿之日起两个月可以对文章的情况进行查询及相应的电话查询。有的期刊则有远程在线投稿系统,只要注册、登录即可上传稿件。上传稿件之前也要认真研读该期刊的相关栏目,保证传至相应栏目,免得文不对题,耽误发表。

8. 退稿问题

投稿无回音或退稿是正常的事情。一般稿件遭遇退稿,主要由以下原因造成:缺乏创新、视角狭窄、文笔欠佳、提炼不够、选刊不适等。

如果遇到退稿,要认真思考审稿人或编辑提出的退稿意见。可以采取以下措施:暂不投稿;修改稿件,并重投到同一份期刊(必须说明情况);修改稿件,改投其他期刊;坚持初稿,改投他刊。

码10-1 全国优秀教学成果评奖相关文件

二、成果申报与专利申请

研究成果的推广是实现其科学价值或经济价值的基本途径,也是对其是否能得到社会公认的检验。除了期刊论文的写作与发表外,成果申报、专利申请,也是研究成果推广的基本形式。

(一) 成果申报

不同领域的研究成果申报要求是不相同的,不同级别、部门对成果的要求都有自己的界定。因此,申报前必须认真阅读相关文件对成果的界定和申报条件。科研成果申报程序一般有以下几个步骤。

1. 填写科研成果申报表

根据科研成果申报要求填写申报表。

2. 准备材料

科研成果评奖主要是通过材料来评定,因此申报材料就显得尤为重要。一般要把课题的研究报告、工作报告、成果简介(活页)、专家鉴定意见、重要论文及相关证明与研究成果等材料按要求打印并装订。根据评奖要求一式几份准备报上级评审部门。

3. 课题承担单位审核

由课题承担人员所在单位审核并填写相关内容。

4. 成果价值证明

一般的研究成果评奖申报需要在结题后 2—3 年,其目的就是考虑成果推广效益。一方面要注意经济效益和社会效益并重,另一方面要让受益单位尽量提供有效证明,这些材料对成果评价十分重要。

(二) 专利申请

1. 专利分类

我国专利分为发明专利、外观设计专利、实用新型专利三种类型。

(1) 发明专利。

它是指对产品、方法或者改进所提出的新的技术方案。发明不同于发现,发现是揭示自然界已经存在的但尚未被人们所认识的自然规律和本质。

(2) 外观设计专利。

外观设计是指对产品的形状、图案或者色彩与形状、图案的结合所作出的富有美感并适于工业应用的新设计。

(3) 实用新型专利。

实用新型专利与发明的不同之处:第一,实用新型专利只限于具有一定形状的产品,不能是一种方法,也不能是没有固定形状的产品;第二,对实用新型专利的创造性要求不太高,而实用性要求较高。

2. 专利申请程序

(1) 准备专利申请提案。

按三种不同类型的专利分别准备提案。

(2) 制作专利申请文件。

专利申请文件包括说明书、说明书附图、说明书摘要、摘要附图、权利要求书、发明专利请求书(或者外观设计专利请求书、实用新型专利请求书)等。

(3) 专利申请文件的提交。

向国家知识产权局申请专利或办理其他手续的,可以将申请文件或其他文件直接递交给国家知识产权局的申请受理窗口或专利局的任何一个专利代办处,也可以邮寄或快递给国家知识产权局受理处或专利局的专利代办处。

(4) 办理申请费事宜。

专利申请和保护需要支付一定费用。专利申请需要一定的专业知识,程序繁杂,耗时费力,可以委托相关机构代理申请。

三、学术会议

对研究周期较长的课题,研究成果在中期就会产生,有的也会有早期成果,如在选题过程中通过文献研究提出了新的观点或有新的发现。因此,按研究进程可以将研究成果分为早期、中期和最终研究成果。由于科学研究具有时效性,研究成果被了解得越早,就越能发挥效益,所以学术交流是伴随着整个研究过程的。学术会议是一种重要的研究成果交流方式,主要有学术交流会议与结题鉴定会议等。

(一) 学术交流会议

学术交流会议主要有学术会议的组织和学术会议的参加。对学术会议的组织,先要成立领导组,建立筹备组和工作组。筹备组负责研讨主题的确定和人员邀约,发布会议通知等。工作组又要细分为会务组、接待组和资料组,要各负其责,又要互相配合。参加学术会议时,事先要和主办方沟通,积极提交论文并争取发言机会。参会时要利用时机拜访名家、结交挚友,为自己的学术交流打下基础。若发言必须掌握时间,认真对待;对别人的发言要积极思考、提问。学术交流要谦虚谨慎,也要大胆质疑,敢于进行批评和接受批评。

(二) 结题鉴定会议

一般由课题立项单位主持。在会议举行前,课题组准备好课题研究档案、课题相关资料(含过程资料和研究成果资料),主要是写好研究报告。研究报告的质量主要取决于研究质量和研究者的水平两个因素。

1. 研究质量

研究质量首先是选题的价值和质量;其次是计划是否完善、周密;第三是搜集的材料是否充分、完整,数据的统计和分析是否准确。

2. 研究者的水平

研究者的水平主要包括三个方面:第一,研究者对问题研究的科学态度和科学的分析方法及能力。第二,研究者的思维能力,这要求我们对研究过程中所取得的资料和数据能由此及彼、由表及里、由浅入深地推理、论证。第三,研究者的文字表达能力,如果有了丰富的研究材料和研究结果,但是文字表达不清楚,写出来的研究报告就很难真实、准确地反映研究所取得的成果。

结题鉴定会议的议程一般为:首先由课题负责人或主持人陈述研究过程;然后是专家组审读课题报告并提问、答辩;最后在评审组长主持下,专家组对课题审议并写出课题的结题或鉴定结论。需要注意的是,对采用通信方式进行课题结题验收或成果鉴定的,所有参加评议的专家都要写出书面结题、鉴定意见,再由专家组长签署综合意见并签名方能有效。

做中学:实训活动　　**研究报告写作技能**

活动目标:

1. 培养学生撰写研究报告的能力。
2. 培养学生分析资料的能力。

活动步骤:

1. 通过在幼儿园的见习和实习机会观察幼儿的攻击性行为。
2. 分析下列案例,结合文献研究完成一份关于幼儿攻击性行为的研究报告提纲。

姓名:熙熙　　年龄:3岁半　　班级:小(2)班

观察记录:

记录1:饭后看书。幼儿主动选择了自己喜爱的区域进行活动。今天琪琪带来了新图书,正当他看得开心时,熙熙走过去抢琪琪的图书。因琪琪抓住图书不放,熙熙就在琪琪的脸上咬了一口,他最终抢到了图书。

记录2:集体活动。幼儿自由地坐在地上,熙熙坐在最后一排。老师引导幼儿观察图片后,让幼儿自由讨论。熙熙一会儿拉拉前面小朋友的头发,一会儿又去抓旁边小朋友的衣领,还故意把别的小朋友绊倒。老师发现后,叫他起来回答问题,他的回答都正确。

记录3:表演游戏。幼儿自由选择角色和材料。熙熙分在第一小组,他拿着一个小熊的头饰跑到大家面前说:"你们看,我今天要当小熊。"这时,熙熙发现黄黄和春明为了争小熊角色互不相让,于是他说:"你们用剪刀、石头、布(谁赢谁就当小熊)。"黄黄输了,但他不认输,要再比一次。熙熙上前去抢黄黄手中的头饰,黄黄不给他,他就用力一推,将黄黄推倒在地,并把头饰给了春明。

记录4:分组活动。老师引导幼儿自由观察图片。熙熙站起来,四处走一走,看一看,与一位小朋友开玩笑。老师发现后瞪了他一眼,他便回去看图片了。但等老师不注意他了,他又到另一名小朋友后面,用胳膊肘绕住他的脖子,把那位小朋友绊倒在地,他自己很开心。

反思与评价

一、学习反思

结合课堂学习,查阅资料,对以下问题进行线上或线下讨论,将自己的体会在网络学习空间进行发布,便于交流。

1. 研究成果的形式有哪些?
2. 研究成果的推广途径有哪些?
3. 你们小组打算如何推广自己的研究成果?

二、学习评价

(一)单项选择题

1. 研究报告或者研究论文的题目( )。

A. 越长越好 B. 越短越好
C. 不论字数,说清楚就行 D. 一般20字左右为宜

2. 下列哪一项不是我国的专利形式( )。

A. 外观设计 B. 著作 C. 发明 D. 实用新型

(二)多项选择题

研究过程中获得的教科研产品,都可以作为研究成果,主要有( )。

A. 教学模式 B. 教材 C. 课例 D. 标准

(三)正误判断题

1. 一般情况下,稿子一旦寄出,期刊不允许更改作者人数和次序。( )
2. 学术会议是研究成果交流的重要方式。( )

---------- ● 实践探究 ● ----------

项目活动四　学前教科研学术交流活动

一、项目简介

经过一个学期的学习和前三个项目活动的实践，每个小组都完成了自己的小组课题，想必大家有很多感想、成果和经验需要交流。那么，请同学们准备一下，组织并参加我们的"小组课题学术交流会议"。通过这个活动来提高我们的理论水平和科研能力，展示本课程的教学成果，互相交流，共同进步，为我们的高质量就业打下基础，并实现职前学习和工作岗位零对接。

二、项目目的

通过本项目的实施，让学生掌握学术交流的基本程序，并能有准备地组织和参与交流活动，达成以下目标：

1. 根据研究目的，整理、甄别有效的数据，有效地表述研究结论和研究成果。
2. 能够根据研究假设和数据特点，选择检验假设的有效途径，结合理论思辨得出结论。
3. 能用文字、图画、符号、表格等多种方式，描述研究过程和结果。
4. 能够根据研究过程资料，整理并加工出研究成果。
5. 能够有效参与并组织学术交流会议和研讨。

三、项目所需学科知识

本项目所对应的基本知识主要来源于本书模块四的内容，关键知识点有：研究数据分类、数据整理、定性分析、定量分析、统计分析、描述统计、推断统计、科研论文、研究报告、期刊论文、论文写作、学术交流等。

四、实施步骤

经过我们的不懈努力、合作共进、攻坚克难，小组课题成果初见成效。我们的这次交流将让大家取长补短、厘清失误、明确方向。有的同学可能完成了研究任务，有的同学可能因为时间、客观条件的限制，要到实习时才能完成研究任务。无论情况如何，我们相信通过这次交流一定会带给每一个同学惊喜。具体实施步骤如下。

（一）交流准备

1. 组长根据小组课题申报方案，列出交流时需要的资料清单。
2. 小组讨论会议要求，特别是评价标准（见附件"小组汇报要求及评分标准"），分配汇报交流任务。
3. 很有必要和指导教师交流一次，征求参会建议。

（二）资料核查

1. 根据小组参会任务清单，在汇报前一周核查资料并落实工作。
2. 召开会议，讨论发言提纲，并安排制作PPT，装订呈现给评委的资料及资料清单。
3. 指定发言人，按发言时间要求，根据提纲做发言准备。

（三）项目运作

1. 要及时整合大家研究出现的问题，克服困难，及时请教指导教师。
2. 发言提纲确定后，一定要交给指导教师审阅。
3. 遇到问题和困难要互相帮助、互相鼓励、有效求助。
4. 组长要关注小组成员的进展，要及时在发言前进行演练。
5. 小组长要和会议组织者（班级课代表或学委）及时沟通，完成会议交给的任务。
6. 若发言有特殊要求和设备准备，要在会议前及时向会议组织者、主持人提出。
7. 在会议交流期间，要积极参与互动提问环节，提问要围绕发言人的课题进行，要在认真理解对方发言的基础上有礼貌地提出自己的观点和建议，切忌胡乱批评、怀疑，更不能蓄意扰乱会场秩序。

（四）会议组织

会议由班级承办，请任课教师担任会议主评委（会议主席），小组长做评委，安排计时员、记录员各2名。会议程序一般是：宣布会议纪律、发言程序及要求、评委评分标准，交流开始，会议总结（由任课教师做评价性发言）。要准备好发言用设备、评分表格、记录用纸、计时工具等。另外，若条件允许，要布置一下会场环境，如条幅、徽标等，也可以邀请相关人员参与。

五、评价方式

1. 本项目评价标准请参阅附件"小组汇报要求及评分标准"。
2. 小组可以先给自己的课题研究活动做一下评价。
3. 评价活动既要听汇报，更要看学习空间中的活动过程资料（如活动记录、会议记录及影像资料）。

4. 如果时间紧张,可以利用网络学习空间发布自己小组的汇报视频,让大家评判。

六、完成此项目的参考资料

1. 本书第九章、第十章。
2. 本书依托的课程资源(见项目活动一)。
3. 活动过程案例请见相关课程网站或由任课教师提供。

附件: 小组汇报要求及评分标准

课题小组发言一般在 5 分钟以内,答辩 3 分钟,最后由评审人员给出分数。

1. 课题论证(30 分):包含课题名称、问题及研究意义、核心概念界定、假设、研究方法设计。

2. 课题准备(30 分):已经完成的一些工作,如文献综述、调查设计、观察方案、实验方案、研究工具的制作等。

3. 课题管理(20 分):小组成员分工及合作、小组交流情况、指导教师指导要点、会议及研究过程记录、研究中的资料保存(如观察数据、调查问卷、访谈记录等)。

4. 课题表达(20 分):发言生动准确、表达清楚,重点突出,层次清晰,互动充分。

若课题研究已经完成,可以阐述结果、结论,展示研究成果(网络学习空间展示或线下展示)。在这种情况下,建议给小组延长发言时间,成绩评定适当加分。

主要参考文献

1. [美]G. R. 埃维森,M. 格根. 统计学:基本概念和方法[M]. 吴喜之,程博,柳林旭,等译. 北京:高等教育出版社,2000.
2. 曾天山. 教育科研的视野与方向[M]. 北京:教育科学出版社,2009.
3. 陈大伟. 教育科研与教师成长[M]. 上海:华东师范大学出版社,2009.
4. 陈伦超. 以绘本为载体开展幼儿亲情教育的行动研究[D]. 重庆:西南大学,2013.
5. 崔允漷. 有效教学[M]. 上海:华东师范大学出版社,2009.
6. 董海军. 社会调查与统计[M]. 武汉:武汉大学出版社,2009.
7. 董奇. 心理与教育研究方法(修订版)[M]. 北京:高等教育出版社,2004.
8. 高长梅,苟萍. 教育科研成果范例[M]. 北京:华龄出版社,2006.
9. 侯怀银. 教育研究方法[M]. 北京:高等教育出版社,2009.
10. [瑞典]T. 胡森,[德]T. N. 波斯尔斯韦特. 教育大百科全书:第9卷教育研究方法[M]. 张斌贤,等译. 重庆:西南师范大学出版社,海口:海南出版社,2006.
11. 华国栋. 教育科研方法[M]. 南京:南京大学出版社,2000.
12. 霍力岩,姜姗姗,李敏谊. 学前教育研究方法[M]. 北京:高等教育出版社,2011.
13. 康丹. 幼儿园新教师的教学适应过程与方式[J]. 学前教育研究,2014(05):11 – 16.
14. 李玉龙. 教师科研理论与实务手册[M]. 长春:东北师范大学出版社,2010.
15. 刘晶波. 学前教育研究方法[M]. 北京:人民教育出版社,2006.
16. 裴跃进. 教师教育科学研究基础[M]. 西安:陕西人民教育出版社,2004.
17. 钱爱萍,吴恒祥,赵晨音. 教师怎样做课题研究[M]. 北京:中国轻工业出版社,2007.
18. 施燕,韩春红. 学前儿童行为观察[M]. 上海:华东师范大学出版社,2011.
19. [美]斯蒂芬·P. 罗宾斯. 组织行为学(第10版)[M]. 孙健敏,李原,译. 北京:中国人民大学出版社,2005.
20. 谭仁杰. 做研究型教师[M]. 西安:陕西师范大学出版社,2006.

21. 陶保平,钱琴珍.学前教育科研方法(第三版)[M].上海:华东师范大学出版社,2014.
22. 王晖.科学研究方法论(第二版)[M].上海:上海财经大学出版社,2009.
23. 王景英.教育统计学(第二版)[M].北京:高等教育出版社,2006.
24. 王卫国,张翔升.提升职前幼儿教师人文素养的实践途径[J].中国教育学刊,2014(05):95-98.
25. [美]威廉·威尔斯马,斯蒂芬·G.于尔斯.教育研究方法导论(第9版)[M].袁振国,主译.孟万金,校.北京:教育科学出版社,2010.
26. 温忠麟.教育研究方法基础[M].北京:高等教育出版社,2004.
27. 徐胜.特殊幼儿融合教育个案研究报告[J].中国特殊教育,2005(07):59-64.
28. 严开宏.小学教育研究方法[M].上海:华东师范大学出版社,2010.
29. 杨小微.教育研究的原理与方法[M].上海:华东师范大学出版社,2002.
30. 杨玉圣,张保生.学术规范导论[M].北京:高等教育出版社,2004.
31. 由显斌,左彩云.学前教育研究方法[M].北京:高等教育出版社,2010.
32. 张翔升.科研方法与论文写作[M].北京:新华出版社,2013.
33. 张燕,邢利娅.学前教育科学研究方法[M].北京:北京师范大学出版社,1999.
34. 周念丽.0—3岁儿童观察与评估[M].上海:华东师范大学出版社,2013.